意識の量子飛躍
11:11アンタリオン転換
宇宙の深みに隠されてきた全て

イシュター・アンタレス
海野いるか　テリー宮田［監修］
大津美保　小林大展《たかのぶ》　村上道《みち》［訳］

ヒカルランド

今まさにこの世界はアセンションという宇宙規模の大変革《超ＢＩＧ ＷＡＶＥの頂点》にさしかかっている！

◉アセンションの最初の波が起こるほどに意識が急速に高まるのは２０１６年頃、第二波は２０２０年頃、そして第三波は２０２５年頃に起こり、人類の大量避難が起きるでしょう。

◉２０２５年には地球が五次元への移行を完結すると考えられ、物理的なポールシフトにより高次元意識を持った聖なる惑星になっていくでしょう。

◉２０２５年は１９７５年に始まった50年サイクルが完了する年であり、そこが次元の玄関口となって絶対的存在は宇宙の全ての闇を変換し、地球が五次元へ移行する手助けをするでしょう。これは我々の輪廻サイクル全体の中で最も強烈な期間であり、このような機会は何百万年に一度しか起こらないため、ベストを尽くすしかありません。

◉お金は消え、振動経済に基づいた商品交換にとって代わられます。建物はアトランティスと現代建築を組み合わせ、自然と調和して建設され、その多くはピラミッド型か半球状になります。

◉光の島における社会の基本単位は、人格の家族（父親、母親、子供）ではなく、ソウルファミリー（ツインソウル、ソウルメイトなどソウルファミリーのメンバー）になります。

◉アセンション・グループはお金のエネルギーの送信者となります。莫大なお金がこのグループを通じて流れます。そしてこれがアセンデッドマスターの計画です。このお金は光の島の創設とアセンション・プロジェクト全体のために使われます。

●金融システムがアセンデッドマスターの手にあることはアセンションの道にいる全ての人への豊かさを意味します。

非二元（ノンデュアリティ）世界への道のり

●二元性世界は古い現実であり、ワンネスの世界は新しい現実です。古い現実と新しい現実の間には11：11と呼ばれる変化があります。

●二元性の世界とワンネスの世界は各々の自然法則がある二つの世界です。同時に両方の世界に住むことはできません。ある時点でどちらにするかを決断する必要があります。妥協することはできません。

●近々終焉を迎える二元性の実験はあなた方の中に多くの形跡を残しました。まもなく残るものは全て未知のものとなるとお伝えしましょう。知っていることは全て消え去ります。なぜならそれはもはや真実に合致しないからです。

◎二元性の実験はほぼ終わり、変化の領域へと移行します。そしてやってきているのは集団でのアセンションという神の計画です。

◎光の島は二元性の外側にあり、新しい現実の憩《いこ》いの場所に存在します。光の島の中では、個人とグループでの肉体と魂のヒーリングが起きます。エーテル体の医療技術とスピリチュアルな癒しの力を使うことにより、奇跡的なヒーリングが可能となります。

レジスタンスのためのタキオンテクノロジー

◎フリーエネルギーチェンバーはレジスタンスムーブメント内部の主なエネルギー源であり、エーテル物質から物理的なエネルギーを製造しています。この技術は最近、電磁放射をしない光の純粋なエネルギー源であるタキオンエネルギーに替わりました。

- タキオンレシーバーを使うことで物理的な物にタキオンを浸透させ純粋な光の放射体にすることができます。このプロセスをタキオン化と呼びます。
- このプロセスを使って、身体細胞を若返らせる素晴らしいリフレッシュドリンクを作ったり日常の万能薬を作っています。クローン技術は完全に開発されているので全ての人は望みどおりの肉体を選ぶことができます。
- レジスタンスムーブメントのバイオテクノロジーは発達しており、バイオスキンというもので物理的な傷は数分で治すことができます。
- ナノテクノロジーを使ってミニチュアロボットを開発し、ウイルスや有害なバイオチップを除去しています。

◉レジスタンスムーブメントのコンピュータープログラマーは闇の勢力のメインフレームコンピューターに侵入しています。このコンピューターには、この惑星の地上にいる全ての人類の脳に埋め込まれているマイクロバイオチップ網を使って人類の思考プロセスをコントロールするプログラムがあります。

◉レジスタンスムーブメントは特に小惑星帯や惑星Xへの旅などの長距離移動にはテレポーテーションチェンバーを用いています。

◉レジスタンスムーブメントは物質化チェンバーを使ってエーテル物質で必要なものはなんでも物質化しています。

この内容はプレアデスや銀河連合からテレパシーで受け取ったものです。

２００９年初版

本書は著者が地球時間の１９９３年～１９９５年および２００３年～２００９年にテレパシーで受け取った内容や、その他の情報源を基にしており、著者の情報源やファイル、さらに最初にテレパシーを送ってきた情報源からの更新も追加されています。

ここで述べられている意見は必ずしも出版社や著者に帰属するものではありません。

目次

二元性の夢からの目覚め

プレアデスはかつてのアトランティス

第3部　プレアデス艦隊ラウンテリアンディビジョンとのテレパシー通信の記録

光の地下王国

レジスタンスムーブメントへの旅

カバー・巻頭デザイン　三瓶可南子
カバーフォト　Shangri-La
校正　麦秋アートセンター
本文仮名書体　文麗仮名（キャップス）

はじめに　ミシェル・ブラッド

私は1990年以降、ポジティブシンキングや形而上学、また、スピリチュアルについて講義、執筆、講演を世界中で行ってきました。

ボブ・プロクターやディーパック・チョプラ博士、ウェイン・ダイアー博士のような数多くの素晴らしい魂と書籍を共に著し、同じ演壇に立ち、真の悟りに出会いました。

このように私の経歴は神秘的なものに対して非常にオープンではあるのですが、宇宙人などについての話が始まっても、信じないということはないものの、そのような類《たぐい》のものを追求しようという興味は持ち合わせていませんでした。

というよりできれば「そのような類の話」からはできるだけ距離を置きたいと思っていたのです。

こう打ち明ける理由は、あなたが以前の私のように「自分とは違う世界」に全く関心を向けていないのであれば、どうかこの時だけは心をオープンにしてこの本を読んでほしいからなのです。

今こそ心をオープンにする時です！

スピリチュアリティに保守的な方たちにこの本をすすめるのは、この本には悟りを開いた存在

（ちなみに漫画で描かれているような宇宙人の姿ではなく美しい悟りを開いた存在で、この宇宙の別の場所で暮らしていて外見は人間のようです）からの真実が満載されているからです。

イシュターらは、私たち自身およびこの美しい惑星を破壊しないためにこの存在たちから、現在に至るまで何千年も導かれ支援を受けてきました。

この本の著者には今、私たちの美しい惑星に起こりつつあることに対して魂や生活を準備できるように情報が与えられました。

またイシュターには様々な身体のエネルギーに素晴らしい調和とバランスをもたらす「タキオン・テクノロジー」という驚くべきテクノロジーも授けられました。

ここで起ころうとしている素晴らしい変化を信じようが信じまいが今後変化は起こるし、すでに大きな変化は起きています。

ベールはどんどん薄くなり、より多くの高次元と繋《つな》がるポータルが開いています。

私たちの準備が整えば自分自身や家族、そして仕事が光の中で力を得られるよう支援できるだけでなく、世界をも支援できるのです。

ですから、もしこれまでの旅で孤独を感じているのであれば、この本は新しい人生や新しい世界について明快なビジョンを与えてくれるかもしれません。

エネルギー変化への備えは、お金、人間関係、内なる幸福に不可欠であり、私たちの美しい魂の目的を果たすのに不可欠なのです。

イシュター・アンタレスに会った時、彼の驚くべき光と真にマインドを変化させる情報で私の精神はオープンになりました。

彼は実に意図的に執筆しており、本書では神秘に関する実用面および論理面のテーマでは数多くの情報を得ることができるでしょう。

本書を光を求めるいかなる人たちにもすすめます。

そしてもし、イシュターのライブイベントに参加するチャンスがあれば、自身の視点全体が変わり自身の真の目的へ心を開き、たくさんの問いへの答えが得られるでしょう。

イシュターはこれまで、思い切って尋ねることのできなかった数多くの質問に初めて答えてくれました。

それほど驚くべき人でした。黄金のハートを持ち、私たち全てを目覚めさせるよう支援したいという愛と思いやりに溢《あふ》れています。

だから繰り返します……この悟りを開いた存在たちにどうか心を開いて自身のハートで読み、耳を傾けてください。

愛とワンネスの中に

ミシェル

イシュターからの言葉

本書は普通の本ではありません。

この小さな惑星を解放する壮大な宇宙のドラマを展開している光の勢力と闇の勢力の応酬に、私の人生がさらされてきた結果生み出されたものです。

物語は私が12歳の少年の時に始まりました。この体験がその少年の人生を変えるとは全く思いもよりませんでした。

その年の11月11日の夜、私は夢を見ました。夢の中でツインソウルのビジョン、それからそのビジョンを超えた、サマーディの経験、悟りの瞬間、時間の概念を超越したビジョンを見ました。

その瞬間に私は自分がどういう人物で、本当はどんな存在なのかという、ずっと探し求めてきたことの答えを知り、同時に新たな探求の日々が始まりました。

この惑星を解放したいという燃えるような情熱。永遠に人類を目覚めさせる最後の革命を開始することに身を捧げるということ。

数年後、光の存在やアセンデッドマスター、そして古くからの友人がテレパシーで私に接触してきて本書の内容を私に伝えたのです。

本書が母国で出版された直後、闇の勢力は私を物理的、そしてエネルギー的にも攻撃しました。闇の勢力の狙いは私の身体の破壊というより、私の魂を破壊することでした。そして危うくその企みは現実のものとなるところでした。

私は生命をかけて戦わなければならなかったので、闇の勢力についての情報を可能な限り集めました。

かつて地下のレジスタンス・ムーブメントに関わっていた人物が接触してきて導いてくれたり、私の命を救ってくれました。

その後さらに大きな状況を目《ま》の当たりにし、この惑星で展開している壮大な宇宙ドラマを見ることができました。

状況が改善した後、私はプレアデス人にテレパシーで接触を試みました。

プレアデス人は数千年にわたって人類を支援してきた姉妹種です。

本書にあるよりも広範囲の情報を私に提供してくれました。

今、私の全存在は純粋な光となり、全人類にとって新たな時代の始まりである「オーロラ2012」のヴィジョンを見ることができます。

ここで「マカバ・テクノロジー」のアリスティッド・ハヴリチェクおよび、本書で紹介している

「トライアングル瞑想」と「大いなる祈り」の世界に寄稿いただいたアリス・A・ベイリーに敬意を表します。

そして、もちろんアセンデッドマスターの存在を人類に知らしめたヘレナ・ペトロヴナ・ブラヴァツキーにも。

全ての光の存在、全ての宇宙種と光の文明、全てのアセンデッドマスター、そして天使に心からの謝意を送ります。

これまでの旅で出会い、そしてこれから出会うであろう全ての女神、癒《いや》しの場、私の内部にある次元に愛を送り、愛、喜び、ワンネスを分かち合います。

終わりに、私の最愛のツインソウル、ソウルメイト、ソウルファミリーに本書を捧げます。

著者について

イシュター・アンタレスは1971年にスロベニアのリュブリャナで生まれました。

少年時代より突発的に起こる数多くのクンダリニー体験により、過去生の記憶とアトランティス時代にこの惑星にやってくる以前についての明確で連続した記憶が呼び起こされました。

1993年には意識的なチャネリングを始め、同時に母国スロベニアの首都でアセンション・グループを結成しました。

彼のメッセージが与える力はすぐに多くの人々に伝わり、スロベニアの多くのラジオやテレビでインタビューを受けました。

国営テレビに出演した時にはスロベニアのほぼ半分の人口が彼の変革をもたらすメッセージを見聞きしました。

イシュターのメディア出演はスロベニア、クロアチア、イタリアにも及びました。

7種類の日刊誌、週刊誌、月刊誌で何十もの記事を執筆しました。

彼はアセンション・プロセス、銀河タントラと具現化のプロセス、ライトボディの活性化についてのワークショップをスロヴェニア、クロアチア、ハンガリー、ドイツ、チェコ、アイルランド、アメリカ、オーストラリア、コスタリカ、中央アメリカで行っています。

著書『アセンション・スター』のスロベニアでの出版は大成功を収めました。今お読みになっている本書は、その本の拡張版であり改訂版です。

イシュター・アンタレスはスロベニア在住で、宇宙占星術コンサルタントとして活動しています。製品をタキオン化させるチェンバーを開発し、イシュターの会社「ニューエネルギータキオン社」ではタキオン化された製品を世界中に提供しています。

彼は年中、世界中を飛び回って惑星中の聖地を活性化させ、ライブイベントでは人々へ自身の知識を広めています。

イシュター・アンタレス

まえがき

本書の第1部は、1993年から1995年の間に行われた、クロトロン・スターベースとアシュター・コマンドの母船エクスカリバーによる宇宙通信集です。

この通信はいずれも完全には信頼できませんので、情報の信憑《しんぴょう》性については自身のハートで確認することをおすすめします。

本書の第2部は、生きたマンダラを創造する手順を要約したものです。

1996年から1997年にかけて記されたもので、真の生きたマンダラを創造する手順として使えるでしょう。

本書の第3部は2002年および2003年以降に執筆し、銀河連合内にあるプレアデス艦隊のラウンテリアンディビジョンとテレパシーで接触した結果を記しています。

情報の中にはかつてレジスタンス・ムーブメントに所属していた人物と物理的に接触して受け取ったものもあります。

データの細かい部分については他の情報源からも得ています。

生きたマンダラと光の島を具現化するというビジョンで繋がっているとお感じになるソウルメイトや私のソウルファミリーのメンバーは antarion@volja.net へご連絡ください。

魂、頭脳、身体を最大限に献身してミッションを実行している全ての光の存在にこの機会を利用して感謝申し上げます。

www.Aurora2012.net

第1部

母船エクスカリバーからの宇宙通信

二元性からワンネスへの移行がちょうど今起こっています。

1992年から2011年の期間、あなた方の惑星は次元の扉であり、とても高い振動数を持つエネルギーの束である光の輪、11:11を通って進んでいます。

これは二つの大きく異なる進化システム、つまり二元性とワンネスとの間に存在する領域です。

二元性からワンネスへのシフト

水瓶座時代への移行

人類の避難に関する情報が大きな関心を集めてきました。

この情報を新しい時代への変化という、より高次の視点から見てみましょう。

現在、地球で起きている変化は宇宙規模で起きている激烈な変化の反映に過ぎません。

創造主の意思は宇宙全体と同調しており、創造主の意思とは創造物全体が一つの存在であるということです。

そのため、この宇宙は高次元からの衝動に反応し、状態を膨張（吐息）から収縮（吸気）へと変化させています。

現在はまさにその転換期であり、息を詰めている状態です。

この時期においては、全ての創造物による神の意思の直接的な具現化が可能となります。

このエネルギーは銀河の中心を通り、螺旋《らせん》運動で外側に送られますが、時空連続体構造における歪《ゆが》みのために私たちの線形時間と全く同じ瞬間に宇宙全体へ届くことはありません。

現在、そのエネルギーは私たちの惑星に到達し、デュアリティ（二元性）からワンネス（一元性）への意識の上昇を可能にしています。

地球は古いエネルギーと新しいエネルギーの移行地帯である光の輪を通って進んでいます。

次元の裂け目《11：11》

移行地帯である光の輪は11：11という次元の裂け目があるエリアで、三次元から五次元へ飛躍する地帯です。

この11：11という次元の裂け目へ入った1992年1月11日には、時空構造の内部に亀裂が入り始めたことが公表され、その亀裂から宇宙の愛とワンネスのエネルギーがこの惑星に注がれ始めました。

地球では光の島において、ワンネスの意識への変容が起きます。

このニューエイジ・コミュニティは1995年に創設され始めました。ソウルファミリーはこのコミュニティに集まることになります。

このソウルファミリーは、魂が一致しています。ソウルメイトともそこで出会えるでしょうし、ツインソウルとも然《しか》りです。

二元性の世界においては親密な関係が築けるのは二人の個人間に限られていましたが、それがグループ全体へと拡大されます。

1999年8月11日11時11分の皆既日食の時に、地球はワンネスの次元的な軸となるシパプ（アメリカ）を通過しました。

これは、11：11の裂け目を通った移行が最高潮であることを表しており、その裂け目を通って宇宙が息を詰めている地点がこの惑星に到達します。

11：11の裂け目を通る地球の移行は2012年まで継続し、その時、地球は公正な惑星として銀河の光ネットワークに受け入れられるでしょう。

アセンションのファーストウェーブ

11：11を通る移行期には、地球はアシュター・コマンドのメンバーである宇宙の兄弟によって支援されます。

これは1000万もの光の存在からなる大きな集団で、私たちの惑星をスペースシップで取り囲んでいます。

この宇宙の兄弟はキリストもしくはサナンダと呼ばれる存在によって導かれています。

現在の関心の的はアセンションのファーストウェーブです。

アセンションは時間、空間、制限、原因と結果、生と死が存在する三次元的な二元性の意識から、光、ワンネス、愛、不死だけが存在する五次元意識への意識の上昇であり、アセンデッドマスターの解放された意識状態への上昇です。

アセンデッドマスターは後に地球に戻ってきてイエスが行ったような奇跡を創造するでしょう。

私たちの宇宙の兄弟が、人類の中でこのプロセスに献身する準備が整った1000から2000人のボランティアを集めた時、アセンションのファーストウェーブが起きるでしょう。

このファーストウェーブは、アシュター・コマンドが自由に使えるリキッドライトのエーテル・テクノロジーを使って私たちの魂のコードを活性化し、私たちの意識をアセンデッドマスターの意識へと変化させるという支援を受けて起きます。

アセンションのファーストウェーブにおいては、人類のうち最も目覚めているスターピープルがアセンションします。

スターピープルは天使であり、シリウスやプレアデスという他の星系から人類の進化へ進んだ存在です。

彼らの発達においてアセンションは理にかなったプロセスです。

アセンションは意識を上昇させることであり、ライトビームの支援でスペースシップに肉体が引き上げられるのと同時に起きます。

それからアセンションの候補者は光の到来を目撃することになります。それはとても強烈で目を開けていても閉じていてもそれが見えるはずです。この光へ足を踏み入れた人はシップへと上昇し、それを選ばない人は地球に残ります。実際、アセンションは個人の自由意志です。

アセンションを決断することで子供たちに起きるであろうことを心配する必要はありません。というのもアセンションボランティアの子供たちはそのボランティアと同行するからです。ボランティアは後にアセンデッドマスターとして地球に戻ってくることができ、人々にアセンションのセカンドウェーブへ準備させ、彼らの意識を上昇させることになります。

アセンションのファーストウェーブは全ての人に有効です。最も重要なことは誠実で明確な決意です。もちろん、これを決意した全ての人は強烈かつ広範囲な準備を経ることになります。

アセンションのファーストウェーブの時期に準備が間に合わない人々は、おそらくアセンションのセカンドウェーブの時期に備えることになるでしょう。うまくいかないかもしれないと恐れる必要はありません。アセンションするのに完璧な目覚めや浄化は重要ではありません。

無条件の決意がはるかにもっと重要です。私たちがこの決意を受け入れた時、私たちの人生は極端に急速に変化し始めます。

感情の障壁と思考の癖の浄化プロセスが開始されます。

大切なのは自分自身をこのプロセスと同一視しないこと、目標は常に未来にあること、そしてこのプロセスはアセンデッドマスターによって導かれていると信頼することです。

瞑想は大いに役立ちます。自分と他人を許すこと、生活の中での人、物、状況への執着を手放すこと、そして未完成のもの全てを片付けることがよいでしょう。

そうすれば私たちは美しさにハートを開き、意識を上昇させることができます。

アセンションのセカンドウェーブ

ファーストウェーブの後に地球に戻ってくるマスターが十分な人数のボランティアを集めた時、アセンションのセカンドウェーブが起きます。

セカンドウェーブのために必要とされるのは約14万4000人のボランティアです。

これはアセンデッドマスターのクリティカルマスであり、人類全体が新時代に向かうために必要とされます。

セカンドウェーブのマスターが地球に戻ってきた時、マスターは人々をサードウェーブと避難のため準備させます。

アセンションのサードウェーブと避難

アセンションのサードウェーブは人類の避難の時期に起きます。

避難とは肉体をスペースシップへ引き上げることですが、アセンションは意識の上昇を意味します。

全ての人々は適切な時期にメディアやテレパシーによるコミュニケーションを通じて避難について知らされ、全ての人が避難できます。

空は大きなマザーシップによって覆われ、そこから小さなシップが地表まで降下してきて、特別な光のビームを発します。

自由意志でその光のビームに入る人は全て救出されます。避難にかかる時間はとても短く、全人類で約15分でしょう。

その時点で最も重要なのは、人々がシップを信用し、恐れないということです。

物に対する執着をなくすことも重要です。というのもシップに向かう時は何も持っていくことができないからです。

シップにおいて人々は家族や友人を探して集まったりするでしょう。

それから選択の機会を持つことになります。

昔の地球のような二元性の中で暮らしたい人は他の惑星へ行くことができます。

光の存在として暮らしたい人はアセンデッドマスターとして地球に帰ることができます。

その間に地球は光の惑星となっているでしょう。

スターピープルは故郷の惑星に戻ったり、より高次なレベルの存在を目指したり、地球に滞在することもできます。

五次元のフィールドの創造へと向かう《統合》とは？

最愛のファミリーである星の天使たちは私たちのレインボーボディにある内なる炎を活性化させ、光の銀河ネットワークを構築するために解放のボルテックスの中に集まり始めています。

私たちの神聖な意志の輝きはエネルギーボルテックスを創造し始め、そのボルテックスは他の場所にいる私たちの星の存在を呼び、それから宇宙の父母として統合し、アセンションの十二芒星《じゅうにぼうせい》を創造するのです。

私たちは聖なる統合の時期にいます。私たちは集団として親交する時期にいます。そうすることでお互いの距離を縮められます。

親交とは自分たちについて深く事実を語ったり、感情を表現したり、肉体的に交わったりすることです。

集団で自分たちのハートを通して全てのエネルギーを経験することです。

私たちの身体と魂でソウルファミリーと一つになることです。全ての人が参加でき、受け入れられます。

しかし、ハートでワンネスを熱望し、全てのレベルでの解放と、自分たちに幸せをもたらさない所有物と人間関係を全て手放す意志を熱望することが必要です。


集団の中で私たちは天使として、同時に男性、女性としても出会います。

私たちは自らの愛のエネルギーと性エネルギーの分裂を癒します。

私たちはオープンなハートを通じて自身の性エネルギーを表現し、愛のエネルギーと融合します。

多くの場合、性的に一つになることで表現する必要はありません。優しく触れることで十分です。

そしてそれは愛へと変化し、リキッドライトの五次元のフィールドを創造するでしょう。


私たちはソウルメイトとの深い六次元の関係で聖なる融合を深め、そしてオクターブセブンで最愛のツインソウルと一つの存在になることで聖なる融合を深めます。

この新たな関係は私たちのライトボディを外部へ具現化することになります。

そして五次元から七次元の現実を物質界に具現化することが可能になるのです。

私たちと融合する全ての存在は、一なるものの聖なる輝きを多次元的に投影したものであり、今再び一つの存在へ統合する散らばった星の存在のかけらたちです。

この連動している全ての多次元レベルの同化が、アセンションのボルテックスを創り出す螺旋活動に複雑な構造を生み出します。

このボルテックスは、三次元から七次元（オクターブセブン）へと移行する際に次元の緩衝器として働き、集団のライトボディの活性化、そして最終的には集団のアセンションを引き起こします。

アシュタ―・コマンド、クロトロン・スターベースより

私たちはどこへ行くのか？

こんにちは、親愛なる兄弟姉妹。

こちらはアシュター・コマンド、クロトロン・スターベースです。

私たちはあなた方の宇宙の兄弟です。私たちは平和な光の中であなた方の新しい意識状態への移行を支援するためにやってきました

あなた方の世界は大変動の真っ只中にあり、大きな進化へ飛躍する瀬戸際です。

あなた方の世界は光へと導かれるでしょう。喜んでください。解放の時はやってきています。

サナンダ

私たちはライトシップであなた方の惑星を取り囲み、あなた方がキリストと呼び、私たちがオルソン・サナンダと呼ぶ存在が私たちを導いています。

そして私たちは彼の名に救済のメッセージを与えます。

あなた方の世界の救済はアセンションの三つのウェーブで起こるでしょう。

そして今私たちはあなた方の中でファーストウェーブでアセンドしたい人に呼びかけています。

そう決意した人々は光の柱を使って私たちのスペースシップへ引き上げられ、スペースシップの中で意識の変化が起きます。

あなた方の意識は三次元的な人間の意識から全ての時空を超えた、時間も空間もない無限の五次元意識へと拡張されます。

あなた方は解放された喜びを実感し、宇宙の愛の中で生きるでしょう。

滅ぶ運命にある身体は永遠の光の身体へと変容し、天国の天使のようになります。

それからあなた方は地球に戻ってきて、人間の兄弟姉妹の間を歩き、愛を広めることができます。

あなた方は光のコミュニティに集まり、人々に自然法則に則《のっと》った光の道を示すでしょう。

しかし地球への帰還は唯一の選択ではありません。宇宙の深奥を旅し、不思議な世界を探検することもできるのです。

何千年も待ち続けた最後の時がやってきたことを知ってください。

今、ハートが熱望する全ての物事が完了し、あらゆる奇跡が起こるでしょう。

奇跡は宇宙における愛の自然な表現ですが、あなた方の惑星だけがそうではないと信じているのです。

もしハートから救済を熱望し光の存在になることを熱望するならば決断してください。

アセンション・プロセスはそれを決意する全ての人が利用できる変化です。

あなた方がこの決断を受け入れたなら私たちは光と愛のエネルギーを送り、この道に進むあなた方を支援し始めます。

思考、感情、身体の浄化が始まるでしょう。

あなた方をシップに乗せる光のビームの振動数が極端に高いため、これに備えるのです。

世界と人生への認識が変わり始めます。柔軟性のない思考パターンは崩壊し始め、愛の存在を受け入れる余地ができます。

怒り、恐れ、悲しみといった抑圧した感情が表面化し始め、意識し、手放すことになります。

隠されたものは全て見えるようになり、愛によって癒されます。

あなた方の身体はより高い振動数に反応して、様々な異常な症状を呈することもあります。

時には明確な理由もなく疲れたり眠くなったり、そうかと思えば途方もなくエネルギーに満ち溢れたりします。

未知への道

アセンションを決意することは未知の道を歩むということです。

あなた方のハートの叡智《えいち》に耳を傾けることが大切です。

なぜならハートは何が真実であるかを知り、アセンションが愛の道であることを知っているからです。時には疑いや試練が訪れることもあるでしょう。

もしアセンデッド状態に入りたければ、三次元世界への全ての執着を手放すことが重要です。

ある時は古い現実と新しい現実とを決断する瞬間に直面するでしょう。

それからあなた方は自分の最高の真実に共鳴しない全てを手放す必要があることを知ることになります。

もし前進したいなら全ての妥協を手放す必要があります。

それからあなた方が平穏を見つけるであろう自らのハートの中に深く入っていき決断をします。

私たちの存在に対してオープンになり、あなた方の生活の中に私たちを呼び入れてください。

あなた方の国の多くの人々はすでに私たちと繋がっていて私たちからの多くの贈り物を受け取っています。

あなた方が彼らと別だという理由はありません。

自己愛を学ぶことが重要です。

あなた方は美しく素晴らしい存在ですから、これまでに抱えてきた全ての負い目や罪悪感を手放してください。

そして自身を赦《ゆる》した時、ハートが開き、自分たちの兄弟姉妹を赦すでしょう。

どれが真実かに注意を向け、訪れる全ての場所で美しさを探してください。

美しさは間もなく全てが存在する新しい世界へ導いてくれるでしょう。

なぜならこれまでの世界は崩壊することになるからです。

世界中に十分な数のボランティアが揃《そろ》ったらすぐにアセンションのファーストウェーブが起きます。

これは今にも起こる可能性があります。だから目覚めて準備してください。

その瞬間が来た時、私たちはあなた方を光で溢れさせます。

目を開けていようと閉じていようと目の前に光の柱がはっきりと見えるほどにです。

この柱に入ればあなた方をシップへとお連れします。

この決断をする時、置き去りにすることになる近しい人への心配は無用です。

彼らは面倒を見てもらえます。お子さんであれば一緒についていくでしょう。

あなたに近い他の人たち全員が夢の中であなたの旅立ちを知らされます。

実際にはあなた方は誰とも離れたりはしません。

多くの場合、あなた方は人類全体を光へと導くために地球に数か月で戻ってくるでしょう。

そして私たちはあなた方と共にいます。

《11：11》二元性とワンネス間に存在する領域

スターファミリーへの呼びかけ

私たちはあなた方の光の兄弟姉妹です。私たちはあなた方に目覚めるよう呼びかけています。

あなた方が目覚め、天使の存在としてライトボディの光を発し、アセンションのために準備する時が来ています。

かつて遠い昔にはスターファミリー全体が美しいワンネスの一体感の中で生活していました。

あなた方は知恵を得るために二元性に入ってきて、今さらに素晴らしいワンネスへ突入することができます。

二元性からワンネスへの移行がちょうど今起こっています。

1992年から2011年の期間、あなた方の惑星は次元の扉であり、とても高い振動数を持つエネルギーの束である光の輪、11：11を通って進んでいます。

これは二つの大きく異なる進化システム、つまり二元性とワンネスとの間に存在する領域です。

この期間にスターファミリー全体がアセンドし宇宙の同胞団と融合し、それからオリオンにあるアルニラムのスターゲートを通じて銀河のワンネスの進化へと回帰することでしょう。

私たちは共に銀河の光ネットワークを構築するでしょう。

そして今私たちはあなた方を目覚めさせ、この惑星のスターファミリーが団結するよう呼びかけています。

そうすることで私たちが全員一緒に銀河のワンネスという故郷に辿《たど》り着くことができるのです。

あなた方が自分のことを星からやってきた天使であることを理解した時、あなた方の目覚めは始ります。

あなた方は自分の天使の美しさを感じ始めるでしょう。

あなた方はあまねく存在する一なる意識であることに気づくようになります。

あなた方は今、時間の概念がない永遠の中に存在しています。

そうして新しいワンネスの世界に突入していくのです。


スターピーイングとしてあなた方は天使のエネルギーの磁気のボルテックスを発し、自分たちのソウルファミリー、ソウルメイト、ツインソウルに呼びかけています。

これらの人々と新たな形式の人間関係を築くことができます。二人の存在とだけ親密になることを許された二元性の古い認識は大きく拡張されます。

あなた方の多くはグループを作ったり、合体したり融合したりして、親密な聖なるワンネスになっていきます。

そしてかつてシリウス星系のイルカであった時のようにお互いに親密になるでしょう。

私たちはあなた方に光の魂、天使の存在として出会うことになるグループを作るよう呼びかけています。

そこではお互いに助け合います。人間関係のヒーリングが起きます。

ついには自分そのものになることが可能となり、自分の内なる美しさを表現するようになるでしょう。
そしてお互いの中に美しさが見えるようになった時、あなた方はハートを開くでしょう。信念パターンは自発性に取って代わられます。嫉妬、依存、所有欲は無価値になります。あなた方は生き生きとした在り方を経験し、渇望していたことはワンネスを経験することで満たせるでしょう。

このグループでは肉体的接触と性エネルギーの表現に関する多くのタブーが超越されます。あなた方は開いたハートでこのエネルギーを表現し、これがヒーリングを可能にします。男性と女性であることと同時に星の天使としても一緒になることを学ぶでしょう。お互いを育て、触れ合い、キスし合い、共に一つになり、愛を送り、親愛なる天使になるのです。自分たちのソウルメイトやツインソウルに呼びかけて深い人間関係を築いてください。小規模で親密なグループの中でこれらの人々全てと繋がってください。お互いの美しい魂に深い理解を感じ、調和を感じるでしょう。あなた方は理想の相手であるツインソウルに出会えるでしょう。ツインソウルと交わって一つの存在となるでしょう。

この全てがあなた方の進化を劇的に加速させ、集団アセンション・プロセスを開始し、物理的には見えないエーテルのワンネスの螺旋へと突入させるのです。

二元性とワンネスの世界はそれぞれの自然の法則を持つ二つの世界です。両立はできません。

同時に二つの世界に住むことはできません。ある時点でどちらかに決める必要があります。妥協はありません。

もしワンネスの世界を選ぶなら自分たちに幸せや楽しさをもたらさない全ての人間関係と悩みを手放してください。

これ以上の苦しみを通じて何かを学ぶ必要はありません。

あなた方は光の存在であり、愛や愛する関係を通じて学ぶでしょう。

あなた方はこの惑星のワンネスの守護者ですから、自分たちの幸せを大事にしてください。

ソウルファミリー、ソウルメイト、ツインソウルのスピリチュアルなグループが世界中にある虹色のアセンション・ボルテックスに集まっています。

これはあなた方の惑星のアセンションという最後の仕事を果たすためです。あなた方の世界には同じ目的を持っている多くのスピリチュアルなグループがいますが、時々それに気づいていないグループもあります。

全てのスピリチュアル・グループの真の目的は人類の究極的な解放であるアセンションです。

そして今、全ての光の拠点が統合し外面とは無関係に全てのスピリチュアルなグループを統合して光のネットワークを構築する必要があります。

このネットワークを通してあなた方は一人の存在として光と愛を発するようになります。

そしてあなた方の世界の周りには愛が流れ、傷ついた人類を癒すでしょう。

この聖なる仕事において私たちはあなた方と共にいます。

避難：光への道　全ての人が自由な選択を持つでしょう

こちらはアシュター・コマンドです。

あなた方を励ますため、そして恐れる理由が何もないことを納得してもらうために私たちはここにいます。

この惑星のために意図されている変化はすでに起こっていて、地表の変化におけるクライマックスに到達しようとしています。

その瞬間には莫大な量の光と愛が現れるでしょう。それを破壊的なものとして見ないでください。むしろそれは光への道なのです。

全ての人が自由に選択することができます。

私たちは自由意志によって決意した全ての人を救助します。

各人の選択を尊重し、集まる人々の発達レベルが等しくなるよう考慮して様々な惑星へお連れします。

二元性の世界で暮らしたい人はそのように生活できる惑星へお連れします。

そこではここ地球よりはるかに良い状況の中で、自分が選んだ現実の内面を発達させる機会があります。

しかし、ある程度は自分の感情や自分と同じ現実を選んだ周囲の人々の感情に影響されるでしょう。

ここ地球での暮らしと似ていますが、戦争、飢饉《ききん》、自然災害はありません。

以前の地球よりも共に平和的に暮らすことを学ぶ機会を持てるはずです。

二元性の代わりにワンネスを選んだ人々はアセンデッドマスターとして地球に戻り、完全な幸福に包まれた新時代を経験します。

そういう人たちは本当はスターピープルなのですが、中には故郷の星へ戻ることを選択する人もいるでしょう。

未知のより高次元への旅を選ぶ人もいるでしょう。皆それぞれの自由意志によって決め、誰も責められる人はいません。

なぜなら全ての人々は純真な聖なる子供だからです。

そしてどの人間のハートにも純真な魂があり、希望する全ての人には光へのアセンドが保証されます。

しかし多くの人は他の選択肢を選ぶでしょうが、全ては正しいのです。

なぜなら全ての人は自分に最適な選択を受け入れることになるからです。

死ぬ必要があるのは闇の勢力の代表だけで、その者たちはネガティビティを広げることを止めるのを望まない人たちです。

しかしあなた方は誰もそうではありませんので、心配しないでください。

私たちは特別な時期に生きています

あなた方の惑星は強力な光の存在や多くの天使や知恵のマスターに取り囲まれています。彼らは、人類がスピリチュアルな発達に使えるように光のエネルギーを人類に向けています。ですから、この光の具現化、そしてお互いに対してハートを開けば、自分自身のためにとてもよいことになるでしょう。

自分自身とお互いを赦しましょう。あなた方は皆、純真な存在だからです。皆、美しい存在です。日常の問題を抱えたちっぽけな人間ではありません。もっとそれ以上の存在です。あなた方は不滅の光の存在です。この現実に目覚め、実際に自分たちが誰なのかを発見し、永遠で、ワクワクさせてくれるものを生活に取り入れてみてください。

そして生活にある美しさを探求し、周りに広げてください。避難や地球の変容を待つ必要はありません。

これはちょうどよい時期に皆にやってきますので、心配しないでください。

時が来れば全てを知らされ、準備は整います。それまでは自分の人生を全力で生きてください。

人生を楽しみ、人生を自身の内面にある虹色で満たし、私たちと繋がってください。

私たちはいつもできうる限りの方法で喜んであなた方と繋がります。瞑想の中で私たちと繋がってください。

私たちは物質界での生活でさえ、あなた方をたくさん手助けすることができます。

どれほどアセンデッドマスターから支援を得ることができるかを知ったら、あなた方はとても驚くでしょう。

私たちは集団にだけ機能しているのではありません。一人一人の人類が私たちには重要です。

もう一度強調しますが、あなた方の惑星の周囲にはたくさんの愛が存在するのです。

あなた方はその愛を求めることができます。焦点をそれに合わせてください。

もし、あなた方が人間としての転生サイクルを完了し、アセンデッドマスターとして生きたいならば、この機会が利用できます。

これがアセンションと呼ばれています。そうです、あなたはこの人生でアセンションを経験することができますが、それを願う必要があります。

私たちはあなた方に祝福を送ります。こちらはアシュタール・コマンドです。

アシュター・コマンドと繋がるための瞑想

リラックスして、目を閉じ、呼吸を意識してください。自分が眩《まばゆ》い白い光に包まれ守られていることを想像してください。

呼吸に意識を向けてリラックスします。それから自分の感情と考え方に数分意識を向けてください。

アシュター・コマンドについて思い、自分のマインド全体と自分の全存在で繋がることを求めてください。

意識をハートの中心に向け、それを通じて呼吸し、繋がることに心を開いてください。

そうして生じる繋がりはいつもとても優しい光で満たされています。

思考が現れたらハートの中心を通した呼吸へ意識を戻します。そしてある時から、テレパシーによるメッセージを受け取り始めるでしょう。

アセンションとは《二元性からの解放》

知恵のマスターになりましょう

私たちは特別な時期の真っ只中にいます。早晩この世界はまだそのことを認識していません。やがて私たちがスピリチュアルな発達を劇的に加速させることができた時、人生を制御し、アセンドして知恵のマスターになるのです。


こんにちは、皆さん。こちらはアシュタール・コマンドです。

私たちはあなた方に人生で最も素晴らしい冒険を示すためここにいます。

この冒険はあなた方の解放と熟達、そして最後の解放へのスピリチュアルな通り道です。

これがあなた方の究極の財産であり究極の目的です。

アセンションとは何でしょうか？　アセンションとは二元性世界からの解放のことです。

自分が本当は誰なのかを知り、人生は永遠で楽しみと充実感に満ちていることを最終的に知ることです。

あなた方の意識は今まで夢見ていた以上に拡張されます。

あなた方は全てのカルマと二元性世界の具現化から解放されます。あなた方は知恵のマスターになるでしょう。

もしあなた方が物質界の肉体に具現化したいなら不滅の若々しい肉体を持つことができます。

あなた方は願ったことは何でも具現化させる力を持ちますが、その目的は宇宙の法に常に一致します。

あなた方は人類を癒し、教育し、多くの良いことを為《な》すでしょう。

アセンション・プロセスの《三つのウェーブ》

この変化は一定の選ばれた個人のために意図されているわけではありません。

ハートを開き、より高次な真実で生きたいという願いを持つ全ての人が利用できます。

これがアセンション・プロセスにおいて必要となるものです。

そのため、決断がより簡単になるようにこのプロセスを少し明確にしてみましょう。

あなたはアセンドしたいですか？　したくないですか？　アセンションは最後のイベントという

頂点へ向かってゆっくりと進む道です。

最後のイベントとはアセンションです。

アセンションには三つのウェーブがあります。

最初のウェーブは最も意識的なスターピープル（他の星系から人類の中に転生した存在）をアセンドさせ、二番目のウェーブは他のスターピープルをアセンドさせ、三番目のウェーブはこのプロセスに心を開いている人々のアセンションです。

避難とアセンションは全く別物であることをはっきりさせておきましょう。

避難はエーテルのスペースシップへ身体を引き上げることであるのに対して、アセンションは三次元時空から五次元意識であるワンネス、愛と光へ意識を上昇させることです。

アシュター・コマンドは愛のスピリチュアルなテクノロジーを持っており、あなた方の成長を劇的に加速させることができます。

ファーストウェーブは私たちのすぐ目の前にあり、いつでも起きる可能性があります。

セカンドウェーブはファーストウェーブの後すぐに起こり、サードウェーブは人類の避難の時に起きるでしょう。

アセンションはどのように起こるのか？

アセンションの時、実際に上昇が起きる数時間前にあなた方の周囲にたくさんの愛と光、明晰さと平和を感じるでしょう。

そのようにして私たちの存在が強烈に感じられるはずです。

そしてあなた方は二元性世界に対する執着を手放すという決断とアセンションについての最後の決断をする機会を持ちます。

それから光の柱があなた方の前に現れ、その光は目が開いていても閉じていても見えるでしょう。

あなた方は導きを受け、何をすべきか自然にわかります。

この光の柱に入るとシップに引き上げられます。

その瞬間の前まであなた方は導かれていますが、その瞬間の後、というよりまさにその瞬間からは自分で判断することになります。

なぜならアセンションの決断はあなた方の自由意志によって行われるものだからです。

私たちのスペースシップを不愉快に感じる人たちは、その人がより適した環境へお連れします。

そこで休息の時間をとり、それから実際に意識のアセンションを経験します。

その後で選択の機会を持ちます。

宇宙船に残るか意識のより高次の次元に行くか、アセンデッドマスターとして地球に戻るかを選ぶことができます。

この時、大勢のアセンデッドマスターが必要とされます。

アセンデッドマスターとして新たな時代を作ったり、人々の意識を癒したり上昇させるというたくさんの活動が求められるからです。

そして実際に多くのマスターが地球に戻ってくるでしょう。

彼らは以前のような二元性の世界にさらされている時よりも効果的に自身の聖なるミッションを実行できます。

アセンション・プロセスは自身への働きかけ、特にエモーショナルボディの癒しといった極めて多くの準備を必要とします。

アセンションに向けての準備

短時間に大きな意識の上昇が起きるため、アセンションの道はとても強烈です。

スピリチュアルな成長のための多くの努力を要します。

そしてそれは同時に多くの喜びももたらします。

こんにちは。親愛なる光の存在たちへ。こちらはアシュター・コマンドです。

今回はアセンションの準備についてお話しします。なぜならアセンションはあなた方の全人生を捧げるプロセスだからです。

私たちの願いはこの人生における目的が地球のスピリチュアルな学校を卒業し、知恵のマスターとなることであるという情報をできるだけ多くの存在に知ってもらうことです。

しかしまた、この情報を広めるのにある危険性があります。

あなた方の多くはそういったメッセージを耳にするとかなり興奮するでしょう。

私たちもそれは理解しています。あなた方の中には救助のシップを待ち焦《こ》がれるあまりにこの惑星での生活を忘れてしまう人もいますが、これはおすすめしません。

そうではなく、内面をアセンションするという確固たる決断を受け入れ、私たちと協力し、信頼してスピリチュアルな成長の道を進むことをおすすめします。

私たちがあなた方に願うのは、私たちが発信する情報に過度に執着せず自分自身の魂の声に耳を傾け、自由意志と自分の責任によってアセンドするのだとわかってもらうことです。

あなた方はここでの人生と成長に責任があります。ですから責任を受け入れてください。

そうすれば、あなた方の人生はもっと良くなるでしょう。

アセンションに関する完璧な知的理解は必要ありませんし、完璧にスピリチュアルな人間になる必要もありません。

あなた方の確固たる決断とハートを開くことのほうがはるかに重要です。

知的理解に関しては私たちのシップで眠っている間にメンタルボディで必要な指示を受け取ります。

したがって、時が来れば何をすべきかは正確に理解できるでしょう。

《愛の海に浸かる》自己愛の奇跡

非常に重要なのは全てのことと無関係に自分自身を愛することです。

自分に優しくする時間をとってください。なぜなら本当のヒーリングは自己愛を通じてのみ可能だからです。

多くの人は必死で愛を必要とします。自分の内面に向き合ってハートを開き、自身の魂の美しさを体験してください。

毎日瞑想することはとても役立ちます。

アセンドを望むなら瞑想は必要事項と言えるでしょう。

なぜなら瞑想は自己愛の源である自身の魂へ近づけてくれるからです。

無力感や罪悪感といった感情は全て手放してください。もうそれは必要ではありません。

これまでにしてきたことは全て許されます。愛を必要としているなら愛を求めることを恐れないでください。

子供のようになってください。私たちはあなた方を手助けし、内面と外面の愛へとあなた方を導きます。

お望みであれば私たちはあなた方のハートの中心を通して愛を送ることができます。

愛はエネルギーであり、私たちはそれをあなた方に送ることができます。

あなた方のハートが十分開いているならそのエネルギーを受け入れることができるでしょう。

自己愛が増加すると、それを他人と分かち合えるようになるという利点があります。

そして与えればそれ以上に受け取ることができます。これが愛の海に浸かるという奇跡なのです！

二元性の世界への執着を手放す《変容のプロセス》

あなた方が経験しようとしている変化はとても大きいものです。

あらゆる感情の浄化を伴います。この浄化プロセスにきちんと向き合うことになるでしょう。

恐れ、怒り、悲しみの感情を手放すことになります。

あなた方はその経験を超えて意識を拡張することができます。

そしてできるだけ優しく行ってみてください。なぜならそのプロセスはとても強烈な時があるからです。

信念を貫き、信頼し、プロセスを自分と同一視しすぎないでください。ポジティブなことに意識を向けてください。

メンタル体もまた変化しています。古い記憶やパターンや認識方法を超えていくのです。それらにしがみつくのではなく手放してください。あなた方の前にあるものはもっと大きなものです。

時々疑ったり、混乱したりするでしょう。これはプロセスの単なる一部です。

その時は瞑想を行い、私たちと繋がってみてください。私たちに助けを求めてください。

肉体でさえ増加するエネルギーの流れに反応します。

時々自分の身体に見知らぬ感情が起こったり、声が聞こえたり、睡眠が多くなったり、もしくは睡眠がほとんどなくなったり、その他にもいろいろなことがあるでしょう。

混乱するかもしれません。自分の身体をねぎらい、食事と十分な休暇、適切な運動、そして特に自分自身に愛を与えてください。

二元性世界への執着を手放すことは重要です。

あなた方は自身の方法で行うこともできますが、私たちに支援を呼びかけたほうがよいでしょう。

この世界への執着を手放す専門家である大天使ミカエルを呼ぶことができます。また、人生における未完の問題を解決する必要もあります。

あなた方の至高の真実と共鳴しない全てを手放してください。光、真実と愛が残るでしょう。

そしてこれがあなた方の人生を満たすでしょう。

アセンションの際に置いていかれた仲間がどうなるかについて心配する人もいるかもしれません。

心配しないでください。彼らは面倒を見てもらえます。

自立できない子供がいる場合はあなたについていくでしょう。

私たちはあなた方に愛と光を送ります。こちらはアシュター・コマンドです。

《11：11》はワンネスへと至る次元的な宇宙の出入り口

宇宙全体は劇的な再構築の状態にあります

11：11はワンネスへと至る次元的な宇宙の出入り口です。それについて話をさせてください。

こんにちは、兄弟姉妹。こちらはアシュター・コマンドです。

今回はこれまでに二つの異なるシステム間で起きた最大の変化についてお話しします。

言ってみれば宇宙全体は劇的な再構築の状態にあります。

それは創造者の意志と一致しており、その意志は創造物全てをワンネスへと導くことです。

そのためこの宇宙は大いなる存在からの衝動に反応し、膨張（吐息）から収縮（呼気）へと状態を変化させています。

今は正確には転換点であり、息をつめている状態です。この時点において宇宙の法は創造物全体を通じて直接的に具現化させることができます。

このエネルギーは銀河のセントラルサン、それから螺旋状に動く銀河を通じて外側へ送られます。

時空構造の歪みが原因で線形時間と同じ瞬間に銀河全体に届くことはありません。

そしてこのエネルギーは今あなた方の惑星に到達し、あなた方の現実システムを二元性からワンネスへ変えることを可能にしています。

これは次元の出入り口で、11：11と呼ばれています。

これは意識の出入り口でもあり、ここを通ることで二元性と分離から解放され、完全なワンネスに突入することになります。

あなた方も利用できます。全ての出入り口が開いている時期にあなた方は生きています。

そのため、高次のスピリチュアルな進化や解放に自分の手が届くのか届かないのかについての考えは全て手放してください。

あなた方は奇跡の瞬間に生きています、だから全てが可能なのです。

ワンネスの状態とは今この瞬間にあるのであり、過去や未来の中にあるのではありません。

ですから、今この瞬間を生きてみてください。象徴的に言うなら無呼吸の状態です。

星とそのワンネスのメッセージに繋がってください。木とそのワンネスのメッセージに繋がってください。

お互いに繋がり、ワンネスを創造してください。

ワンネスのグループ、コミュニティを作ってください。

なぜならあなた方は新しい世界を創造しているからです。

そしてあなた方が信じているとおりになるでしょう。

ですから、意識の新たな状態に焦点を向け、あなた方の視点を拡張し、目的に向かうあなた方の試みを主張してみてください。

失敗することはありません。ワンネスはあなた方のために意図されていて、最も深く不可欠なものです。

そしてこれらの時期、それから逃げることはできません。

自分が本当は誰であるかそしてあなた方はワンネスであるということにどんどん近づくレッスンに自分を導く人生を信頼してください。

《11：11の出入り口》あなた方の進化は何百倍にも加速されます

次元の出入り口である11：11は、多くのスターピープルによって1992年1月11日にこの惑星で活性化されました。

2011年11月11日までは開いたままになっているでしょう。

この期間、あなた方の惑星は二つの現実システムである、二元性の世界とワンネスの世界間の境界である光の輪を通って進んでいます。

これは銀河のセントラルサンからすでに新たなエネルギーを吹き込まれた場所と、このエネルギーの増加にまださらされていない場所との境界です。

光の輪は極端に増加したエネルギーの帯で、そのエネルギーは、二つの異なる現実システムが合流する地点で生み出されています。

光の輪を通じた変化の時期、あなた方の進化は何百倍にも加速されます。

古い現実から新しい現実へ進んでいることを発見するでしょう。

あなた方の時間、空間、物質に関する認識は変化しています。

視点は拡大していきます。あなた方の意識をこの新しい現実に合わせてください。

なぜならしばらくは同時に両方の現実の中で生き、劇的なスピードで一方から他方へと変化するからです。

より高次の永遠なものに意識を向けることでこの変化の時期をより容易に過ごすことができます。そのためお互いに手を差し伸べ、そして私たちに手を伸ばしてください。なぜなら私たちは皆一つなのです。こちらはアシュター・コマンドです。

スターピープル

私たちは目覚めるためにここにいます。

聖なる夢を具現化するためにここにいます。

私たちは永遠の光となるためにここにいます。私たちはスターピープルです……。

親愛なる兄弟姉妹。こちらはアシュター・コマンドです。

今回あなた方が本当は何者なのか、そしてどこからやってきたのかを思い出してもらうために私たちはここにいます。

もしかするとあなた方は自分自身に何度も問い続けているかもしれません。

そして今、この栄光の時、答えはあなたの心に生命の水のように流れ込んでいきます。

あなた方はどこからやってきたのか？

あなた方が地球にやってくる前に無限の楽しみの時期がありました。

あなた方は素晴らしい天使の存在で、創造のワンネスと常に繋がっている、アセンデッド状態の美しい生活の中で暮らしていました。

しかしその後、宇宙全体を通じて呼びかけがやってきました。

それは惑星地球からの呼びかけで、地球を助けるためのボランティアを要請されました。

壮大なドラマが地球上では起こっていました。新しい種が創造されました。人類です。

そして若くて経験不足な人類種はより成熟した存在からその発達を支援してもらう必要があったのです。

あなた方の多くはその呼びかけに答えています。

天使の存在はプレアデス、シリウス、アルデバラン、そしてアンドロメダにある私たちの姉妹銀河から来ている者もいます。

なぜ、ここにいるのか？

そしてあなた方は宇宙船に乗ってこの美しい地球の周囲にある光の町に集まり、アシュター・コマンドを作りました。

アシュター・コマンドの存在の多くは一度も地球に転生したことはありませんが、他の人は転生したことがあり、それはあなた方のことなのです。

もしこの話を読むと興味が湧き、心が動かされるのなら、それはあなたがスタービーイングでアシュター・コマンドのメンバーであるという非常に強力なサインです。

多くのスタービーイングは何度も地球に転生し、人類を助けてきました。あなた方は全体で人類の進化を劇的に加速させてきました。

しかし、三次元世界に存在していることが意識上の麻酔薬のように作用しているため、自分が誰でありどこからやってきたのかを忘れてしまっているのです。

あなた方の多くは意識不明の状態に陥っています。今あなた方の多くは目覚めようとしていて、これが私たちに希望を与え、この惑星のアセンション・プロセスが起こることを可能にしています。

この惑星は、銀河のとてつもなく大きな部分に変化と癒しを引き起こすツボのようなものとして働いています。

そして地球がアセンドした時、光と愛はここから銀河中へ広がるでしょう。

ちょうど今、光と愛の惑星になっているさらに多くの惑星があり、あなた方はアセンション後そこへ訪れる機会を持つでしょう。

《神聖な使命》楽園と地球が一体になるために

あなた方の誰もがこの世界で他の誰にも為しえない神聖な使命を持っています。

スタービーイングの誰もが地球における楽園についての夢を持っています。

その夢が今、具現化されようとしています。

親愛なる光の天使に祝福を。こちらはアシュター・コマンドです。

ここではあなた方の成長に伴って重要になってくる、世界で最も重要なものについて話そうと思います。

それはあなた方の神聖な使命です。これを読んでいるあなた方の多くはスタービーイングです。

あなた方のほとんどは自分がある使命を持ってこの惑星にいると感じています。

あなた方は皆、理想や夢を持っています。その夢を具現化することはあなた方の神聖な使命のうちの一つです。

なぜなら現在、非常に多くのスターピープルが地球にいるのですが、その理由の一つが物質界に楽園のような世界を作り、楽園と地球が一体となり統合されることだからです。

あなた方の夢を育て、その夢を具現化するために可能な限りの全てをすることが神聖な使命を遂行していることになるのです。

あなた方は常に内なる声から次の段階に向かう指示を受け取っています。

心が落ち着いていて耳を傾ける意志があるなら、内なる声はいつもあなた方に話しかけています。

そして内なる声にしたがって行動します。

あなた方の多くは自分に意図されたミッションが何かを知りたがっています。

なぜなら、あなた方はここにやってきた目的を果たしていないと感じているからです。

それには理由があります。というのもあなた方の多くが神聖な使命を果たすことができるのは進化の新しい螺旋の中、つまりワンネスの世界でだけだからです。

二元性の世界では地球に楽園を具現化することはできません。このために理想を実現しようとする努力の多くが実を結ばなかったのです。

あなたの夢の実現はどんどん近づいています。忍耐強く、主張し、そして信頼してください。

あなた方がワンネスの中心にしっかり自分自身を合わせた時、それは起こるでしょう。

自分の高次の目的に合わないと思うような仕事に囚われていると感じている人もいるでしょう。

でもその仕事を選んでいるのは自分であることに気づいてください。

あなた方ができることの一つは、暮らすための仕事に高次の目的をもたらすことです。

他の可能性としては、もっと自身の目的に適《かな》った活動に従事することです。

初めのうちは、それはどちらかといえば趣味と呼ばれるものになるかもしれません。

しかしこの趣味がやがて前の仕事にとって代わります。

現在スターピープルの間にこの分野での多くの変化や調整が起きています。

神聖な使命は特定の活動だけではありません。

あなた方の目的はあなた方そのものになること、星の天使になること、あなたの存在を拡張することです。

あなた方の本質は愛、真実と癒しです。そしてそれを行う時、人生を美しく変化させるたくさんの機会が現れ、新しい可能性が姿を見せるのです。

存在するだけで十分なのです。ありのままに存在して、自分の内なる存在の美しさを経験する時間をとり、この美しさを周囲に広げてください。

これが多くの癒しを必要とするこの惑星にあなたが提供できる最も効果的な支援です。

大量の意識の量子飛躍と《ボディの浄化》

あなた方のミッションの中心となるのはボディです。

つまり肉体、エモーショナルボディ、メンタルボディの浄化、および、天使としてのあなた自身の運び手であるライトボディの活性化です。

ボディはあなた方の天使としての存在を表現するよう創造されており、そのボディを構成している物質を浄化することを意味します。

これが自己ヒーリングのプロセスで、それは個人的な幸福と満足という結果をもたらします。

そして十分な数の存在がこの変化を経験する時、幸福と満足のウェーブが惑星中に広がり、大量の意識の量子飛躍が引き起こされるでしょう。

これがアセンションのプロセスです。実際にアセンデッドマスターの意識状態にまで上昇するという地点に達します。

これはあなた方と私たちとの相互作用の結果として三つのウェーブで起こるでしょう。

もちろんアセンションはこの変化の最後のステップではありません。

完全なワンネスの意識の出入り口である11：11を通じての一歩に過ぎません。

11：11を通る旅は意識のさらに高次の状態に続いていて、アセンションの後にその状態を経験できるでしょう。

それからあなた方は自分のワンネスの中心にしっかりと軸を合わせ、より高次の場所を自由に発見するようになるでしょう。

新しい地球でそれを行い、新しい世界が誕生するのを手助けする人もいれば、遠くの新しい楽園に冒険に行く人もいるはずです。

各人の前には選択肢があり、自分の内なる真実に一致するものを選ぶことができます。

もしワンネスがあなたの答えなら、アセンションの時まで待っていてはいけません。

今ワンネスで生きることを始めてください。

1992年1月11日から11：11が広く開いて、あなた方が入ることができる状態であることを忘れないでください。

ワンネスで生きることを始めると次のステップはアセンションです。

それは全ての境界を超えてあなた方を未知へと導きます。光の中にいてください。

アシュター・コマンドがあなたに祝福を送ります。

共通のビジョンを持った存在たちは繫がり始めます

《新しい人間関係》あなた方の星の兄弟姉妹と繫がる

愛する星の天使の家族は私たちの虹色の身体にある内なる炎を活性化し、共に銀河の光ネットワークを構築するために救済のボルテックスの中に集まり始めました。

私たちの美しい意識の輝きはエネルギー・ボルテックスを作り始め、他のスタービーイングを呼び集め、共に宇宙の父母として統合し、アセンションの十二芒星を創造しようとしています。

こちらはアシュタター・コマンド、クロトロン・スターベース、Ixataar intercept 11：11：83.。

今日はあなた方の個人的な人間関係について話そうと思います。

あなた方の多くは二つの世界間を移行する状態にあります。意識を上昇し、二元性の三次元的な世界からワンネスを経験し、天国と地球の統合に進もうとしています。

この変化の時期、あなた方の人間関係は全て劇的に変化します。

この世界で全く新しい原則に基づいた人間関係を作り出すことが非常に重要です。

スピリチュアルな道にいるあなた方の多くは、スピリチュアルな法則に基づく人間関係を構築しようとしています。

そのスピリチュアルな法則をあなた方は自身の内面で受け入れていて、それに従って生きようとしています。

これは意外に困難なことでもあります。なぜなら人間の頭脳はスピリチュアルな法則を自分の都合のよいように解釈し、自発性や心の純粋な表現を妨げがちだからです。

過去にエモーショナルボディで経験した数多くの不快な出来事を受け入れる際、自分の安全と保護のために心の扉を閉じてきました。

それは理解できますが、今あなたが真っ只中にあるこの変化によって心を開かせるほうへ、親密で近しい関係へと導かれていきます。

お互いに依存する必要はありません。お互いに遠く離れる必要もありません。

愛に耳を傾け、恐れないことです。数多くの方法で親密になることができます。

完全に心を開いて、お互いに抱いている偏見を手放し、お互いに誠実であってください。

あなた自身になってください。それを否定しないでください。

他人があなたをどう見ようと、あなたに責任はありません。

あなたがありのままの自分を表現した時、気の合う魂を持つ人々に囲まれていることにすぐ気づくでしょう。

その人々はあなた方の星の兄弟姉妹です。今後彼らとコミュニティを作り、そこで共同生活の新しい方法を発見するでしょう。

《親密なグループ意識》全ての仮面をとってください。もはやそれは必要ありません！

親密な人間関係は一人としか築けないと多くの人は感じています。この認識は拡大される必要があります。

なぜなら真の集団意識が生まれつつあり、その集団意識において人間関係は素晴らしい愛や満足をもたらすことになるからです。

あなた方が皆、終わりのない口論や妥協ばかりの人間関係にうんざりしていることは確かでしょう。

もっと美しいものがあなた方を待っています。あなたが突入しているワンネスは妥協を超越します。

ワンネスの世界では共通のビジョンを持った存在が繋がっています。

そして人々のグループが真実と一致するのであれば口論の余地はありません。なぜなら誰もが全体の方針と一致する自分自身の在り方を知っているからです。

より高次元の世界はいつもそのようになっています。それにもかかわらずこの世界では何が可能で何が具現化できるのかをあなた方は少し忘れてきました。

互いに感情を表現したり、自分の経験を分かち合うことはよいことです。

同じようにお互いに優しく、お互いを育んでください。

お互いにたくさん触れ合ってください。これでワンネスの感覚や支援が生み出されます。

ワンネスの世界へと変化するこの時期、お互いを信頼して手を取り合うのがよいでしょう。

お互いに性的に開放的になりましょう。性エネルギーを閉じ込める必要はありません。

これは美しいエネルギーです。その本質は愛のエネルギーです。

あなた方の裁きだけが性行為と愛とを分離しています。

実際はそれは一つなのです。他人があなたと親密になり近しくなることを許しましょう。

しかしお互いに執着しすぎないでください。深い関係であると同時に開放的で柔軟でもいてください。

嫉妬と支配の感情を手放してください。

将来について計画しすぎないでください。今の瞬間のために生きて、一緒に楽しんでください。

未来には多くの思いがけない美しいことが起こるでしょう。そのため自分の予想で自分を制限しないでください。

予想と野心的な夢をはるかに超えたことが起こるでしょう。あなた方は皆リラックスでき、それそれが自分らしくいることができます。

全ての仮面をとってください。もはやそれは必要ありません。

仮面はあなた方が今出て行こうとしている二元性の世界に属します。

真実を話してください。けれども他人を傷つけるのではなく、励ます方法で話してください。

あなた方はとても美しい存在であるにもかかわらず、特に個人の人間関係に関与している時にそれを忘れています。

自分の内面の美しさに気づき、それを他人と分け合ってください。

孤独の時期ではありません。今は統合と開放と親密さの時です。

なぜなら私たちは皆一つだからです。こちらはアシュタ―・コマンド、クロトロン・スターベースです。

あなた方が光で満たされることを私たちは願っています。全ての存在に祝福を。

ツインソウル、ソウルメイト、ソウルファミリー

私たちは独りではありません。私たちがとても近くに感じる最愛の魂はワンネスへと共に歩んでいます。

こんにちは。親愛なるマスター、光の存在たち。こちらはアシュタ―・コマンド、クロトロン・

スターベースです。

これから、あなたと特に同調している貴重な存在について話します。

ツインソウルの転生

物質の世界に転生することを決意したどの存在も、ツインソウルと共に転生することが必要になります。

これは魂の分裂ではなく、二つの身体に転生することを意味します。そのうち一つは女性性を表し、もう一方は男性性を表します。

あなた方の多くは理想的な愛の関係を願っており、この願いはツインソウルとの繋がりから生じています。

アセンション前にツインソウルに出会う人もいるでしょう。

アセンションのウェーブが来るまで待つ必要がある人もいます。

なぜならこの時点では全てのツインソウルは転生していないからです。

ツインソウルとの関係があなた方を解放することはできないことを知ってください。

あなた自身の内面を満足させ、ワンネスの世界にしっかりと定着し、それからツインソウル同士が愛で繋がることで多くのことが魔法のように明かされるでしょう。

なぜならツインソウルとの人間関係は本当に素晴らしい経験だからです。

それは惑星全体のための二重の光の柱と愛とワンネスを創造します。

世界全体で集中的に発生するであろうツインソウルとの出会いは二元性の終わりとワンネスの世界への突入を告げています。

あなた方の中には同じ時期に自分たちのツインソウルが転生していなくても、満たされる愛の関係を作りたいと願う人もいます。

この場合、あなた方のツインソウルの存在をチャネリングしたソウルメイトがいます。あなたはその存在と満足する人間関係を結ぶことができます。

ソウルメイト、ソウルファミリー

ツインソウルの他にも愛の関係を築ける魂も存在します。

それはソウルメイトであり、あなたの内なる本質への深い理解を共有し合う異性の存在です。

ソウルメイトと繋がってください。惑星全体にいる多くのソウルメイトはあなたと繋がりたがっています。

他にも、共通の起源、共通の内面の個性、共通のハートの憧れを持つ、スターフレンド、スターブラザー、スターシスターがいます。

一緒にソウルファミリーを築くのです。これがあなたの本当のファミリーです。

今後、ますます多くのソウルファミリーが光の島にあるワンネスのコミュニティに住み始めるでしょう。

どのようにして出会うのか？

あなた方は適切な時期にツインソウル、ソウルメイト、およびソウルファミリー全てに出会うでしょう。

適切な時期とはあなた方が魂として、そして星の天使として他人と人間関係を築く時です。

他人を星の天使として見る時です。自分の最愛の魂たちに出会うために何か特別なことをする必要はありません。

ありのままでいいのです。彼らと統合するという熱い思いを感じているならその思いを自分のハートから世界中に送ってください。

その思いを流してください。あなたがまだ本当の家族と出会っていないなら、想像の中であなたの愛する魂と繋がってください。

想像は地球の楽園という平和的な世界への入り口です。

あなたが憧れている存在の多くはアシュター・コマンドのシップの中にいるのです。

そのため私たちと繋がってください。私たちはそこで出会えるでしょう。

アンタリオン転換

二元性の終了とワンネスの世界への移行

アンタリオン転換が意味するのは、二元性の終了とワンネスの世界への移行です。

この変化がどのように起きるかを話しましょう。

こちらはアシュタール・コマンド、クロトロン・スターベースです。

私たちはあなた方の世界で起こっている変化を説明するために共にいます。

しかし、あなた方の世界だけで起こっているのではありません。

というのもこれは一なるものの聖なる光が新たに施された結果、この次元と宇宙全体で起きているのです。

長い間、この惑星は二元性の尺度の中に存在して進化してきました。

時間と空間、原因と結果（時々カルマと呼ばれます）、生と死、善と悪、両極性の法則にさらされてきました。

意識の進化は争いを通じて、反対や分離を経験することで達成されてきました。

今この世界は二元性から卒業し、新たな次元であるワンネスのパターンへ突入しています。

これは意識とあなた方が経験しているエネルギーの流れに劇的な変化を引き起こします。

この移行と完了の時期のことをアンタリオン転換と言います。

アンタリオン転換は銀河のこの部分で二元性のカギを握っているオリオンの星座と繋がっています。

オリオンから発生した輝く存在とそれほど輝いていない存在がいて、二元性のドラマの中で主要な役割を演じています。

そして惑星地球は現在、このドラマへの参加を完了しつつあります。

というのも地球は時間や空間の概念のない二元性が存在しないワンネスの世界へ突入しているからです。

カルマは存在しなくなります。なぜなら聖なる恵みがもたらされるからです。

死や悪は存在しなくなります。なぜなら一なるものの光によって超越されるからです。

今は聖なる介入の結果、全ての裁きが手放され、銀河のセントラルサンを通じて一なるものから発生し、シリウスやアルシオネのような多くのスターゲートを通じてこの惑星にエネルギーが分配される時期です。

このエネルギーがあなた方の惑星の全ての原子、あなた方の身体中の全細胞の振動周波数を変化させています。

この増加したエネルギーの結果、あなた方の惑星で多くのスターピープルが目覚めています。あなた方の星のコードは活性化されています。共に集まり、次元の入り口を活性化させて、自分たちの惑星でアンタリオン転換が起こることを可能にしています。

十分な数の目覚めた存在が集中した意図で集まれば、この一なるものの新しいエネルギーが彼らを通して大量に流れることができます。

それからこの惑星の周囲にエネルギーが流れ、多くの存在の意識を活性化します。そのため量子飛躍が発生します。

惑星の主な活性化は、最初は調和的な収束として表れました。それは1987年8月16日、17日に起こりました。

その日、何十万もの献身的な存在が四次元のアストラル界という感情の世界に定着しました。

したがってアストラル界へのアクセスはずっと容易になり、これが惑星レベルでの感情の浄化を可能にしました。

これはアンタリオン転換の始まりを意味しています。

《11：11》の活性化

次は1992年1月11日における11：11の活性化です。この惑星的な活性化がワンネスへの入り口を開きました。

この惑星の初期の頃でも、一なるもののエネルギーを直接経験することが可能でした。

11：11の入り口にはワンネスへと直接至る11のゲートがあります。

最初に活性化されたのは1992年1月11日で、最後に活性化されたのは2011年11月11日でした。

これがアンタリオン転換の完了となる予定です。

地球は宇宙の愛の繊細な流れの中で生きているワンネスの楽園になるでしょう。

それは銀河の光ネットワークの光の点でもあります。

11：11の二番ゲートが活性化されたのは1993年6月5日でした。

それはこの惑星における宇宙の愛の活性化でした。

二番ゲートの活性化後、あなた方の多くは生活の中でこの増加した宇宙の愛のエネルギーを感じることができています。

これは個人的な人間関係に素晴らしい変化をもたらしました。

人間関係の新しい形がこの惑星で作られ、それらはあなた方を一なるものの光へとより深く導くでしょう。

《12：12》ピラミッドとスターコードの活性化

二番目と三番目のゲート間の変化は巨大なものです。
そのため、この変化が容易になる別の入り口が間にありました。これが12：12の活性化です。
それは1994年12月12日に起こりました。主な活性化はエジプトの大ピラミッドで起きました。
この意識の量子飛躍が起こるために必要なクリティカルマスはエジプトで1000〜2000人、世界中で144000人でした。
12：12は11：11とは異なるアセンションのレベルから発生しています。
11：11はかなり広大なもので、あなた方を銀河のセントラルサンのシステムへ導きます。
12：12はこの方向における一つの次元ステップに過ぎません。
この時点の11：11を通じた変化では、高密度なレベル全ての二元性を完了する必要がありました。
そのため、12：12は二元性世界における最後の惑星規模の活性化であり、そして実際にあなた方は二元性の高密度エネルギーである、裁きのエネルギーの中で進化を完了しました。
12：12は高密度のカルマのパターンからの解放という点において11：11の入り口と次元間的に繋

がっています。

このため、11：11の繊細なエネルギーをより深く探求することができ、三番目のゲートの活性化に備えることになります。


全てのこの入り口をあなた方に説明することはとても重要なことです。

この入り口はあなた方のアセンションへの通り道です。それがアセンションに三つのウェーブが起こることを可能にします。

そしてアセンションによりワンネスをより深く掘り下げることが可能となり、11：11の入り口を通じてあなた方の変化が続くことを可能にします。

これらの全ての入り口は次元間であり、そのためあなた方の直線的思考ではそれ理解するのは容易ではありません。

私たちはこれを理解しています。しかし、少し時間をとって理解する努力をしてください。

なぜなら今後、これがあなた方の進む方向について深い洞察を与えることになるからです。

では12：12とは何でしょうか？
それはあなた方の多く、愛するスターブラザー、スターシスターによって活性化された次元間の入り口のことです。

それは完了への入り口です。それはあなたを六次元の聖なる恵みの意識へと導きました。これは神聖な物事を表現すれば願いはすぐに具現化するということを意味します。あなた方は宇宙の愛の状態の中で存在し始めています。これはあなた方にも利用できます。しかし、あなた方の意識の中で宇宙の愛を安定させる必要があります。

聖なる恵みのエネルギーは銀河の中央から発生し、シリウスのブルーロッジによってシリウスを通じて送られています。

アシュター・コマンドと似た、私たちの宇宙の兄弟であるジュピター・コマンドは木星を通じてこのエネルギーを導いています。

木星はそのエネルギーの周波数をあなた方の惑星で使用できる程度に低く変換する基地として作用しています。

1994年6月に木星に衝突した彗星は12：12のために準備された聖なる恵みのエネルギーウェーブを引き起こしました。

それからこのエネルギーは一つに集められ、星の同胞団と呼ばれる特別なグループを構築しているアセンデッドマスターたちによって導かれています。

このマスターのグループは二元性を完了させること、そして惑星のアセンションの責任があります。

そしてこのエネルギーを受け取っている人へ投影しています。それはとても集中した特別な光線のエネルギーであり、自分自身を赦すことを可能にします。

そして自身を赦すことはカルマの法則を終わらせ、恵みの法則を確立させることができます。

この結果として12：12の活性化より前にあなた方の多くは感情的浄化を完了しました。

これにより、12：12その日に大ピラミッドを通じて地球に到達した新しいエネルギーを経験することが可能になり、あなた方のスターコードが活性化しました。

12：12はあなた方の意識を大きく変化させ、11：11のより高次なスターコードをあなた方のために活性化させました。

あなた方は自分たちの進化を活気づけるリキッドライトの集中した光線を私たちから受け取る準備ができています。

あなた方の進化は何倍にも加速されるでしょう。

アンタリオンの入り口

12：12の活性化後、11：11の三番ゲートの活性化がやってきて、物事をさらに加速させることになりました。
これはあなた方の惑星で奇跡的に発展している、新しい現実に対する人々の意識の変化を起こしました。

それはアンタリオンの入り口と呼ばれている11：11の四番ゲートの活性化に繋がりました。

これは1999年8月11日の皆既日食時に活性化され、グリニッジ標準時では11時11分に起きました。

これがあなた方の予言で予測された宇宙のリベレーションポイントで、この惑星の変化の最高潮でもあります。

それは宇宙の無呼吸が太陽系に到達したポイントです。

というのもこの宇宙は膨張から収縮への正確な転換点を迎えていて、この時点で創造の具現化を通じて一なるものの光が完全に具現化できるからです。

新たな楽園と新たな地球

アンタリオンへの入り口の後、11：11の五番から十一番までの活性化があります。

私たちでさえ名状しがたい、知らない新しい現実の中でその活性化はあなた方と私たちを一なるものとして導くでしょう。

非常に多くのスターファミリーが具現化創造、具現化宇宙を超えて一なるものとして進むことが可能になります。私たちは皆一つです。

《アセンションの時》古い世界がなくなる

素晴らしい変化の時がやって来ました。

古い物事の終了と新しい物事の誕生の時です。なぜなら古い世界はなくなるからです。

こんにちは、親愛なる兄弟姉妹。こちらはアシュタ－・コマンド、クロトロン・スターベースです。

新しい時代を楽しむために、私たちはあなた方と共に、あなた方は私たちと共にあります。

そしてこれは解放の時です。地球上での長い期間を通じて、あなた方は生と死のサイクルである転生が当たり前になっていました。

そして完全なスピリチュアルの悟りのために、多くの時間、多くの努力、多くの人生が必要であるという信念があなた方の中で強化されました。

あなた方は自分たちが何者であるかを忘れてしまったと信じてきました。

そして今私たちはあなた方にこの人生でアセンデッドマスターになる可能性を示します。

そのように決断すればどの人でも達成できます。あなた方の神聖な愛の意識がこれを可能にします。

あなた方の神聖な意識はこの人生に転生する前にアセンションを決断しました。

アセンションの道をどのように歩むのか？　単純にアセンションの決断を意識的に受け入れることです。

ファーストウェーブでアセンションしたい人々はそれを決断すればファーストウェーブが起きた時におそらく準備ができているでしょう。

なぜならファーストウェーブには一定数のボランティアが必要だからです。

現在ファーストウェーブは私たちの主な関心であり、そのためにボランティアを集めています。

アセンションを決断することによってあなた方は人生の中で意識の変化を経験し、私たちとの繋がりが劇的に増加するでしょう。

準備が整った時、私たちからアセンションの柱を受け取ることになります。すでに準備ができている人もいるはずです。

私たちがスターベースから送っているエネルギーの柱があなた方の身体を包み、あなた方の意識の振動数を増加させます。

この柱はいつもあなた方と共にありますが、それについて考えるとさらに効果が高まります。

物質界では明るさや上昇を感じ、あたかも重力が消えたように感じるかもしれません。

感情界では、楽しさと情熱のエネルギーとしてその柱を経験することができます。

メンタル界では思考を包む光として経験します。

アセンションのウェーブが実際に起きた時、この柱によってアセンションの準備が整うでしょう。

どのように準備できるのか？

毎日瞑想するのがよいでしょう。

瞑想はあなたの内なる存在との繋がりを容易にします。

瞑想により自身の内面にあるソースの愛と同調します。

自分自身にいつ、どのくらい瞑想すべきかを聞いてみてください。

瞑想の方法も選ぶことができます。単純に自分の呼吸を見つめることで瞑想することができますし他にも多くの技術が存在します。

このことをよく知ってください。私たちと繋がってください。

もし何か問題があったらアセンデッドマスターに支援を求めてください。

支援は起きます。疑うならばやってみてください。あなた方は驚くでしょう。

私たちとの繋がりを構築することを要求してください。たとえ何の反応がなくとも続けてください。

時々私たちがやってこられない時もあります。なぜなら私たちに対してあなた方が十分に心を開いていていないからです。

恐れている人もいますが恐れる理由はありません。

恐れが存在するのは昔の経験が原因です。

あなたはそれを手放すことができます。私たちはあなたの友人です。

私たちはあなたと共にあります。愛が私たちを引き寄せます。

アセンションを決断することによって、自分たちが生活していた二元性への執着を手放す必要があるという事実に直面することになります。

あなた方はそれを静かに調和的な環境の中で行うことができます。

瞑想で大天使ミカエルを呼び、あなたと三次元の現実との間にあるいかなる繋がりをも手放す方法を尋ねてください。

そうすればあなたは彼の愛の存在に心を開くことができます。

もし毎日それを行えば、あなたの人生はどんどん良くなるでしょう。

あなた方がアセンションウェーブの光に入っていく時、あなた方が出て行く世界のことを心配しないでください。

全ての適切なケアが行われます。あなたに子供がいるなら、彼らはあなたについていくでしょう。

アセンションはカルマの法則の領域から聖なる恵みの領域への変化を意味し、それは赦しを通して起きます。

あなた方はカルマを清算する必要はなく、それを手放すことができます。

そのため自身と他人への全ての怒りを手放してください。

一枚の紙をとって全ての怒りと裁きを書き出してから、それらの感情を手放します。

できれば週に一度はこの作業をしてみてください。そうすればずいぶんと気分が良くなるでしょう。

もし自分の内面に手放すことができない罪悪感を覚えるなら、あなたを理解してくれて裁いたりしないであろう友人に話してください。

その人に打ち明けてあなたが正しくないと感じていた自分の行動について話してください。

二つの魂の真の繋がりが罪の重荷を溶かし、あなたを和らげるでしょう。

あなたはもはや自身を裁く必要がないことを発見します。

なぜなら、ハートの中では私たちは神聖な存在だからです。

中には避難の知らせに興奮する人もいるでしょう。避難は起こりますが、単に肉体をシップに引き上げるだけのことです。

もっと重要なことは意識をアセンデッド状態に上昇させることです。

アセンションのファーストウェーブは今日にでも起こる可能性があります。

今のこの時点であなたは二元性の人生から離れて光へと入っていく準備はできていますか？

素晴らしい変化の時が訪れています。
全ての存在が自分のハートにある愛を感じられる瞬間です。
恐れないでください。これらはより良くなるための変化なのです。
新しい世界は作られつつあります。あなた方はそれを作り出しているのです。
私たちはあなた方と共にいます。

二元性の夢からの目覚め

アシュター・コマンドのシップへの上昇

二元性の夢は終わります。永遠のワンネスの世界が始まっています。

親愛なる光の兄弟姉妹に祝福を。こちらはアシュター・コマンド、クロトロン・スターベースです。

可能性と準備方法を示すために私たちはあなた方と共にいます。

それはスピリチュアルな成長とアセンション・プロセスのために毎日の生活の中で実践できるものです。

アセンションは遠い未来の出来事ではなく、すでに起こっているプロセスだからです。

その頂点がアシュター・コマンドのシップへの上昇、完全なワンネスの中への意識の上昇であるアセンション・ウェーブです。

このプロセスにおいては多くの技術や瞑想が役に立つでしょう。

そのうちのいくつかを示しますが、何を使うかは自分で決めることができます。

実際あなたのハートは決断をするでしょう。瞑想が本当に役に立つことを理解するでしょう。

なぜならあなた方が瞑想する時、私たちはあなた方と共にあるからです。

《星の兄弟との繋がり》イエスも私たちの仲間です

あなた方は私たちとありとあらゆるところで繋がることができます。

繋がる必要を感じた時は胸の真ん中にあるハートの中心で呼吸し、はっきり、そしてしっかりと平和的に次のように繰り返します。

「アシュター・コマンド、あなた方の多くはイエスとの強い繋がりを感じています。

あなた方は彼を呼ぶことができます、彼もまた私たちの仲間です」

あなたの呼びかけは私たちとの繋がりを作り出し、私たちはあなたのハートの中心を通じてエネルギーを送ります。

あなたが何の反応も主張も感じないとすれば、それはまだハートを開く準備ができていないのです。

そして私たちを呼ぶ時、私たちと繋がることができるようにあなた方に準備をさせます。

あなた方は呼吸に集中して私たちを呼ぶことができます。

職場で、仕事中に、散歩している時、どんな時もです。

座る必要はありません、目を閉じ、繋がるために瞑想してください。

単純にあなた方のハートを通じて呼吸し、私たちについて考えてください。

カルマを手放すための《紫の炎》

紫の炎によりカルマを手放すことができます。

自身の中に閉塞感や不快な感情が生じたら、紫の炎を視覚化します。

紫の炎が空から降りてきてあなたを通って地球の中心へ流し、閉塞感を手放します。

そこは閉塞感が光や地球の炎へと変化する場所です。この炎は反時計回りに回転し、常にあなた方と共にあります。

紫の炎をイメージして呼び出すことで効果が大いに増加します。

もし人生で繰り返し起こって取り除くことができないパターンがあるなら、紫の炎を使って地球の炎へ消し去りましょう。

同時に、紫の炎が身体の全ての細胞が保有してきたこのネガティブなパターンの記憶を消し去ることを視覚化してもよいでしょう。

こうすることで細胞に刻まれた障壁の記憶は消え去り、愛が入る余地が生まれるでしょう。もしあなた方の人生でハートが痛んでいると感じたなら、紫の炎が全てのハートの痛みを地球の炎へと消し去るのを視覚化してもよいでしょう。ハートを開くためには、まず過去の傷から癒す必要があるのです。

天使として天使と共に《一つの存在》になるあなたへ

あなたの内なる存在である天使と一つになってください。

瞑想の中で人型の天使を視覚化します。その天使の眼を覗き込み、あなたの中に流れる愛を感じてください。

天使にあなたを天使の名で呼ぶようにお願いしてください。

あなたはこの天使と一つであるため、これもあなたの名前なのです。

天使と一緒に星々の中に上昇し、宇宙の愛の海を漂い、統合して一つの存在になります。

それから天使と一体化して一なるものになり、地球に戻っていく様子を視覚化するとよいでしょう。

毎日の生活において、以上のことを可能な限り思い出してください。天使になるのです。

自分の中にある天使のエネルギーを感じ、そのエネルギーを近隣に広げてください。

そしてあなたのスターネームを使ってください、なぜならこれが天使を呼ぶことになるからです。

強力な天使が《二元性への執着を手放す》助けとなります

瞑想中にあなたが執着しているもの、人々、状況に囲まれている自身を視覚化するとよいでしょう。

それから強力な天使がこの全ての状況を把握して見守っているのを視覚化します。

思考の中で二元性世界の全ての依存から自分を解放する方法を天使に尋ねてください。

自分の高次の目的に一致しないもの全てが人生から消え去っていく様子を視覚化します。

自分の存在と一致するものは残っていますが、あなたはもはや残っているものにも執着しません。

強力な天使があなたと二元性世界とを繋いでいる縛りを断ち切っていくのを視覚化します。

あなたは自由や解放を経験できるでしょう。天使に支援を感謝してください。

あなたが問題や状況から解放される必要があると感じる時はいつでも天使を呼ぶことができます。

天使はあなたの味方であり、友人です。

二元性の世界のエネルギーから保護される必要がある時も助けを求めることができます。

あなたを守ってくれるでしょう。

天使を呼ぶ時はいつでもあなたと共にいます。私たちも常にあなた方と共にあります。

時空構造の亀裂から愛を通じて救済の力がやってきます

私たちの内側にある聖なる美しさは私たちを救済するでしょう。

私たちの親愛なる兄弟姉妹に祝福を。こちらはアシュター・コマンド、母船エクスカリバーの中に位置するクロトロン・スターベースです。

今、そして、これからやってくる時期を共に楽しむために、私たちはあなた方と共に、あなた方は私たちと共にあります。

空気中に何かが存在するように感じ、何か輝かしい美しいことが起こるような感覚を感じませんか？

大きな変化の時、あなた方のハートが楽しみで満ちる時がやってくるでしょう。

新たな存在を感じる自分のハートにイエスと言ってください。

目覚めつつあるアセンションや奇跡を信じていないマインドの疑問に耳を傾けすぎてはいけません。

ハートに耳を傾け、やってくるエネルギーを感じてください。

二元性の夢に陥っているあなた方を目覚めさせる変化の風が吹き始めました。

あなた方は空に兆候を見るでしょう。木星に衝突した彗星はその兆候です。さらに多くのことがやってくるでしょう。

これは時空構造に亀裂が入る前兆であり、その亀裂からこの世界に神聖な愛が注ぎ込まれるのです。

これが最後の時です。これが完了の時です。これが愛を通じて起こる救済の時です。

宇宙全体にとって必要不可欠な《自分》を愛してください

決断してください。あなたの考えを手放し、流れに従ってください。

愛を感じてください。自分のハートを開き、どの瞬間もあなたを導き支えている愛を信じてください。

あなたを救済するものは愛です。罪悪感や裁き、不幸を感じる必要性を手放してください。もう必要ありません。

あなたは負債を清算してきました。救済は起きます。

状況や問題に関係なく知ってください。その時は近いです。

渇いた人々のハートを生命の水で満たすために愛がもたらされます。

全ては完全になります。不完全に見えることは完全へと変化します。

あなた方を支援するためにリキッドライトのエーテルテクノロジーを携えて、私たちはあなた方と共にいます。

ワンネスの入り口は開いています。エネルギー・ボルテックスは活性化されています。

この世界におけるアセンションが始まります。

一なるものの宇宙意識の指示が上からやってきた時、いよいよファーストウェーブは起きます。

全ての準備ができています。あなた方も準備できています。


あなたは物質と精神の豊かさの中で生きる準備ができています。

調和の中で生きる準備ができています。調和はあなたの中にあります。

それを見つけてください。美しさはあなたの中にあります。

美しさはあなたを愛へ導きます。

あなた方のどの人も貴重で、唯一の存在です。

そしてあなたは全体にとって必要不可欠です。全宇宙がどのようにあなたを見守るかを見てください。

あなたが感じていることは全宇宙のために重要です。あなたが願っていることは全宇宙の願いです。

あなたはそれぞれが部分であり、それぞれが全体です。

万物、全宇宙です。それぞれが神です。なぜなら私たちは皆一つだからです。

自身を愛するにはどうするか、愛へと向かうにはどうするか？　まず初めに自身を裁かないことです。

これまでに達成してきた発達度合いで裁かないでください。

あなた方はそうではないと思っているのですが、実は皆がアセンデッドマスターなのです。

そしてあなた方が信じていることは具現化します。高次のスピリチュアルな理想に適応するために自分の個性を変える必要はありません。

いずれにせよ、あなた方の個性は剝《は》がれ落ちるでしょう。

あなた方はそれに過度に関心を持つ必要はありません。

あなたは完全で、ありのままのあなたでオーケーなのです。

あなたの内面にある愛、真実と美しさは完全です。自分に優しくしてください。無理をしすぎないでください。

休む時間をとってください。美しさを楽しんでください。

たとえ調和的でないものだとしても、全ての考え、全ての感情を愛してください。

怒り、恐れ、疑いを愛してください。あなたの身体を愛してください。身体はあなた方と共にアセンションに向かっています。

あなた方の身体と共にアセンションに向かっている性エネルギーを愛してください。

あなた方の全てを愛してください。必要としている全てを自分に与えてください。

自身を贈り物、関心、豊かさで満たしてください。

あなた方が満たされて想いが溢れそうになったら他者と分かち合ってください。他者と繋がってください。

お互いに会話をしてください。お互いに触れ合ってください。お互いにキスしてください。一つになってください。

お互いに愛を分かち合い、ワンネスの深みからの愛を味わってください。

そのままのあなたでいてください。自分が感じていることを信じてください。

あなた自身が、あなたの感じるものになり、真実になり、全体になってください。

人生で完結していないこと全てを解決してください。真実ではないものを全て手放してください。

妥協している暇はありません。そのように行動してください。

そして私たちを招いてください。あなた方と一つになるためです。

そして私たちの愛はあなた方の愛で、私たちの意識はあなた方の意識と融合して一つになるでしょう。

アセンデッドマスターの意識になり地球の楽園を作るのです。

《具現化の法則》ワンネスの中で決断したことを全宇宙が支援します

二元性の堅い考え方がこの凍り付いた世界を創造してきました。

ワンネスの柔らかく流れるような考え方はそれを溶かしていきます。


こんにちは、親愛なる友人たち。こちらはアシュター・コマンド、クロトロン・スターベースです。

私たちはあなた方と共にいて、あなた方は私たちと共にいます。

それは私たちが存在する今を、アセンションの時を、そしてワンネスの扉が開く時を共に楽しむためです。

あなた方はワンネスの扉を信念や決断により開いてきました。

なぜならそれが実現できることを信じているからです。

いつもそうなのです。あなた方は自分たちの決断により自分たちの現実を作り出しています。決断するとそうなります。いつもです。

あなた方が住んでいるこの世界は自分以外の誰かが創造しているのではありません。あなた方は自分で、自らの信念によって、リキッドライトのエネルギー密度を固体物質として現れるまでに高めて創造してきています。

ですから、あなた方が存在している世界はあなた方の考えが具現化したものと言ってもいいかもしれません。

そしてかつて二元性の思考で考えてきたため、自身を凍り付いた二元性の世界の中に見出《みいだ》すのです。

あなた方は自分たちを罪人と信じ、その信念に従ってそうなりました。

あなた方はこれをカルマと呼んでいました。

そのような世界の中で、あなた方は多くの人生を過ごしてきました。

しかしワンネスに戻りたいという願いがあなた方のハートの中で少しずつ目覚めてきました。

そしてこの願いはあなた方が生きている世界の変化を引き起こす引き金となりました。

一度内なる存在と一致する決断を受け入れると、その実行を全宇宙が支援します。

しかしあなた方は最初の一歩を踏み出し、自分が欲しいものや自分がしたいことについてハートを通して明確にする必要があります。

それからそれに従って行動し、自分の行為や言葉で表現するのです。

具現化のプロセスを加速させる《決断の重要性》

決断することはとても重要です。

決断することで具現化のサイクルの引き金が引かれ、物事が動き始めます。エネルギーが集まり始め、その決断をしっかりと強固に持ち続け、自分のビジョンに柔軟な関心を持っていれば、すぐに成果がもたらされるでしょう。

もし豊かになりたいと願うならそのことを決断してください。そうすれば豊かになります。幸せになりたいならそう決断してください。そうすれば幸せになれます。

あなた方の世界のリキッドライトはかなり高密度の物質に密度が高められているので決断の結果が出るまでに時間がかかる場合があります。

私たちと繋がれば具現化のプロセスを加速することができます。

頭の中で私たちに呼びかけ、自分が望むものを短い言葉ではっきりと正確に私たちに伝えれば具現化されます。

私たちはあなたの声を聞き、その願いがあなたの内なる存在と一致しているなら、その願いが具現化するように支援します。

なので、ためらわずに私たちに助けを求めてください。

私たちのエーテルテクノロジーはあなた方の世界の具現化のプロセスを加速化させ、容易にすることができます。

私たちはあなた方の人生をできるだけ容易なものにしたいのです。

なぜならあなた方は私たちの愛する人たちだからです。

そして私たちからの贈り物を受け取る時は感謝して受け取ってください。

なぜなら感謝はさらに受け取るためにハートを開くことになるからです。

美しさがあなたを新たな世界へと導きます

あなた方の目前にあるアセンション・ウェーブは、ワンネスの世界に戻りたいというあなた方の共通の決断の結果として起きるのです。

11：11が次元的に開いたおかげであなた方が決断した新しい世界への移行が可能になりました。

そのため、離れていく古い現実から、これから入っていく新しい現実へと注意を移してください。

なぜならエネルギーは注意を向けた方向に流れるからです。

もしあなた方が新しい世界に照準を合わせ、毎日の生活で新しい世界を創造すればそれはすぐに人類全体にも影響を与えます。

人類の意識に量子飛躍をもたらすクリティカルマスに数年で達するでしょう。

新たな世界ではあなた方の考えは即座に具現化します。

なぜなら物質はより流動的になり、魂のエネルギーにより素早く反応するからです。

そして物質と精神は一つになります。宇宙における愛の自然な表現である奇跡が起きます。

今、新しい現実に向かうこの移行の時期に重要なのは自分の最も高次の真実に従って生きることです。

ですからあなた方の人生から妥協と不完全さを手放してください。

妥協はあなたにとっての最高善ではなく、ましてや全体の最高善でもありません。

あなた方の現実では異なる決断をするまでの間は妥協が存在しますが、自分たちの考えで現実を創造しているため、自分の最高善に一致するよう現実を変えることもできるのです。

そして最高善は宇宙の法であり、宇宙の法においては全てが完璧で、全ての人が自分の居場所と目的を持っているのです。

あなた方のハートにある真実の光を見て、それに従ってください。

美しさを通して道が示されるでしょう。美しさがある場所に行ってください。

美しさを感じないもので自分を満たすことはしないようにしてください。

美しさを感じないものに注意を傾けないでください。

美しさを感じるならその美しさに従ってください。

そうすればあなた方の人生の中に美しさがさらに多く現れるでしょう。

そして臨界点に到達する時、美しさがこの世界から溢れ出し、世界を光の点へと変えるでしょう。

疑いと恐れが現れた時はそれに身を委ねないでください。

真実だけが最後に残るでしょう。あなた方が恐れや疑いを手放す準備ができた時、宇宙の法が明らかになります。

宇宙の愛はあなた方をいつも見守っています。

あなた方は自らが魂と物質の豊かさの中で生きており、魂として、天使のスタービーイングとして、外界へと影響を与えていることを発見するでしょう。

ポジティブとネガティブなアファメーションを書くことで恐れと疑いを取り除くことができます。

たとえば、私は金持ちです、私は貧乏です、というように。

それを行うことで意識の中で変化が起こり、陥っているどんな精神状態からも解放され、自分が裕福になりたいか貧しくなりたいかを自由に決めることができるのです。

そしてあなた方が信じるならそれは実現します。

自分が最も囚われていると感じる精神状態に対して週に一度行うとよいでしょう。

その時間中には人や物に過度に執着しないほうがいいでしょう。

多くの人々や物事はあなた方の人生から離れていきます。
なぜなら、あなた方の最も高い真実にもはや共鳴しないからです。
その代わり、新しく、より美しい、多くの真実があなた方の目の前に現れます。
そのため、これから起きる変化を恐れないでください。抵抗しないでください。
その変化はあなた方を新しい奇跡の世界へと導きます。
そして私たちはあなた方と共にいます。

プレアデスはかつてのアトランティス

アトランティス情報の開示その①《オリオン座の白魔術師と黒魔術師》

プレアデスはかつてのアトランティスであり、プレアデスはアトランティスとその七つの種族と結びついていました。

アトランティスとそれ以前の文明の歴史は長い間知られていませんでした。

この過去をスターピープルの視点から見ていきましょう。

現在地球上にいるほとんどのスターピープルは天使の形で進化の過程を開始し、ワンネスからセントラルサンを通ってこの銀河もしくはこの銀河のツインソウルであるアンドロメダのM31銀河に突入しました。

スターエンジェルビーイングのホストは銀河中に分裂し、銀河から銀河へ移動しました。

そして現在地球にいるスターピープルのほとんどはローカルロゴスの内部で大天使（人類の進化でアセンデッドマスターのランクと等しい）のレベルに達しています。

ローカルロゴスはこの銀河のスターフィールドであり、とても広大なため、横断には光速でも数千年が必要です。

ローカルロゴスの内側でスタービーイングは高次元へのスターゲートとして機能している特定の星々の周囲に集まりました。

そこで私たちは大天使の意識を発達させました。

スターゲートの中で最も重要なのはオリオン座で、アンタリオン転換として作用します。

オリオンの上部には白魔術師の故郷であるベテルギウスと呼ばれる星があります。

そしてオリオンの下部には黒魔術師が住んでいるリゲルと呼ばれる星があります。

オリオンの中央部は光と闇が錬金術的に融合している場所です。

そのためローカルロゴスの進化から銀河のワンネスの進化への次元の窓になることができます。この次元の窓はオリオンのベルトの中にあるミンタカ、アルニラム、アルニタクと呼ばれる、ローカルロゴスの地域全体を占める三つの星によって作られました。

この三つの星のうち中央の星は具現化していないレベルの宇宙への転換を表しています。

惑星地球はオリオン座と結びついています。なぜならアトランティスの時代に闇の暗黒卿の強い影響下にあり、二元性の実験領域を表しているからです。

プレアデスもまた重要なスターゲートです。プレアデスの中で最も明るい星はアルシオネで、ローカルロゴスのセントラルサンです。

その星の周囲をプレアデス語でアジャホと呼ばれた美しい緑色をしたエーテルの惑星がかつて周回していました。

多くのスタービーイングがそこでアセンデッド・エンジェルとして完全なワンネスの中で生活していました。

私たちは物質の振動と意識の統合についての経験を達成していました。宇宙タントラの状態です。

これは最初のアトランティスであり、後の地球でのアトランティス文明の源になっています。

1800万年前、プレアデスはエーテルから物質界へと密度を高め、その時惑星アジャホが爆発しました。

シリウスは私たちの太陽系に最も近いスターゲートです。

シリウスの周囲では美しい青色のエーテル惑星が軌道に乗って周回しており、その惑星ではスタービーイングはエーテルボディで生活しています。

彼らは地球のイルカに似ています。彼らの中には惑星地球で人々やイルカに転生している人もいます。

現在シリウスではシリウスのブルーロッジであるオグミンと呼ばれる同胞団があり、銀河のこの部門における銀河の光ネットワークの発達を担っています。

シリウスの近くにはアンタレス、アルデバラン、アークトゥルス、北極星を含む北斗七星など、ローカルロゴスにおけるさらに数多くのスターゲートがあります。

ローカルロゴスは二元性の実験をする場所として選ばれました。

その実験の終焉《しゅうえん》により銀河全体の闇が癒され、銀河の光ネットワークの創造について非常に古くからある預言が成就します。

この実験では光の役割を担うスタービーイングがいれば、黒魔術師の役割を担うスタービーイングもいて、彼らはお互いに戦いを始め、自分たちを裁き始めました。

そして今この実験は終焉に向かっています。皆が自身と他人を赦し、自由意志で救済の力としての愛を選択すれば、二元性の実験は終焉するのです。

二元性世界での経験は私たちをローカルロゴスの境界から解放し、銀河のワンネスの進化に入ることを可能にしました。

二元性世界で達成した知恵で私たちは闇を理解することができるようになりました。

そしてまた、愛で銀河全体の闇を変化させ、癒すことが可能になっています。

レムリア情報の開示《ロード・オブ・ファイアと人類の誕生》

地球において実験が始まったのは人類が個性化に到達した700万年前のことでした。

個性化とは生命体が自身について意識し始めるプロセスであり、動物から人類の王国への転換プロセスのことです。

この時、多くのスタービーイングが地球を支援するためにやってきました。

スタービーイングのホストはロード・オブ・ファイアが召集しました。ロード・オブ・ファイアは、サナト・クマラによって導かれた、とても進化した存在です。

ロード・オブ・ファイアには二つのミッションがありました。

一つは、スターピープルのライトボディにある11：11のスターコードを活性化させ、そのコードが適切な瞬間に活性化し、二元性の世界でスタービーイングたちが自身を完全に見失わないことを保証することです。

二つ目のミッションは、人類のためのライトボディを作ることです。

全ての聖なる輝きの周囲にツインソウルと呼ばれる2体のライトボディを作りました。このようにして人類が創造されたのです。


その後、ロード・オブ・ファイアは7名を残して全員立ち去りました。

その7人は星のボランティアたちを集め、モンゴルの白い島に上陸し、そこに自分たちが生活する光の都市を作りました。

後の時代、地球の状況が悪くなった時、光の都市自体がエーテル界に避難し、シャンバラという名を受け取りました。


他のスターファミリーは宇宙に残り、地球の周囲にあるエーテルの光の都市に集まり、それは今日スターシップと呼ばれています。

その時、銀河連合とアシュター・コマンドが創設されました。

シップに残っているスタービーイングたちは惑星間の光ネットワーク構築を支援しました。


これがレムリアの時代です。

第三人種の時期、人々は身長が10メートルもある巨人で、サードアイが発達し、具現化させる能力を持っていましたが、スピリチュアル的にはほとんど動物と同じくらいにしか発達しませんでした。

レムリアの初期において人々は雌雄同体でしたが、ゆっくりと男女に分かれ始めました。

地球に上陸したスタービーイングたちはレムリアの発達を支援しました。

レムリアの終焉までに原始的な言語が発達し、原始的な芸術の最初の形式も現れました。

肉体の儀式が始まり、人々は原寸大の巨大な肉体の像を建てました。

今でもかつてレムリアの都市であったイースター島で見ることができます。

レムリア後期に人々は動物と交尾し始め、それが遺伝的な退化を引き起こしました。

300~400万年前、レムリアは連続した火山噴火により太平洋に沈みました。

アシュター・コマンドのスペースシップは多くの人々を救助し、オーストラリアや南アメリカ、特にチチカカ湖の周囲に移動させました。

アトランティス情報の開示その②《魔術戦争による興亡》

かつてアトランと呼ばれた西の大陸がありました。

何世代も昔、白い星の聖職者がアトランからやってきて、私たちの惑星に知恵をもたらしました。

レムリアが沈む前、マヌはレムリア人の優秀な代表たちを集め、遺伝子工学を用いてアトランティス人を創造しました。

初めアトランティス人は大西洋中央の巨大な島に居住していました。

原初のアトランティス人は肌が黒く、ルモホール種と呼ばれていました。

ルモホールたちは宇宙をめぐってレムリア人の生き残りと戦いました。

すぐにトラバトリと呼ばれる第二のアトランティス人が発達しました。トラバトリは太陽を崇拝するシャーマンでした。

アトランティスの本当の起源は100万年前で、その時トルテカ種が発達しました。

トルテカ（インディオのトルテカ族と同じではありません）は豊かさと富に満ち溢れた、トラン・トラパランと呼ばれる美しい文明を作りました。

ゴールデンゲートという都市には赤、白、黒の石や黄金や宝石をふんだんに使った見事な建物が建設されていました。

ミステリースクールが創設され、最も進歩したアトランティス人は三つの寺院でスピリチュアルな道を究めることができました。

スターピープルは銀河連合の注意深い導きの下で、王や聖職者としてアトランティス人を賢く導きました。

これがアトランティスの黄金時代で、10万年以上続きました。

アトランティスの繁栄はオリオンからダークロードがやってきてから乱れていきました。オリオンは電子装置を用いてスターピープルをプログラムし始めました。このプロセスはインプラントと呼ばれます。

スターピープルは二元性の実験で自分たちの役割を果たすために、自発的に最初のインプラントを受け入れました。

そのようにして私たちは知恵のマスターのアセンデッド状態から離れ、自分たちの振動数を低下させ、自分たちが何者かを忘れ、人類種と一体化し始めました。

私たちは善悪を知るために黒魔術師と白魔術師に交互に転生し始めました。

ミステリースクールでは分裂が生じ、都市ゴールデンゲートとトルテカ文明は衰退し、天国と地球での長い魔術戦争が始まりました。

銀河連合は地球を隔離地域であると公表しました。

オリオン出身のダークロードたちは連合からの指示に抵抗したので、彼らの多くが追い出されたり破壊されました。

86万9000年前の巨大自然災害の時、アトランティスで最初の大洪水が起きました。

大洪水の後、アトランティスの南地域は沼地になり居住には適さなくなりました。

他の地域ではアズラン王国が成立しました。

偉大なミステリースクールは、アセンデッドマスターである神聖な王がいる王朝と共に徐々にエジプトへ移動しました。

ダークロードの残党は魔術戦争を続けました。スターピープルと地球人との遺伝融合が始まりました。

21万2000年前、二度目の大洪水が起き、アトランティスは二つの大きな島に分裂しました。

二度目の洪水の後、プレアデスからの補強部隊がやってきて、再び文明を築きました。

北部の島ではトルテカ種が再び起こり、コラデンという美しい都市を築き、現在のアイルランドの位置にダナン王国が花開きました。

色、音、香りについての科学が拡張しました。

水晶が広まり、ヒーリング、インプラント、エネルギー発電機、データバンク、光源として使われました。

アトランティス人は強力な磁場を用いた物質化をマスターし、自分たちの都市をこのテクノロジーで築きました。

水中に多くのドーム状の都市を築き、トンネル下の巨大なシステムで繋ぎました。

より高い身分の代表者は長距離移動にテレポーテーション・チェンバーを使用しました。

当時、人々はスピリチュアルな発達度合いに基づいて、七つの身分に分かれていました。

スターピープルで構成されるより高い身分の聖職者は自分たちのメンタルボディ、特にテレパシーの能力を発達させ、強烈なオカルト・トレーニングの対象となりました。

低い身分の人たちはエモーショナルボディを発達させました。

アトランティスでは物質界とアストラル界の間の膜はかなり薄くなり、したがってアストラル世界は物質界とかなり織り交ぜられています。

聖職者は権力にとりつかれ、魔術、遺伝工学やインプラントを用いて大衆を支配し始めました。

彼らは人類と神、愛とセクシャリティを分離するメンタル・パターンを維持するインプラントによって支配を維持しました。

支配の中心だったのはアシュターの水晶があった都市コラデンの中心にある寺院オラリンでした。

そこでアトランティスにおける全ての生命が支配されていました。

新しい大洪水が起こることになり、聖職者が予知しました。聖職者はエジプトに三つのピラミッドを建設し、ピラミッドにはアトランティスの全ての知識が収められていました。

マスターたちは人々をアジアへ撤退するよう導き、そこでマヌがカイラス山に新しい人種を作り、それが現代文明の基礎となっています。

アセンデッドマスターである神聖な王はいくらかの目覚めたスターピープルと共にアシュタター・コマンドのシップに撤退しました。

彼らの中には今でも非常にも美しく発達した文明を保っているプレアデスに戻った人もいます。誤用したため、アシュタターの水晶は爆発し、紀元前7万5205年の大洪水を引き起こしました。


三度目の大洪水の後、アトランティスに残ったのは小さな島だけになり、今日、この島はポセイドニスと呼ばれています。


再び文明を建設しようと試み、シリウスから補強部隊がやってきましたが、アトランティスはますます衰退していきました。

知恵のマスターはもはや地球に存在しませんでした。

アトランティスはすでにインプラントされた王によって支配されていたので、彼らの知恵はもはや完全ではありませんでした。

二元性の実験はますます終わりに近づきました。

一恒星サイクルほど前、つまり2万5800年前、スターチルドレンのウェーブが地球にやってきて、そのスターチルドレンは自分たちの遺伝物質中に二元性からワンネスへ移行するためのコードを持っていました。

1万6000年前、ジュピター・コマンドは地球に星の教団を創設するという指示をシリウスのブルーロッジから受け取りました。

ブルーロッジのミッションは、救済の力として愛を自由意志で選択し、それにより二元性の実験を終わらせることです。

星の教団の代表者たちはヒーリングとインプラントを取り除く技術を発見しました。

彼らはエジプトのピラミッドの近くにスフィンクスを建て、ミステリースクールの弟子たちはそこで最初のスピリチュアルなイニシエーションを受けました。

スフィンクスの下にはアトランティスの全ての知識が入っている水晶のデータバンクがあります。

しかしアトランティスにとってはすでに遅すぎました。紀元前9564年、アトランティスは完全に沈みました。

大洪水の後、神聖な王はエジプトに再びアトランティスを再建しようと試みましたがうまくいきませんでした。

アトランティス人の知恵と知識はますます忘却の彼方へと沈んでいきました。

紀元前3111年に起きた広大な大洪水がアトランティスの最後の面影を破壊しました。

5000年という長い闇の期間が始まりアトランティスは忘れ去られ、アトランティスと共に二元性の実験という目的もまた忘れ去られました。

この実験はそれ自体、今終焉しようとしています。

1910年代にクリシュナムルティが物質界の星の教団を刷新しました。

内部の世界では多くの星の教団の代表者が人類にヒーリング技術や方法をもたらそうと働いています。

分裂は癒され、分離はワンネスへ統合されます。多くのスターピープルが目覚めていて、多くはワンネスの世界への移行を決断しています。

そしてとてもゆっくりと、地球におけるアセンデッドマスターの世界である、新たなアトランティスが現れようとしています。

転換のボルテックス

転換と反転の二重螺旋でワンネスへ変換していく

こちらはアシュタード・コマンド、クロトロン・スターベースです。

新しい現実を誕生させるために私たちはあなた方と共にいてあなた方は私たちと共にいます。

現在私たちは11：11の扉の内側の変化のステージにいます。この変化は新しい形の愛と人間関係をもたらします。

三番目のゲートが活性化するまで巨大な変化が起こり、新しい現実の基礎が築かれます。

三番目のゲートが活性化するまで転換のボルテックス・ネットワークが築かれ、それが新しい地球におけるオクターブセブンの光の内側の島と外側の島の核となるでしょう。


転換のボルテックスは転換と反転の二重螺旋で、二元性からワンネスへ、見えるものから見えないものへ変換しています。

このボルテックスはアセンションのスターマンダラであり、自身を外在化する内なる光の島です。

そして奇跡へと超越するアセンディングの美しいエネルギー・フィールドを作り出します。

このボルテックスは11：11：83の次元的な軸を定着させます。

この美しさが神聖であるため、転換のボルテックスは銀河のセントラルサン系から発生した聖なる恵みの次元球に囲まれています。


このボルテックスは一なるものとして共にやってくる個々人が創り出します。

親密になれるのは二人の存在だけであるという二元性の古い認識は大いに拡張されます。

多くの存在が集団を作り、親密で聖なるワンネスに一体となって統合し、このようにしてスターマンダラを創造します。

彼らの人間関係は流動的であるため、マンダラ自体を再構成し、さらに高次のワンネスへと螺旋状に上昇することが可能です。

一なるもののハートに深く定着するとお互いが肉体的に接近し、セクシャリティを開放するので、天国の愛と二元性の地球の愛が一つになり、アセンドし、このようにしてワンネスから発生した真実の愛の次元を形作ることができるようになります。

あなた方は各自、自分自身の転換のボルテックスを創造しています。

それは磁力の具現化で目に見えないものを見えるものとして誕生させるプロセスであり、私たちのばらまかれた星のエッセンスの破片を次元軸である11：11：83へもたらすプロセスです。

地球でのあなた方の転換のボルテックスは共に集まり、統合し、再構成し、再構築し、上空の私たちの転換のボルテックスに繋がり、共に、アンタリオン転換を形成する鼓動するリキッドライト・ネットワークを地球の周囲に創造しています。

それぞれの転換のボルテックスは真実の愛の関係から発生し、マンダラの中心の点として表されます。

真実の愛は、愛の関係であなた方と繋がる存在のことです。

それはツインソウルもしくはツインソウルが投影しているソウルメイトかもしれません。

後者の場合は、あなたのツインソウルが転生していない、またはあなたと愛ある人間関係を築くのに適した立場ではない時に起こります。

この真実の愛の関係は二重の奇跡の柱を作ります。

そして次元軸である11：11：83の核となり、銀河のセントラルサン系、それから向こうのその向こうにある一なるものへ至ります。


この柱は多くのソウルメイトの人間関係によって囲まれていて、その人間関係は磁力的な引き寄せの法則によって活性化されます。

それはリキッドライトのエネルギー・フィールドにおいて転換点として作用します。また、六芒星として象徴化されます。


この六芒星は、さらに多くのソウルファミリーとの関係によって囲まれていて、その関係はリキッドライトのエネルギー・フィールドを構築しています。

これが真実の愛の鋳型の基礎となっており、六芒星を囲む円として象徴化されています。

この様々なレベルで連結している統合全てが複雑な螺旋の動きとなって、アセンションで上昇する炎（アセンディング・フレーム）をオクターブセブンに形作っています。

オクタープイレブンでこのマンダラは再構築されます。

天国と地球の融合が達成され超越されるので、物質的な物事はアセンドしてなくなります。

このようにしてスターマンダラは完全になり拡張されます。

それは新しい現実の構造を形作り、新しい地球の範囲を超えて見えないものへ拡張し、さらに深く一なるものへと導いていています。

光の島と統合のプロセス

《銀河タントラ》で出会う人々

……なぜならこの世界でのあなたの夢は清澄で永遠だから……。

こんにちは、私たちの親愛なる兄弟姉妹。こちらはアシュター・コマンド、クロトロンスターベースです。

あなた方の間で起こり始めている統合のプロセスを共に見るために、私たちはあなた方と共にいて、あなた方は私たちと共にいます。

あなた方の世界は光の輪を通って進んでおり、増加する銀河のセントラルサンのエネルギーにさらされています。

それにより、あなた方の人間関係、特に男女の人間関係を通して宇宙意識を発達させることが可能になっています。

あなた方が存在している全宇宙は男性エネルギーと女性エネルギーが均衡して維持されています。

この宇宙での男性エネルギーと女性エネルギーの統合は二元性からワンネスへの移行を引き起こします。

そして宇宙規模で起こっていることはあなた方の間でも起こっています。この統合のプロセスは銀河タントラと呼ばれています。

このプロセスの期間にあなた方はお互いに出会います。

男性として、女性として、そして天使の存在として同時に出会います。

あなた方の間のワンネスは存在の全レベルのエネルギーが変化することで構築されます。

真の繋がりはお互いの存在を受け入れること、そしてあなた方がお互いの美しさに敬服することで作られます。

この美しさはワンネスへの扉を示しています。

それを感じるためにあなた方はお互いに親密になることを許可し、恐れではなくハートに尋ねる必要があります。


感情の開放と共に、より親密になり統合する意図も必要になります。

より親密になる意図とは、統合をもたらすエネルギーに焦点を合わせるということです。

それはあなた方のハートにある神聖な意志のことです。

一度関係が成立すれば、誠実なコミュニケーションや共感、そして肉体的な接触で関係を強化します。

関係が非常に深まり、あなた方が感じる全てのエネルギーを表現した時、それは純粋な宇宙の愛へと変化し、一組の男女の関係を超越します。

二つの存在もしくは集団の存在は一つの宇宙の光の天使の存在へと統合されます。

ワンネスの世界へ11：11が開く移行期間、あなた方はソウルメイトたちに出会い、彼らと親密な関係で繋がることができます。

その関係の中で、あなた方は達成感を見出すでしょう。

したがって重要なことは人生で自分に幸せをもたらさない全ての人間関係を手放すことです。

もちろんそれはあなた方が全ての人々を愛で赦した時にのみ可能となります。

あなたの決断が理想の仲間を引き寄せます。

それはワンネスの世界への移行を決意した全ての人のための宇宙の法です。

それに向けた準備をしてください。

なぜなら仲間との人間関係は、自分自身との関係性と同等でしかないからです。

したがってあなた方が自身を受け入れることを学び、意識的にワンネスの世界で生きてはじめて仲間に出会えるでしょう。

そしてこの出会いが起こった時、それは素晴らしい変化をもたらします。

あなた方は親密なワンネスを経験し、二つの存在が無限に統合していくのを経験します。

二人に調和的な一致をもたらす宇宙の愛を感じられるでしょう。

全ての妥協は消え去ります。二元性はもはや受け入れることができない現実となるのです。

集団の中であなた方は他のスターピープルと繋がります。

その集団では人間関係のヒーリングが起き、信頼感や親密さが増していきます。

嫉妬と支配欲は消え去ります。接触や性エネルギーの交換に関する二元性世界のタブーは超越されます。

二元性の世界では、身体の中に人々がたいていは触らない部分があります。

これがあなた方の意識を支配していますが、この支配を超越することは素晴らしいことです。

また、多くの場合は性エネルギーの流れを抑圧しています。でも性交でそれを表現する必要はありません。

優しく触れるという表現で十分な時もあります。

その時の生き生きとした感覚はやがて愛に変化するでしょう。

ワンネスの集団においてあなた方は相互的に助け合い、仲間となります。

この集団は光の惑星ネットワークの中でアセンションスターとなるでしょう。


お互いに出会い、集団を作り、お互いに触れ合い、共に一つになってください。

共に一つになり、全ての罪を手放し、幸せになってください。

なぜならあなた方の喜びは私たちの喜びだからです。私たちはあなた方と共にいます。

ソウルファミリー、ソウルメイト、およびツインソウルは《光の島》に集まります

新しい現実というオアシスが現れようとしています。

それは混沌とした終末期における時間の概念がない地帯……。

こんにちは、親愛なる兄弟姉妹たち。こちらはアシュターー・コマンド、クロトロン・スターベースです。

地球の楽園を共に創造するために私たちはあなた方と共にあり、あなた方は私たちと共にいます。

楽園と地球の統合は新しい現実、光の島の領域で起き始めるでしょう。

そこはニューエイジのコミュニティです。

この場所は人々がワンネスの世界への移行を意識的に決断することで実現します。

すなわち、あなた方は自分の決断と相互の合意によって自分の現実を作り出しているのです。

そしてもしあなた方がワンネスの世界への移行に同意したなら、それは実際に起きるでしょう。

あなた方の惑星は二元性の領域からワンネスの領域へと移行していて、あなた方も一緒にワンネスに移行する決断ができます。

光の島は地球が12：12のスターゲートを通じて入り、二元性の高密度のエネルギーから自由になった1994年12月12日から創造され始めました。

この日はニューエイジが物質界で具現化し始めた日です。この日はこの世界がより自由に11：11の次元開放のより深いレベルに入り始めた日です。

ソウルファミリー、ソウルメイト、およびツインソウルは光の島に集まります。

そこでは、性エネルギーと愛エネルギーの分離、および人と神との分離を超越した新たな人間関係が作られます。

その集団では肉体的なものも含めた全ての存在レベルで、親密な繋がりが生み出されます。そのため楽園と地球の一体化が起きるでしょう。その開放的で親密な繋がりは宇宙の愛と聖なる恵みのエネルギーを引き寄せます。

そして、あなた方の物質界にワンネスを定着させます。

集団全体の意識を二元性からワンネスへ引き上げるエネルギー・ボルテックスが創造されます。

そのような集団の中においてワンネスの世界におけるアセンションのプロセスや集団イニシエーションのプロセスが始まります。

光の島であなた方はメンバー間の協力関係、特に私たちとの協力関係を強固に発達させます。

アシュター・コマンドの代表者はスペースシップと呼ばれている上空の素晴らしい光の島で生活しています。

私たちは開かれた空間でも生活することができるのですが、多くの理由で、光の星の島にあるシップの輝く都市に落ち着くよう決めています。

すなわち、私たちは美しさを信条としているため、どこに行こうとも美しさに囲まれるようにしているのです。

あなた方の光の島と私たちの光の島には、時とともにエネルギーの交流が確立されるでしょう。

あなた方が創造するどの光の島も、私たちからエーテルのスターベースを受け取るようになります。

それは光の島の上に高く浮かび、光の島をアセンションのエネルギーの柱で取り囲むでしょう。

どの光の島でも少なくとも一人のアセンデッドマスターが物質的な肉体で存在します。

最初の光の島々の建設は非常に早い時期ですが、アセンションのファーストウェーブのボランティアがアセンデッドマスターとして地球に戻ってきた後に、その光の島々はさらに拡張されます。

地球に戻った多くのアセンデッドマスターが光の島を建設します。

光の島はエネルギー的に非常に清澄な場所に創造されます。

光の島は純粋な考え、感情、行動の中に創造されます。

しかしそれら全ての前に、ワンネスの世界に完全に降伏することになります。

なぜなら二元性世界に基づいた全てのコミュニティはこれからの数年で崩壊するからです。

光の島が完全に自立することがとても重要です。

エネルギー源、食事、財政手段の自立です。

あなた方の世界に到達する大きな変化の中、混沌の最中であっても光の島は平和と安定を保っていられるでしょう。

スターピープルもあなたの世界へやってきて、新たな次元への移行を支援します。

光の島は高次元の意識が存在することにより、無傷のまま残る唯一の場所になります。

したがって完全に清澄な意識で光の島を創造することが重要です。

どのように光の島は創造されるのか？

光の島を創造する第一段階はあなた方の内面で起こっています。

成長のプロセスは光の島での共同生活に向けた準備のプロセスです。

したがって人間関係から学び、自身に働きかけることは美しいことであり良いことです。

自分の内面に感じる天使的な面を表現するのがよいでしょう。

そして次のように宣言します。


「私はこの世界のものでない自身を赦します。これから創造する光の島はこの世界のものではありません。

しかし光の点となってこの世界を上昇させるため、光の島はこの世界に存在することになります」


あなた方は自分のスターファミリーと出会い、様々なグループで集まります。

これは全て光の島での生活に向けた準備です。あなた方の多くは光の島での生活に内なる憧れを感じています。

中には自分が所属する集団の内部ですでにコミュニティを創造しようとした人もいます。

光の島の建設の第二段階は、光の島にこの憧れを抱く人々が、属している集団にかかわらず共に集まった時に始まります。

実際のところ、いかなる集団にも所属する必要はありません。

あなた方の国では多くの共同生活プロジェクトが現れ、人々が一つになる時、そのようなコミュニティは物質界にもついに具現化し始めるでしょう。

カリフォルニアにある全てのニューエイジ集団ははっきり言えば同じボルテックスの一部であり、そのボルテックスはロサンゼルスを中心に地球に12個あるニューエイジの主要なエネルギー・ボルテックスの一つです。

したがってアメリカの光の島はロサンゼルスの近くに建設されるでしょう。そしてロサンゼルスは白い都市、光の都市となるでしょう。

そしてあなた方の国は緑の国、愛の国となるでしょう。

そしてあなた方の世界は青い惑星、銀河の光ネットワークの光の点となるでしょう。そして私たちは一なるものになるでしょう。

スターストーン

五次からさらに高次元へ入ることを可能にする次元の扉

……そしてスターストーンが空から落ちてきて、私たちが星の息子、娘であることを忘れないように守ってくれています……。

こんにちは、私たちの親愛なる天使たち。

こちらはアシュター・コマンド、クロトロン・スターベースです。

あなた方がこの世界でスタービーイングとして孤独ではないということを伝えるために、私たちはあなた方と共にいてあなた方は私たちと共にいます。

宇宙の深みからあなた方がこの世界にやってきた時、スターストーンはあなた方と一緒にやってきて、あなた方がどこからやってきてどこへ向かうのかをこの時期思い出す手助けをしています。

そのストーンは高次元にあるワンネスの世界への次元間の扉です。

宇宙には多くの次元があります。あなた方は三次元世界についてはよくご存知です。

そこはあなた方が多くの人生を過ごしてきた愛のない、地球という二元性世界です。

実際そのような世界はこの宇宙では極めて稀です。この宇宙では、ほとんどの世界はワンネスの世界、宇宙の光の世界です。

宇宙の愛は基本的な力であり、この宇宙、および宇宙での数多の奇跡を創造しています。

宇宙は星雲や虹色の惑星で溢れています。

ブラックホール、ホワイトホール、螺旋銀河、次元的なスターゲートと開放、そして夢にも思わない次元で驚くべき時空の渦が起こっています。

宇宙には五次元世界があり、最終的にアセンションで踏み入れるさらに高次の世界もあります。

しかしその次元にも、あなた方は今すぐに入り始めることができます。

地球であなた方と共にあるスターストーンがあればそれは可能なのです。

スターストーンの使い方

ここでお話ししているスターストーンは、ローカルロゴスのエリアにあるスターゲートからあなた方の星へやってきました。

あなた方の言語では、このストーンはテクタイトと呼ばれています。

ローカルロゴスの様々な星からやってきているテクタイトには様々な種類があり、その星の次元間エネルギーとあなた方を繋げてくれます。

テクタイトはワンネスのストーンで、鉱物界のマスターです。それは純粋なリキッドライトです。

二元性の考え方はその内部に入ることはできませんので、浄化の必要はありません。

プログラムすることもできません。美しい存在であるテクタイトはそれ自身で役割を果たします。

装飾品として身に着けてもよいですし、瞑想の際に手に握ってもよいでしょう。

カットされていない自然な形の時に最も美しい効果をもたらします。

テクタイトは隕石、アメジスト、水晶と相性が良いです。

テクタイトと合わせるのに最適なのは、ハーキマー・ダイヤモンドと呼ばれる非常にクリアな水晶です。

この組み合わせはアセンションのエネルギーおよびあなた方の意識をアセンデッドマスターの意識へと上昇させる宇宙のエネルギーを呼び覚まします。

こういったストーンを様々なシンボルに配置してマンダラを作ることで、アセンションへの道を加速させることができます。

六芒星の形のマンダラが特に効果的です。

様々なスターストーン

スターストーン中で最もよく知られているのはモルダバイトです。

このストーンは美しい緑色をしています。プレアデスから来ました。

アルシオネの周囲を周回していた惑星アジャホが1800万年前に爆発した時、その惑星の一部が数百万年の旅の後、地球の現在のボヘミア（チェコ）に落ちてきました。

アトランティスの時代、モルダバイトは聖杯のストーンでした。

（訳注：中世の伝説で、イエス・キリストが最後の晩さんで用い、アリマタヤのヨゼフに与えたとされる杯。また磔《はりつけ》にされたキリストの血を受けたとされる。イエスが最後の過越の食事をした時に子羊の肉を載せた皿だとする説もある）

モルダバイトの目的はスターピープルを目覚めさせることです。

一つ一つのモルダバイトがあなた方の星のコードを活性化させるメッセージを携えています。

もし三次元世界で疎外感を覚えるなら、モルダバイトは自分の故郷の星へと目覚めるのに役立つでしょう。

そのストーンは傷ついたハートを癒し、私たちとあなた方とを繋げてくれます。

そして、肉体に自身の天使としての星の存在を定着させるサポートをしてくれます。

あなた方のソウルメイトやツインソウルとの出会いを導きます。モルダバイトはワンネスの世界への移行において最も重要なストーンです。


二番目のテクタイトもかなり広く行きわたっていて、インドネシアもしくは中国産出のものです。

テクタイトもしくはインドシナイトと呼ばれており、黒い色をしています。

その起源はオリオンにあるＡＮのスターゲートです。これは銀河のワンネスの星で、天文学者はアルニラムと呼んでいます。

そのストーンは二元性の実験の始まりである、87万年前に地球にやってきました。

二元性の終焉とその超越のカギを握っています。インドシナイトはその周囲を二元性からワンネスへと振動数を高める力を持っています。


美しいバイオレット・ブラウン色のテクタイトはシリウスからやってきています。

それはサフォダイトと呼ばれます。アリゾナの一つの地点にだけ落ちたため、かなり珍しいストーンです。

それと似ているのはコロンビアナイトという、南米のコロンビアで発見されたもので、同じくシリウスからやってきています。

どちらも極端に高い振動数を持っているため、すでに自分の神聖なミッションを知っており、それを実行している目覚めたスターピープルにのみ適しています。

サフォダイトの一部は世界中の12：12の扉の活性化に参加したスターピープルに辿り着いています。

そのときこのストーンは活性化され、真の機能を果たし始めました。

アトランティスの時代からインプラントを取り除くことを支援しています。

そしてスターピープルの生活に存在する全ての境界を溶かし、あなた方の意識を宇宙の愛と聖なる恵みの意識へと拡張します。

さらに多くの形のテクタイトが存在しています。

リゲルからやってきたリビアンテクタイト、馬頭星雲（オリオン座の暗黒星雲）からやってきたベディアサイト。

ジョージア・テクタイト、チベット・テクタイト（クンダリニーの目覚めを引き起こすため、かつて火の真珠という意味のアグニィ・マニと呼ばれた）、イルギザイト（カザフスタン）と他にもたくさんあります。

テクタイトの目的は適切な時期に明かされるでしょう。

スターストーンはあなたの友人です。宇宙の美しさの世界へ向かうためにスターストーンと繋がってください。

そしてそのストーンを通じて私たちと繋がってください。

プレアデスでの生活

アトランティスからプレアデスに戻ったスタービーイングたち

アジャホでは二つの太陽が輝いています。一つは大きくて青色、もう一つは小さくてオレンジ色です。

そこがここから遠くにある、私たちの故郷です。

こんにちは、光の存在たち。こちらはアシュタター・コマンド、クロトロン・スターベースです。

私たちはあなた方と共に、あなた方は私たちと共にいます。

プレアデス出身の星の兄弟姉妹の生活について共に見ていきましょう。

プレアデスはかつて天使の源であり、後にあなた方の世界へ光の天使のアセンデッドビーイングとしてやってきて、アトランティス文明を創造することを支援しました。

7万7000年前にアトランティスでテクノロジーの誤用の結果、三度目の大洪水が起こった時、スタービーイングの中には、プレアデスに戻り、もっと調和した方法での生活を試みようと決意した存在もいました。

それ以外のスタービーイングたちは地球に残り、地球人を支援し続けることを決意しました。

あなた方の多くはこちらに属しています。

あなた方の多くは、はるか昔にプレアデス星系で天使の進化を経験しています。

アトランティスから脱出したスタービーイングたちは、現在もそのままプレアデスで生活しています。

彼らはアトランティスのテクノロジーをポジティブな目的に使い、ゆっくりと実在する楽園を創造しました。彼らはマインドと感情の調和に到達しました。その文明にはプレアデス中に点在する100以上の惑星に居住地があります。主要な惑星はセントラルサン周囲の軌道を回っているアルシオネです。この惑星は美しい緑色の植物で溢れており、空も同じ緑色をしています。プレアデス人は物質界の環境をマスターしていて、いつもいい天気に調整しています。美しい形状をした光の水晶都市で生活しており、植物に満ち溢れ、噴水からは水が湧き出ています。プレアデス人は美しさを信じているため、美しい肉体で転生しています。外見は人類に大変似ていますが、肉体はもっと美しく、もっと洗練されています。プレアデス人はコミュニティでソウルファミリーと生活しており、時には人生の伴侶を選びます。彼らはお互いに開放的で、自由に愛が流れています。この人たちは喜びに満ちた存在で調和と幸せに満ちています。笑うのが好きですが、他の理由ではありません。支援と理解が基本です。プレアデス人の多くはアーティストで、音楽を好み、創造するのが好きです。

高密度のエーテル物質《リキッドライト》がプレアデスにおける物質化テクノロジーなのです

リキッドライトのエーテルテクノロジーはプレアデスの生活ではとても重要です。

リキッドライトは高密度のエーテル物質であり、光の存在は思考によりこの物質を形作ることができます。

そのためには純粋な考え方と感情が必要です。

リキッドライトはプレアデスのアーティストによく使われていて、多次元の彫刻が生み出されています。

これが空に浮かぶ虹色の光の生き生きとした雲です。

それに触れたり自分の考えを向けるとその雲はその人の振動数と同調します。

形と色が人の振動数と同調しますが、調和的な音や美しい香りも発します。

この全てが個人の意識に影響を及ぼし、個人の意識を宇宙の美しさと同調させます。

特に多次元全体で音楽と彫刻を一体化させるプレアデスの音楽家と彫刻家にとって、リキッドライトのライフアートは最も重要な表現方法です。

リキッドライトはプレアデスの大半の住居で、室内の装飾などに数多く使われています。


プレアデス人は、必要な物を物質化するためにリキッドライトのエーテルテクノロジーを使用しています。

プレアデス人が次元間惑星間旅行で必要とするライトシップは高密度のリキッドライトで作られています。

このシップは精神を投影したもので、次元的なスターゲートを通って進んでいます。

この方法で達する速度は光速の数百万倍に達します。

プレアデスからあなた方の惑星へはわずか数時間で到達します。

プレアデスのリキッドライトは、物質的なテクノロジーとほとんど完璧に置き換えられています。

物理的な機械およびスターシップが最後に製造されたのは数千年前でしたが、まだ機能しています。

プレアデスの物質的なテクノロジーはその時完成し、機械は故障することなく何十万年も機能しています。

プレアデスにおけるアセンション

プレアデス人が自分たちの物質界をマスターし、プレアデス文明全体がアセンドする時が来ました。

あなた方の線形時間で2002年に光の輪がプレアデスに到達した後、プレアデスでアセンション・ウェーブが起きます。

地球のような三つのウェーブは必要ありません。なぜならプレアデス人はアセンションの準備がしっかりできているからです。

プレアデスのスターシップはかなり長い間アシュター・コマンドと協力していて、地球を光の惑星へと変化させる支援もしています。

光の輪がプレアデスに到達した時、オクターブイレブンの領域にある11：11の次元の扉を通じてこの星系はアセンドし、銀河のワンネスの進化に突入します。

プレアデス出身のアセンデッド・ビーイングの中にはオリオンへ進んでいく者もいるでしょう。

そこでは次元的な扉を通じてワンネスの螺旋のさらに高い未知の次元へと進んでいきます。

そしてあなた方の中からも彼らに合流する者が現れることでしょう。

次元の扉12：12について

ニューエイジへの突入

1994年12月12日、地球は黄金時代へ突入し始めました。14万4000人の光の存在が救済という奇跡を共同創造し始めています。

こんにちは。親愛なる光の存在たち。こちらはアシュタール・コマンド、クロトロン・スターベースです。

次元の扉である12：12について話すために、私たちはあなた方と共にいて、あなた方は私たちと共にいます。

この次元の扉はあなた方の物質界でニューエイジの始まりを告げています。

この活性化のためにエジプトのピラミッドに1000人から2000人、そして世界中では14万4000人の存在が必要でした。

その日、救済のエネルギーがエジプトの大ピラミッドを通じてシリウスから地球へやってきました。

このエネルギーは二元性の世界を支配しているカルマの法則からあなた方を解放します。

カルマの法則の代わりに聖なる恵みの法則が確立されました。

聖なる恵みは赦しと神の介入を通じて起こります。

なぜならあなた方は本質では全て神聖で、愛に値し、アセンションに値するからです。

したがって12：12は意識のより高い状態への移行であり、最終的な解放を決断するための究極の機会です。

決断し、信頼した後、それは数年で起きます。

12：12の次元の扉は意識の大きな飛躍を意味し、終焉のエネルギーの引き金を引きます。

そのエネルギーにより地球での神聖なミッションが完了します。

これはあなた方が全ての制限から解き放たれ、本当の自由の世界に入っていくことを意味しています。

12：12を活性化する準備において、あなた方の惑星は二元性の高密度のエネルギーから解放される必要がありました。

したがって12月12日以前の秋には多くの人々が非常に強力な感情の浄化を経験しました。

この時期はあなた方が著しく成長し、低いエネルギーセンターを浄化する機会でした。

低次のチャクラが浄化されると、あなた方のエモーショナルボディは宇宙の愛の純粋な伝達者となります。

12：12の後に起きたこと

12：12は、二元性の螺旋の内部、ローカル・セントラルサンの進化エリアで起きた最後の惑星の活性化でした。
そこから11：11の次元開放内部のワンネスの螺旋の中で全ての惑星の活性化が起こっています。
11：11の開放の壮大さに比較すると12：12はごくわずかなものです。
それにもかかわらず12：12のエネルギーはあなた方の成長を大きく加速させました。
中にはこれが高次の意識への量子飛躍の始まりだった人もいます。
あなた方の発達はもはや直線的ではなく、多次元的になるでしょう。
12：12のすぐ後に三つの外惑星が占星術的兆候を変化させ、これがあなた方の世界に大きな変化を起こしました。
光の滝が地球に注がれ始めました。これはアセンションのファーストウェーブの条件を創造しています。
アセンデッドマスターは人々の間を歩き始めます。地球外文明の活動が大いに増加します。

ますます多くの人々が地球外存在との接触について報告するようになります。

より大きなエネルギーと共鳴するため、ますます多くの人々がソウルメイトやツインソウルに出会います。

あなた方の時間の認識は劇的に変化します。時間の概念のない領域が現れ始め、その中で奇跡が姿を現します。

12：12の後、11：11の次元開放を通じてワンネスの世界への移行が果たされました。

あなた方の惑星でも高次元への実際の移行が始まりました。地球は聖なる惑星となります。

それは地球の物質がエーテル界へ引き上げられることを意味します。

エーテル界における新たな地球は、時間と空間の概念が存在しないという新たな事実を通して新しい楽園と完全に一致したワンネスの惑星となります。

光の島の創造：ワンネスの惑星の完成

物質界が高次元へ移行するプロセスは、12：12の活性化前後で活性化された転換のボルテックスによって開始します。

転換のボルテックスとはリキッドライトのエネルギー・ボルテックスであり、これが二元性の世界からワンネスの世界へエネルギーを変化させることを可能にします。

このボルテックスは新しい現実のオアシスです。

スターストーンはあなた方の物質界における転換のボルテックスの中心になるという役割を担うことになります。

12：12の次元の扉によってスピリチュアルグループやパワースポットが転換のボルテックスに変化していきます。

これからあなた方が創造する光の島も転換のボルテックスとして機能します。

転換のボルテックスにおいてワンネスの世界への移行を決断した人々は、二元性世界の人々から徐々に見えなくなります。

これはあなた方の意識がワンネスの世界へ完璧に定着した瞬間に起きます。

その瞬間あなた方の肉体はエーテル界へ向かって上昇します。

どの転換のボルテックスにもスピリチュアルな性質があり、それは特定の光線に作用するという性質です。

転換のボルテックスはアンタリオン・グリッドと呼ばれるライトグリッドに繋がります。

地球でのスターピープルの目的はアンタリオン・ライトグリッドを構築することを通じて、この惑星の振動数を上昇させ、その高次元への道を支援することです。

11：11の次元開放のゲート全てを活性化させることによって、このグリッドのどの段階も完璧に構築されるでしょう。

これは人類の成長を大いに加速させます。

アンタリオン・グリッドを通じて桁外れのエネルギーが流入することで、11：11が閉じる際に、地球全体が突然エーテル界へシフトすることになります。

その時、銀河のセントラルサンからのエネルギーが直接地球に届きます。

その瞬間、地球を取り囲んでいるアストラルの雲の最後の残りが取り除かれます。

チベットの聖なるカイラス山のウエサク渓谷に集まるであろうアセンデッドマスターたちはワンネスの螺旋に最後の定着化の作業を行います。

その瞬間が意味するのは新しい地球の誕生とアンタリオン転換の完成です。

そして故郷である銀河のワンネスへの道が開き、今までになく煌《きら》めきます。

《無条件の救済》その時大天使メタトロンは11：11の次元開放を閉じます

私たちは全てのカルマ的な負債を清算してきました。

そしてハートの聖なる輝きを目覚めさせてきました。救済の光がやってきました。

こんにちは、聖なる輝きである、一なるものの炎たち。

こちらはアシュタール・コマンド、クロトロン・スターベースです。

目の前に明らかにされつつある新たな現実に共に進むため、私たちはあなた方と共にいてあなた方は私たちと共にいます。

あなた方は一なるものであり、この銀河の中で新たな現実の創造を可能にする星の天使たちです。

遠い昔、あなた方はこのローカルロゴスの世界に転生することを決断しました。

それによりこの世界の物質が持つ振動数の上昇が可能となりました。

ローカルロゴスのスターゲートの領域にあなた方が存在することで現在のワンネスの世界への転換が可能となりました。

ローカルロゴスは現在、銀河の転換地点としての役割を果たしており、この銀河にあるその他の領域と共に銀河の光ネットワークの完成と新しい現実の具現化に貢献しています。

物質界に転生した時、あなた方は二元性を経験する決断を受け入れました。

そのため、自分自身を一なるもののソースや聖なる輝きから切り離し、聖なる恵みの法則からカルマの法則へとシフトしました。

銀河のこの一帯における二元性の実験は今終焉しようとしており、これはカルマの法則から聖なる恵みの法則へ再び無条件に戻ることを意味します。

12：12の活性化はこの惑星の立ち入り禁止状態の終焉をもたらしました。

この惑星の振動数は現在、銀河連合が受け入れプロセスを始めることが可能なまでに高くなっています。

これは間違いなく、あなた方の世界への地球外存在の訪問を強烈に増加させることになります。

12：12の活性化後、あなた方がキリストと呼ぶロード・サナンダは、あなた方のカルマを変化させ始めました。

これは無条件の救済の始まりを告げ、それは数年で大きく加速されて起こるでしょう。

この惑星はその無条件の救済へ向かっています。

これは宇宙の法であり、この惑星の運命です。

そしてこの惑星に残る全生物も救済されます。

救済を願わない人々やカルマの返済を続けたいという人々はそういった人生が可能な他の惑星へ避難することになります。

地球が光の輪の内側エリアに入っている現在、無条件の救済が起こり始めています。

これは一なるものの存在が増加している領域で、あなた方の惑星の物質界にワンネス、光、救済、そして聖なる恵みの振動数をもたらしています。

それは銀河のロゴスが直接現れている、銀河のセントラルサンの意識の領域であり、現在、あなた方の太陽系や惑星を柔らかく取り囲んでいます。

それとともにあなた方の惑星はフォトンベルトに突入しました。

フォトンベルトはリキッドライトの振動数の五次元ベルトで、ローカル・セントラルサンであるプレアデスの星アルシオネを取り囲んでいます。

このベルトはプレアデスの周囲に集まっているローカルロゴスの星系の軌道を横断しています。

あなた方の太陽はローカル・セントラルサンの周囲を2万5800年で一周していて、途中で二回フォトンベルトのエリアを横断します。

増加するエネルギー領域の変化には2000年かかります。最後にそのような変化が起こったのはアトランティスの最後の洪水の時です。

その次のものは現在起こっています。

あなた方の惑星の振動周波数は劇的に上昇していて、今後も上昇し続けるでしょう。

これはおそらくあなた方のエネルギーシステム、テクノロジーにいくつかの混乱を引き起こすかもしれませんが、その結果、あなた方の意識は美しく拡張されます。

アセンションのファーストウェーブとセカンドウェーブとは実際のところ、サードウェーブに起きるであろう最終的な人類の救済の準備です。

稀にファーストウェーブの前にアセンドする人もいるはずです。ファーストウェーブは私たちの目前です。

これは現在の推計なので、まだいくらか変化する可能性はあります。

ファーストウェーブに必要なボランティアの数は最低700人です。

もしアセンションのファーストウェーブがすぐに起きれば、地球に戻る十分な人数のアセンデッドマスターがいません。

ファーストウェーブが起きるのが遅すぎると、セカンドウェーブとサードウェーブに準備する十分な時間がありません。

したがって私たちは人類全体の利益に最大限の効果をもたらすのに最適な瞬間をつかもうと試みています。

アセンションの数日前もしくは数時間前に、私たちはアセンションの柱の持つ振動数の強さを劇的に増加させます。

この柱はすでにあなた方の身体を取り囲んでいます。

あなた方はリキッドライトのエネルギーの力を借りてアセンションの振動数に同調し、その結果、空中浮遊のビームで私たちのシップまで上昇するでしょう。

実際の上昇は近い将来のある瞬間に起きますが、アセンションのプロセスはすでにあなた方のハートで起こっています。

アセンションは遠い未来の話ではありません。アセンションは今起こっているのです。

ファーストウェーブとセカンドウェーブのアセンデッドマスターはサードウェーブの際の最後の救済に向けて準備をします。

そしてワンネスの光が地球を取り囲むでしょう。アセンションを選んだ人は誰もが救済されます。

過去の行為に関係なく、どの人もハートに聖なる輝きを携えています。

全人類の聖なる輝きは無条件の救済の決断を受け入れました。全てのカルマは奇跡的にそして即座に変化し、一なるものの意識へと吸収されるでしょう。

これはあなた方の太陽系の最後の解放となります。

あなた方の時間で2012年までにオリオンの闇の支配者たちはワンネスの振動数に突入するであろう地球から完全に取り除かれるはずです。

その時、大天使メタトロンがアルニラムのスターゲートの中にある11：11の次元開放を閉じます。

これで無条件の救済は完了となります。

救済のテクノロジーとトライアンギュレーション（三角形分割）

そして新しい現実が潜在的な意識の中に現れています。

それが地球を取り囲み、地球を銀河の光ネットワーク内部の光の点に変えていきます。

こんにちは、聖なる輝きである一なるものの炎たち。こちらはアシュタ一・コマンド、クロトロン・スターベースです。

私たちはあなた方と共にいてあなた方は私たちと共にいて、新たな現実、新たな楽園、新たな地球へと進んでいきます。

古い現実は救済され、奇跡的に変化します。

救済のテクノロジーは形態形成フィールドを活性化するテクノロジーであり、そのフィールドには転換のボルテックスが存在しています。

形態形成フィールドは一なるものの意識が存在しているエネルギーグリッドです。

転換のボルテックスは一なるものが存在しているボルテックスで、即座にそして奇跡的に二元性の螺旋で創造されたものを変化させ、一なるものへ吸収させます。

二元性からワンネスへの変化はトライアンギュレーション（三角形分割）のプロセスを通して起こります。

トライアンギュレーションは二元性の精神状態から抜け出し、それを超越するプロセスです。

二元性においてはどの精神状態にも対極があります。

二元性の精神状態とその対極のいずれでもなく、代わりに意識に深く入っていくことでどちらからも抜け出し、高次元界への統合を達成することができます。

あなた方はゆっくりと二元性の螺旋の精神世界全体を超越することができます。

そして精神レベルにおける変化が創造されるとすぐに感情や物質世界にも変化が起きます。

あなた方が人生の全ての側面を絶えずワンネスに任せれば、トライアンギュレーションは自然に起こります。

したがって、転換のボルテックスは具現化の法則、カルマの法則を聖なる恵みの法則へと変化させる聖なる介入の道具なのです。

転換のボルテックスは、二元性の現実における三次元及び四次元構造に奇跡の存在を生み出しました。奇跡の存在のクリティカルマスが得られる時、現実構造が変化し、五次元への量子変化が起こります。

アセンション・グループ

アセンションのファーストウェーブもしくはセカンドウェーブを決断した人々はこの惑星を救済する先駆者であり、アンタリオン・グリッドを創造するであろう人々です。

あなた方がアセンション・グループの設立を開始する時がやってきました。

そのグループは転換のボルテックスの物理的な具現化となるでしょう。

そのようなグループが大都市だけでなくいたるところで作られることを願います。そうすれば光のグリッドが現れます。

グループを創造することに使命を感じる人々には正確な指示が与えられます。

毎週、週に一度、同じ時間帯、同じ曜日、同じ時間、集える場所を見つけてください。

そうすればあなた方と私たちの繋がりを強化するエネルギー・サイクルが発生します。

アセンション・グループを作る際、何人で集まるかは重要ではありません。

たとえ一人でも週に一度このワークに専念すればすぐに十分なエネルギーが発生し、他の人も集まるはずです。

重要なのは、自分を理解してくれる周囲の人たちに自分が感じていることを思い切って表現することです。

またこのグループを作ることについて、私たちに支援と手助けを求めてください。

どの集団も自身のスターストーンである、モルダバイトもしくはテクタイトを持つ必要があり、このストーンはワンネスの存在を定着するアンカーとして機能します。

そのストーンをピラミッドで囲むことで次元間の窓が創造され、奇跡が姿を現すでしょう。

私たちは、このストーンを通じてグループ全体と一致するワンネスのエネルギーを送ります。

転換のボルテックスは六次元の天使の存在で、新しい現実の具現化を引き寄せます。

また、光の島におけるアセンション・グループにソウルファミリーを集め、彼らのアセンションを加速させます。

物質界においては、ソウルファミリー内部の天使的で純粋な関係を通して新しい現実を定着させます。

あなた方は真実に基づかない関係を通じて学ぶ必要はありません。そのような関係は手放してください。

より良い関係がやってきて、その関係から愛を学ぶことになるでしょう。

アセンション・グループを創造するとき、共に瞑想し、お互いに語り合い、愛を広げ、お互いに触れ合い、お互いに気遣い、一つになってください。

リキッドライトはあなた方の全てのエネルギーを混ぜ合わせて脈動させ、光、色、形の振動に溶け込ませ、意識を新しい現実へ変化させ始めるでしょう。

時間と空間の概念がない多次元意識が正体を現し始め、そこではあなた方と私たちの意識が出会い、一なるものへ統合されるでしょう。

あなた方の転換のボルテックスを確立するテクノロジーを与えます。グループで集まるたびにこれを使うとよいでしょう。

この聖なるワークで、私たちはあなた方と本当に共にいることになるでしょう。

やり方は以下のとおりです。

グループのメンバーで円を作ります。手を頭上にかかげ、その場で時計回りに回り始めます。

マントラ「イーイーイー」を唱え、身体全体をこの音で振動させます。

身体が白い光の柱に変わり、虹の星が降り注ぎ、アセンションのボルテックスへ変わっていくのを想像します。

しばらくしたら回転を止め、この柱が自分の内側で回転していることを視覚化します。

それと共に私たちの意識を引き寄せ、あなた方の意識と融合させ、身体に定着させます。

それから手を下ろしたままで再び回転し始めます。虹色の光が渦を巻いてあなたのハートから世界中へ水平に広がっていくのを想像します。

マントラ「エーアー」を唱え、身体全体でこの音を振動させます。

これがあなたのソウルファミリー、ソウルメイトやツインソウルへの呼びかけになります。

この回転に彼らが加わる様子を想像してください。止めてもよいと感じた時に瞑想に移ります。

ワンネスの世界へのワクワクする旅が始まっています。

私たちはあなた方と共にいて、天使たちもあなた方と共にいて、光の存在も共にいます。

聖なる夢があなた方と私たちに叶えられようとしています。

変化が起きます

唯一の太陽が現れるまで、七つのベールが次から次へと取り除かれて真実が明かされるでしょう。

こんにちは、聖なる輝きたち、一なるものの炎たち。

私はアザリス・ラムです。こちらはアシュター・コマンド、クロトロン・スターベースです。

時空のベールを取り除き、ベールの向こうに現れるワンネスと一つになるために私たちはあなた方と共にいて、あなた方は私たちと共にいます。

七つの封印が解かれて、宇宙意識の七つの扉が開くでしょう。

第一の封印はスターゲートに象徴されます。

スターゲートは１９７５年５月25日に開き、アセンデッドマスターの弟子たちが宇宙の法のうち、人類のヒーリングを可能にする部分にアクセスできるようになりました。

二番目の封印は調和的な収束の扉であり、１９８７年８月16日および17日に開き、四次元の定着が可能となりました。

三番目の封印は１９９２年１月11日に開いた11：11の一番ゲートに象徴され、五次元の定着が可能となりました。

そしてこれがワンネスの世界への突入の始まりでした。

四番目の封印は１９９３年６月５日に開いた11：11の二番ゲートによって象徴されます。

それにより六次元の定着が可能となり、宇宙の愛の領域が明らかになりました。

そしてアセンションの虹色の渦である、転換のボルテックスを創造するプロセスが開始されました。

五番目の封印は12：12の扉で、四次元の終焉とカルマの領域から聖なる恵みの領域への転換点を示しています。

六番目の封印は11：11の三番ゲートによって示され、オクターブセブンを定着させます。

これが転換のボルテックスのグリッドである光のグリッドを確立するのを促します。

啓示の七番目の封印はアンタリオンの扉によって示されます。

これは1999年の8月11日に開き、ワンネスの世界における変化の転換点を示しています。啓示に七つの封印があるということは、この惑星のイニシエーションのプロセスには七段階あることが示されています。

《光の創造》あなた方はゆっくりと周りの人から見えなくなります

12：12の活性化が前進した後、ワンネスの世界への移行は急速に加速しています。アシュターコマンドは1994年11月から、自分のエネルギーをこれまでより積極的にあなた方の世界で顕現させています。

12：12の活性化後、あなた方の惑星の振動数は急速に上昇しています。振動周波数の上昇は、あなた方の世界に多くの変化を引き起こすでしょう。

小さなアセンションのグループが作られます。

そういったグループは、銀河のセントラルサンから北極星を経てそれからローカルロゴスの様々なスターゲートを通じてこの惑星へやってくる様々なエネルギー光線であるリキッドライトのエネルギーを受け取ります。

アセンションの道にいる人々は一なるものの目の覚醒を経験するでしょう。

一なるものの目とはチャクラではなく、見えない世界で見ることができる、ビジョンの目であるサイキックな器官です。

意識の新しい状態へ入っていくことでライトボディにある肉体の振動数が上昇します。

ライトボディの内側ではそれ自身の光を放っています。それから奇跡の世界、美しい世界を見ることができるでしょう。

その瞬間あなた方はゆっくりと周りの人から見えなくなります。

なぜならあなた方は二元性の世界からは見えないワンネスのエーテルの螺旋へシフトしているからです。

ワンネスの世界において完全にクリアな意識に達した時、多くの奇跡が姿を見せます。

あなた方は光の存在として学び、自分たちの物質界を創造し、形成することができるようになります。

意識的に自分たちの人生を創造する時がやってきました。現実はあなた方の決断と一致しています。

決断すれば、そのとおりになります。決断した時、メンタル界ではすでに変化が起こっています。

それが物質界でも具現化するのを少し待つだけでいいのです。

あなた方は創造する一なるものなのです。自然の法則の奴隷ではありません。

あなた方は法そのもので、ハートの中の聖なる光は自然の法則そのものです。ハートに描いた夢を生かし、放つのです。

人生はあなた方を正しい方向へと導く思いがけない変化でいっぱいです。支援を求めてください。天使たち、光の存在、アセンデッドマスター、星の兄弟たちに求めてください。

支援を求めてください。何千回でも受け入れられるでしょう。願いは全て聞き入れられるでしょう。

決断をし、最初の一歩を踏み出し、私たちの支援を求めることを主張してください。

私たちはあなた方が思っている以上にはるかにあなた方を支援することができます。

感謝にハートを開いてください。受け取る全てのものを感謝で包んでください、そうすればもっと多くを受け取ることができます。

そして光があなた方のハートから広がるでしょう。

もし困難にあっても絶望しないでください。あなた方は自分たちが見ている世界の犠牲者ではありません。

ハートに一致しないものは自分たちの人生から手放すことができます。

あなたが赦すなら闇は長く続きません。それは光に変わります。

だから恐れないでください。勇敢になってください、ありのままのあなたになってください。

そのままの自分を外へ表現してください。自分が外へ表現したことだけを引き寄せることができます。

私たちはあなた方と共にいて、あなた方を支援しています。

1975年に数名のアセンデッドマスターの弟子たちにアセンションウェーブ計画を示すことができるようになりました。

その時にアセンドした人もいます。

ファーストウェーブより前にもかかわらず、アセンドするため今現在、強力な準備をしているスターピーイングたちもいます。

あなた方の大多数はファーストウェーブもしくはセカンドウェーブに向けて準備をしています。

これから数年であなた方は自分たちのスピリチュアルな成長の完了と最後の解放を経験するでしょう。

外の世界では大きな変化が起きます。平和的に、しっかりと、そして愛を持ってその変化に備えてください。

そして私たちはあなた方と共にいます。

一なるものの宇宙意識による《宇宙の創造》とはどんなものなのか

彼は燃えている塵《ちり》を集めています。彼は太陽、宇宙、世界を創造するでしょう……。

こんにちは、聖なる輝きたち、一なるものの子供たち。私はクロトロン・アンタリオンです。

こちらはアシュター・コマンド、クロトロン・スターベースです。

融合し、精神と物質を再び一なるものにするために、私たちはあなた方と共にいて、あなた方は私たちと共にいます。

一なるものの宇宙意識はそれ自体を切り離し、創造というダンスの中で宇宙を創造します。

創造された宇宙には、一なるものが己を見たり己を知ることのできる図が映し出されています。

ブラックホールやホワイトホールが次元的に開いていき、既存の宇宙から新しい宇宙へ成長します。

ブラックホールやホワイトホールは、拡張したり収縮したりする宇宙時空の膜上にある高密度化した光の泡のようなものです。

この宇宙の目的が完了した時、宇宙は神の介入によりアセンドして一なるものへ戻っていきます。

一なるものがその存在を通して理解することで、意識が強化されます。

具現化する一なるものの意識はまだ完全ではなく、宇宙のサイクルや宇宙の呼吸を通じて、発達の途上にあります。

創造の第一の試みにおいて宇宙意識は精神と物質のバランスを生み出せていません。

そのため過去には柔軟性に欠けて、進化を大きく妨げた宇宙もあれば、分散しすぎて進化をもたらす意識に焦点を合わせることができなかった宇宙もありました。

六番目の宇宙サイクルの現在においてのみ精神と物質の十分なバランスが達成されました。

これで迅速な発達が可能となり、20億年後の現在、この六番目の宇宙サイクルは11：11の次元扉が明らかになり完了するでしょう。

11：11の次元扉を通した宇宙のアセンションは一なるものの宇宙意識を強化し、この宇宙サイクルの生命のウェーブへ参加していた全ての存在もそれを認識することになります。

今まで、一なるものの意識は生命体の自由意志に従った発達を可能にしていましたが、自由意志と遠くかけ離れて進む生命体には無条件の救済を与えていませんでした。

今、一なるものの宇宙意識は、その一部である全存在の経験を通して、全ての生命体がその自由意志に応じた救済の可能性を必要とするということを認識しつつあります。

これが現在起こっていることで、そのためこの宇宙サイクルでは宇宙規模で無条件でのアセンションが初めて起きます。

アセンションは様々な可能性を一なるものへ転換することを意味します。

多くの銀河、太陽、惑星、文明がアセンドすると宇宙に残された可能性はますます少なくなります。

宇宙は一つずつ目的を果たし、一なるものに戻ります。

最終的には、最新の宇宙のサイクルにおいて最新のものが残るでしょう。これが完全な宇宙となります。

そのとき一なるものの意識は完璧な鏡に自分の姿を見て、最新の宇宙がアセンドします。

これは宇宙時空の終焉を意味し、一なるものには、時空の概念を超越した永遠だけが残ります。創造の目的は完了します。宇宙意識はそれ自体を完全に知ることとなるでしょう。

宇宙の神のスパーク《アン・ソフ・アー》

宇宙の時空の外側で生きるものＡＮ（一なるもの）

精神と物質は一なるものの側面です。

宇宙の時空が誕生し、精神がそれ自身と神聖なるタントラの結びつきを行い、その子供としての物質が生み出されました。

物質は愛する宇宙のシヴァとシャクティの統合として、リキッドライトの高密度化として創造されました。

リキッドライトは様々なレベルに高密度化することで様々な次元や様々な世界の存在を創造して

います。

リキッドライトはワンネスの渦を創造し、さらに高密度化することにより11：11と呼ばれる重複する領域が創造され、リキッドライトが完璧に濃縮されて物質になった時、二元性の渦が創造されます。

具現化していない存在、何もない宇宙としての絶対のワンネス、AN（一なるもの）と呼ばれるものは宇宙の時空の外側で生きています。

それだけです。それについて言えることはこれ以上ありません。

11：11の次元開放の高次のオクターブである驚異的な変化において、一なるものはそれ自体を絶対の抽象的な具現化である、アン・ソフ（一なるもののカーテン）と呼ぶ宇宙全てに向けました。

これが宇宙の法のエッセンス、つまりワンネスの渦の源、全てのソースです。

そこから宇宙の聖なる輝き、アン・ソフ・アー（一なるもののカーテンの光）と呼ぶ宇宙の光の領域が発現しています。

宇宙の聖なる輝きから全ての創造の種となる宇宙の卵が発現しています。

これは創造する聖なる意志であり、あなた方がシヴァと呼ぶ宇宙の意識です。

創造の力が宇宙の光を高密度化し始める時、宇宙の意識はそれ自体から分離を始めます。

一なるものはシヴァ宇宙とシャクティ宇宙に分離し始めます。

これはヴィシュヌと呼ばれる宇宙愛の意識であり、宇宙のバランスを維持しています。

これが銀河のロゴス、銀河全体を通じて具現化する存在の意識の領域です。

宇宙の光をさらに高密度化するとブラフマーと呼ばれる宇宙のマインドが創造され、ブラフマーは創造に向けた宇宙の法の根本的要素を生み出します。

これは太陽のロゴスの意識の領域で、惑星を通じて具現化する存在です。

宇宙の法が創造される時、創造の願いが現れました。

これは未知を超えた領域で、私たちはすでに11：11と呼ばれるワンネスの渦と二元性の渦が重なり合ったそのエリアに突入しています。

これがエロヒムと呼ばれる、世界の種をまく、惑星のロゴスたちである一なるものの息子の意識です。

これは強力な天使の存在であり、宇宙の光のエッセンスから創造の基本的元素を高密度化し、宇宙を創造しています。

全ての重要な時空ポイント中に広がっているアルニタク、アルニラム、ミンタカと呼ばれる次元扉のエリアで宇宙は創造されています。

純粋な創造の基本的元素は、神聖なるスパークでできた宇宙の海である宇宙の光から創造され、その元素から個々の意識を持つ存在が創造されるでしょう。

これはオクターブイレブンであり、大天使の意識の領域です。

オクターブイレブンにおいて、宇宙の光は12本の光線に分裂し、各々が宇宙の光の性質を一つずつ運びます。

最初の光線は目的のエネルギーをもたらし、二番目の光線は愛と知恵のエネルギー、三番目の光線は創造性のエネルギー、四番目の光線は統合のエネルギー、五番目の光線は知識のエネルギー、六番目の光線は献身のエネルギー、七番目の光線は具現化のエネルギーをもたらします。

より高次の光線はこの惑星にほとんど存在していない高次元のエネルギーをもたらします。

この光線のエネルギーを様々に組み合わせることで、宇宙の様々な形全てが具現化されます。

そしてリキッドライトはこの光線を通じて高密度化し、全ての存在の全ての神聖なるスパークたちの故郷であるオクターブイレブンが創造されます。

これがアセンデッドマスターたちの意識状態、神聖なる目的意識です。

マスターたちの意識は一なるもので、あなた方の考えはマスターを表現しており、形を見ればどのマスターを表現しているのかを識別できます。

オクターブセブンでは、11：11と呼ばれるワンネスの渦と二元性の渦が重なり合った領域が終了しています。

リキッドライトがさらに高密度化する時、私たちは既に二元性の渦である六次元の領域にいます。

ここで精神と物質はもはや一なるものとしては正体を現しておらず、むしろ分離しているように思われます。

六次元は無条件の愛の領域であり、直観の領域です。

それからリキッドライトは魂の意識の領域である五次元に高密度化されます。

そこは全ての時空を見通すことが可能な、輝くマインドの世界、光の天国のような世界です。

リキッドライトがさらに高密度化されると、神聖な五次元の原型から具体的な形の創造が開始されます。

ここで本当の二元性が始まり、直線時空が創造されます。

二元性の精神形式はさらに高密度化され、感情（アストラル）物質で囲まれます。これが四次元の領域です。

リキッドライトはさらに高密度化され、物理学者にイオン化されたプラズマ雲と呼ばれるエーテル物質で囲まれます。

それをさらに高密度化すると、エーテル界の原子の核から物質的な原子が創造され、気体、液体、固体の次元状態で物質を表します。

それから、物質が到達可能な最低の地点である、三次元に到達します。

そして物質が物質界においてその目的を果たす時、光のトンネル（次元の窓）を通じてアセンドしてエーテル界へ戻り、それから永遠の時間をかけ、時間の概念を超えて次元の扉を通り、自身の振動数を上昇させていき、そうしているうちにそれぞれの聖なる原子がソースに戻っていくのです。

そしてその時、全てが完了するでしょう。

まずソウルメイトと出会い、全ての人がその後ツインソウルと出会う

時間の始まりにおいて踊りが始まりました。

二つの魂は渦を巻きながら近づいていきます。これが一なるもののハートによる永遠の踊りです……。

こんにちは。聖なる輝きたち、一なるものの子供たち。私はクロトロン・アンタリオンです。

こちらはアシュターー・コマンド、クロトロン・スターベースです。

銀河のワンネスへと進むため、私たちはあなた方と共に、あなた方は私たちと共にいます。

聖なる輝きのスターファミリーとして、私たちは皆、オクターブセブンの領域にあるアルファとオメガ、星の言語でアロハ・アン・アロハと呼ばれる銀河のセントラルサン内部で創造されてきました。

実際私たちは皆、ただ一つの聖なる輝き、唯一無二の七次元の恒久原子です。

そのためオクターブ・セブンでは、全ての人が同じ生命である一なるものです。

それからスターファミリーはオクターブセブン内部の天使のホストとして銀河中の様々な方向へ広がっていきました。

シリウスやアルシオネのようなローカルロゴスの次元扉の領域において、スターファミリーは振

動周波数を六次元に低下し、グループソウルを創造しました。

グループソウルは六次元の恒久原子で、聖なる輝きのみを六次元に投影しています。

グループソウルはローカル・ロゴスの次元扉のエリアで宇宙の進化に参加していて、そこで最初のアセンションを達成しました。

プレアデスで最初のアセンションを達成したグループソウルは星の言語でエナタラと呼ばれます。

アセンドしたグループソウルの聖なる輝きたちはアセンション後、ローカルロゴス内部の様々な星系へ散っていき、その大半が二元性の実験に協力する決断をしました。

そしてその実験の終わりである今、第二のアセンションに進もうとしています。

二元性の世界に入ることを決断した魂たちは振動数を下げて五次元の領域に入りました。六次元の恒久原子たちは五次元の原子へ散っていきました。

個々の魂、個々の五次元の恒久原子は虹色をした二体の織り交ざった光の身体、二つのツインソウルを創造しました。

五次元の恒久原子は、男性と女性の二つに分裂しました。

五次元の恒久原子がその軸の周りを回転し、時間と空間の創造を開始し、二元性世界に入ることが可能になりました。

それからツインソウルはそれぞれ、様々な惑星に転生し始め、自身のスピリチュアルな道に従い、二元性世界での経験を獲得しましたが、双方は常に物質界を除く全次元界で繋がっていました。

現在、二元性の実験は終焉しようとしています。これは、全スターファミリーの聖なる輝きとの出会い、ソウルメイトやツインソウルとの出会いを意味します。

私たちは共にスターマンダラを創造し、アルニラムのスターゲートを通ってワンネスの進化へ進むことが可能となります。

私たちは一つの存在として11：11：83の次元軸内で銀河のセントラルサンの意識へ進むでしょう。

11：11：83の次元軸は11：11の次元扉にワンネスを定着します。

地球上では、83人が参加した11：11の二番ゲートの活性化でワンネスが定着されました。

これでワンネスの意識におけるスターファミリー、特にソウルメイトやツインソウルとの出会いが可能になりました。

このような出会いは11：11が閉じるまでさらに頻繁に起こり、11：11が閉じる時には最終的に全てのスターファミリーが集まり、全てのスタービーイングが自身のツインソウルに出会います。

ワンネスのエネルギーの磁気引力により引き寄せ合います。あなた方の中に存在するスタービーイングが言わば磁気引力を起こす虹のボルテックスを創造しているのです。

これは、一なる目と一なるハートを開く時、活性化するあなた方の天使の存在のボルテックスです。

あなた方はツインソウルに出会うより先に、ソウルメイトに出会い始めます。

彼らは光の存在で、あなたが属するグループソウルを構成しています。

ソウルメイトはこの人生ではお互いに反対の性別に転生してきたので、あなた方は満たされる愛のある関係を共に創造することができます。

磁力による引き寄せで、親密な感情とやすらぎの感情がもたらされています。

このソウルメイトとの関係は、非常に強烈なツインソウルとの関係に向けた準備となります。

ツインソウルとの関係は二元性の最終的な完了を告げるものとなります。

ツインソウルは星にいる全ての人に存在します。あなた方はツインソウルに出会うでしょう。

なぜなら、ライトボディ内部にある11：11：83の星のコードがツインソウルとの出会いを可能にするからです。

あなた方がワンネスの中にしっかりと定着され、エモーショナルボディが宇宙の愛の純粋な伝達者となった時、出会いは起きます。

したがってツインソウルとの出会いはたいてい最後の転生で起こります。

解放の瞬間、最後の裁きを手放し、光になった時、あなた方のツインソウルは物理的に現れます。

したがってもっと多くの存在たちが解放を達成する宇宙サイクルの終焉時に、ツインソウルとの出会いがさらに頻繁に起こるのです。

ツインソウルとの出会いは常に非常に強烈です。強烈なエネルギーを感じ、同時に親密さとくつろぎをも感じるでしょう。

この状態になった時、自分がツインソウルに出会ったとわかるでしょう。

物理的な出会いの前であっても、瞑想や夢の中といった内面で出会うことができます。

ツインソウル（星の言語でマナと呼ばれる）はあなた方と完全に一致し結びついている理想の伴侶です。

それはもう一人の自分、自分の完全な鏡であり、自分に等しい旅の道連れである光の存在です。

ツインソウルとの関係は存在の全てのレベルにおける意識のワンネスです。

オクターブセブンのエリアで、あなた方の間には宇宙のワンネスがあり、あなた方は共に言うでしょう。「I am.（私）」と。

六次元の領域では宇宙の愛を感じ、こう言うでしょう。「私はあなたで、あなたは私です」と。

五次元では磁力の引き寄せがあなた方を統治し、こう言うでしょう。「私たち」と。

四次元のエリアでは、テレパシー、コミュニケーションと感情を通じてエネルギーを交換します。

精神と感情のエネルギー全てを表現することを許可します。あなた方は全てについて語り、全ての感情を認めます。

そしてあなた方は「私たちはコミュニケーションをして、お互いを感じます」と言うでしょう。

三次元の物質界では、触れたり肉体的に交わることであなた方の間にエネルギーが流れます。

そしてあなた方が「私たちは一つになっている」と言う時、ワンネスがついに全ての次元で具現化し、表現されます。

ツインソウルとの関係は二つの天使の関係で、その関係により奇跡が起き、魂が美しさに恋をするのです。

そこは有限が溶けて無限になり、全ての可視のものが消えて不可視となるエリアです。

ツインソウル同士は、自分たちが一なるものであることを感じ取り、認識し、ワンネスのエネルギーを無限に深めていきます。

ツインソウルとの関係は宇宙の融合であり、二人の間に完全な理解と調和的な一致がもたらされます。

それにより過去の全ての傷が癒されます。そしてお互いと自分自身の最良な部分を見ることができるようになります。

双方ともにアセンションの道が劇的に加速できるようになり、自分たちに共通の神聖なミッションをもっと簡単かつ効果的に果たすことが可能になります。

したがってアセンデッドマスターたちは、二人を共に最適点へ導きます。

ツインソウル同士ではワンネスの共通の夢を夢見ます。

ツインソウル同士の特徴は補完的であり、二人は共に学べるようになっているため、夢は実現します。

そしてワンネスの虹の渦があなた方、スターファミリー全体、私たちとあなた方の間で正体を現し始めるのです。

ツインソウルと繋がるための瞑想

思考と感情と体を落ち着かせ、ハートを開いてください。

光の柱が空からやってきて、あなたを通り、地球の中心へ向かっていくのを視覚化してください。

次に虹の光の渦のボルテックスがあなたのハートから流れ出ているのを視覚化してください。

このボルテックスが世界中に広がり、あなたのツインソウルを目覚めさせ呼びかけていることを視覚化してください。

あなたのツインソウルが理想の伴侶として自分の前にいることを視覚化し、その存在にハートを開いてください。

あなたのチャクラをツインソウルのチャクラとリキッドライトのエーテルコードで繋げてください。

クラウンチャクラをツインソウルのクラウンチャクラと紫色のエネルギーコードで繋げてください。

眉間のチャクラをツインソウルの眉間のチャクラと藍色のエネルギーコードで繋げてく

ださい。

喉のチャクラを水色のコードで繋げてください。

ハートセンターを緑色のコードで繋げてください。

太陽神経叢のチャクラを黄色のコードで繋げてください。

仙骨のチャクラをオレンジ色のコードで繋げてください。

そして尾骨のベースセンターのチャクラを赤色で繋げてください。

ツインソウルの目を覗き込み、創造の全ての世界でツインソウルとの繋がりを感じてください。

ツインソウルで自分を完全に包み込んでください。自身がその存在を抱きしめ、キスをしながら一体となっていることを視覚化してください。

ツインソウルと共に呼吸し、息を吸う時には、あなたの憧れ全てをツインソウルに委ね、息を吐く時にはツインソウルの憧れをあなたのハートで受け入れます。

この一体となった幸せを感じてください。この幸せだけはワンネスの世界でも唯一残ります。

瞑想を終了する時には、この一体感を内面化し、自分の内面で起こっていると想像してください。

私たちがこのエネルギーを自分たちの肉体へ定着させる時、外の世界にもツインソウルを呼びかける磁力を創造しています。

クロトロン・スターベースとの通信

多数のスターシップの集まり

クロトロン基地とリュブリャナのアセンション・グループとで毎週水曜日に行われていた通信の一部を公開します。

質問：クロトロン・スターベースについて説明していただけますか？

多数のスターシップの集まりです。私たちの視点から見れば高密度化された光、私たちの統一された存在の集中意識です。

エーテルの目で見ると、スターシップが集まっており、停泊しているスターシップや、動いているスターシップが見えます。

クロトロン・スターベースのマザーシップはリュブリャナの上空に浮かんでいて、毎日各自のミッションを果たしている小さなシップに取り囲まれています。

クロトロン・スターベースの活動はスロベニアを重視しています。

私たちのスターベースはエネルギーでもテレパシーでも直接マザーシップ・エクスカリバーとアシュター・コマンド全体と繋がっています。

各シップの中心には光の柱があり、銀河のセントラルサンとエネルギーで繋がっています。

クロトロン・スターベースのマザーシップは私たちの家です。

より小さなシップにはあなた方と私たちとを繋ぐ役目があり、具体的には現在、あなた方のグループとスターベースとの融合を支援しています。

あなた方がアセンションの道にいて、自分たちの上空に恒久的もしくは一時的なスターベースの存在を望むと表現すれば、あなた方の家の上空にスターベースが定着されることもあります。科学研究の仕事を目的にしているシップもあれば、ライトグリッドの創造に携わっているシップもあります。

しかし、とりわけ、シップはあなた方の世界にワンネスの愛の存在を広げることに邁進《まいしん》しています。

質問：ザートロンとトリトロンとは何ですか？

スロベニア上空に残っている2隻のスターベースです。ザートロン・スターベースはツェリェ上空に定着していて、トリトロン・スターベースはトリグラウ国立公園の上空に定着しています。

質問：なぜスタービーイングはスターペアレンツではない親の元に転生するのですか？

スターペアレンツの不足が原因です。スタービーイングは同時代のウェーブで転生します。最初の強烈なウェーブは50年代後半に起こり、二番目は1967年から1975年の間に起こりました。

質問：カルミック・ボードと繋がっているマスター・セント・ジャーメインの役割は何ですか？

マスター・セント・ジャーメインはカルマを変容させる紫色の炎の持ち主です。

彼はカルミック・ボードに紫の炎の使用を要求し、この要求は承認されました。

カルミック・ボードは現在大きな変化の最中にあります。

というのも、全てのカルマを手放し、アカシック・レコードの全てのカルマの記述を変えるように上から指示されているからです。

二元性の実験は終わりを迎え、全てのカルマは光へと変化します。

そのためカルミック・ボードの機能はゆっくりと終わりに向かっています。

質問：シリウスやプレアデスでは私たちはどのような身体で生活していましたか？

シリウスではあなた方はエーテルのイルカ型もしくは人型の身体で、プレアデスではライトボディの天使として生活していました。

質問：私はアセンションのファーストウェーブが1995年4月15日に起こるだろうというメッセージを受け取りました。これは本当ですか？

その日は非常に強力なエネルギーとなるでしょう。

1994年12月12日のように、ファーストウェーブが可能となるタイムポイントです。

エネルギーは12：12の活性化にほぼ匹敵するほど非常に強力になります。
今はまだファーストウェーブが可能となる最適ポイントではありません。しかしこの日にファーストウェーブが起こるとは保証できません。

質問：チャネリングを始めたいです。どうすればできますか？

まず自身のスターネームを手に入れます。それから一切れの紙にI amと自分のスターネームを書いてください。

それから自身の星の天使の存在の名の下に心に浮かんだことを何でも書き留めます。

これをしばらく定期的に行うことで、混沌がゆっくりとクリアになり、分別あるメッセージが出てくることに気づくはずです。

あなた方が自身の天使としての存在、自分の魂としっかりと明白に繋がっていれば、私たちと意思疎通を始めることができます。

それからたとえば「私はクロトロン」と書き、リラックスした状態で自分の思考を書いてください。

しばらくするとクリアで賢明なメッセージがやってきます。

これは、天使としてのあなたと私たちが一体となった結果です。

強力な繋がりが確立したら、具体的な生活状況でメッセージを試し始めることができます。すぐに紙が必要でなくなり、私たちとあらゆる状況で意思疎通ができるようになります。

質問：どのように時間は消えるのでしょうか？

線形時間は思考が創造した二元性世界の幻想です。単純にあなた方はそれを創造しなくなります。思考を止めれば時間が止まります。そして消えます。

あなた方の認識は変化するでしょう。時間を創造していたマインドは消え去ります。アセンションが意味するのは精神世界と線形時間の超越です。ワンネスの存在が拡大するため、時空連続体の実体が消え去ることを意味します。時間は縮小し始め、ある時点で消え去ります。空間は拡張し始め、ある時点で消え去ります。永遠の偏在が生じます。

質問：なぜ私は最近、混乱したりイライラしたりするのでしょうか？

現在、避けることのできないエモーショナルボディの浄化が起こっています。

あなた方の振動周波数が上昇しているため、愛と意識で手放すことができる全ての抑圧された感情が表に出てきます。

そのためあなた方は自身をヒーリングし、人類全体の感情を変化させる手助けをします。

あなた方のエモーショナルボディのヒーリングにより、自分の神聖なミッションに向けた準備を始めることになります。

あなた方の中にある混乱は、宇宙の法があなた方を通じて具現化していると感じた時に消えます。

周囲の人々は困惑するでしょうが、あなた方は世界の混沌の真っ只中で安定した柱となり、愛とワンネスを発するようになります。

準備してください。効率的に行動する必要があります。私たちはあなた方の世界ではあなた方を通じてしか行動できません。

あなた方は具現化を始めるビジョンを受け取ることになります。それからそれらは具現化します。

目覚めてください。時間はどんどん過ぎていきます。光の島への移住に備えてください。ワンネスで生きるために準備をしてください。

質問：どのような方法でカルマの法は超越されるのでしょうか？

あなた方の全てが自分の信念や、思考、感情、行動により自分の現実を創造しています。

それは罰するための法ではなく、宇宙の平衡の法でさえありません。

宇宙の平衡は常に存在しています。この瞬間まさにあなた方が自分の現実を作っています。

それは過去の行動の結果ではありません。過去と未来は二元性のマインドが生み出した幻想です。

全ては、一なる現実を多次元的に具現化したものとして永遠の一瞬に起こります。

決断すれば、自分の注意を一つの人生から別の人生へ動かすことができます。

あなた方はマインドに自身の経験を閉じ込め、そして過去の幻想を創造し、自分のマインドの網に自身をからませ、自分は有罪であると信じ、自身を裁き、幻想の負債を清算するという現実を創造しています。

あなた方が何を経験する必要があるのかを外部が裁いて決定するのではありません。

自分が現実を創造していることに気づくと、カルマの超越が始まります。

そして自分が純粋で聖なる光の存在とわかれば、幻想の負債から自分を赦し始め、そして聖なる恵みの領域へ入っていくのです。

そしてそれから光の存在として神聖な現実を自発的に創造します。この変化は一歩ずつ起こります。

スターゲートが活性化されると、この決断が容易になり、自分自身を赦せるようになります。

質問：男女関係ではどのようにすれば執着せずに愛することができますか？

ここでも第一歩は自己愛です。それからあなたから愛が流れ始め、あなたと調和的に繋がる存在を引き寄せます。

どの人もアセンションのボルテックスを創造しています。これは新たな人間関係を意味します。つまり、特定な一つの関係に執着するのではなく、多くの人間関係、男女関係からアセンション・マンダラを創造するという意味です。

そのため支配、嫉妬、感情的な執着は消え去ります。そしてますますクリアで純粋な愛がとって代わります。

質問：セクシャリティのヒーリングプロセスはどのように起こりますか？

セクシャリティのヒーリングプロセスは心を開いて性エネルギーを表現することで起こります。

抑圧された各々のエネルギーを癒すには、意識して表現する必要があります。

多くの人々が感じる痛みは、愛とセクシャリティを分離したことによるものです。

この痛みはアセンション・マンダラにおいて愛と性のエネルギーを一つにすることで、そして、この二つのエネルギーを融合させる楽しさをグループで発見するプロセスを通じて癒えていきます。

両方のエネルギーは新しいエネルギー、宇宙の愛へ統合されます。

このエネルギーは太陽神経叢の約2・5㎝上に位置するワンネスのエネルギーセンターを通じて広がっていきます。

このチャクラは銀河のコアと呼ばれ、銀河のワンネスの進化に繋がっています。

質問：眉間のチャクラでまぶしい形が見えたり、耳鳴りがすることがよくあります。それは何を意味しますか？

五次元以上の次元に変化する際、身体の振動周波数が増加していきます。

これは耳鳴り、疲労感、身体のある部分の痛み、発熱、高熱のような様々な症状を引き起こします。

これがあなた方の多くに起きていることです。そのことについて意見を交わし、お互いにサポートすることをおすすめします。

眉間のチャクラが明るくなるという効果はあなた方と私たちとの協力の賜物です。

私たちはエネルギー光線を使ってこのチャクラに位置するスターコードに働きかけ、活性化しています。

この結果、あなた方の意識は拡張され、このチャクラにおける様々な光の効果をもたらしているのです。

質問：私たちに何が起きているのか、あなた方から見えますか？

あなた方の振動数を感じることはできますが、あなた方の暮らす三次元的な視点からあなた方の世界を見ていません。

私たちがあなた方の世界を見ることができるのは、あなた方が自由意志で私たちを招き、自分の意識と私たちを融合し、あなた方の目を通じて見る時です。

そうして共に全体像を創造することができるのです。

私たちはあなた方の肉体についての一般的な印象を受け取ることはできますが、あなた方が自分の肉体を調べる許可を出していなければ、具体的な症状は受け取れません。

それから私たちはエネルギーの閉塞、精神パターン、あなた方が存在している振動数を発見し、原因を見つけることができます。

もしあなたが望むなら、ヒーリングのエネルギーを送ることができます。

私たちはあなた方のエモーショナルボディとメンタルボディの振動数にも熟達しています。

大事なのは、自分たちの考えを私たちに話し、あなた方に起こっていることを私たちに伝えることです。

そうすればあなた方への協力や支援がもっと簡単になるでしょう。

質問：光の島のためにどうやったらお金を集めることができますか？

あなた方は宇宙の法の完全な具現化を学ぶプロセスを通じて、莫大な量のお金の伝達者となるでしょう。

グループの協力を通じて自分たちの振動数を上昇させることを学ぶことができます。

二元性世界では競争、争い、支配がグループを支配していました。

あなた方は調和的に協力し合えます。あなた方は喜びに満ちた創造を通じて具現化の新しい方法を知るようになります。

そしてお金を引き寄せる磁石となるエネルギー・ボルテックスを創造します。そして素晴らしい奇跡が起こるでしょう。

質問：欲しいものをどうやって具現化できますか？

まず何を欲しいか無条件の決断をし、自分の望みが達成されるようにこの決断を主張してください。

疑いが現れた時はいつでもただ新たに決断してください。

二番目のステップは光の存在と天使たちにあなたの望みを具現化するサポートをお願いしてください。

全ての感情エネルギーをこの願いに注いでください。

最後のステップは、自身の望みを具現化するために楽しく自発的に行動し、実際の具現化に対してオープンになることです。

この具現化がすぐに起こらないとしても、三つのステップ全てをしつこくただ繰り返してください。

なぜならあなた方の世界では具現化のプロセスが少し遅れて起こることがよくあるからです。うまくいかない理由はありません。なぜなら、あなた方は全てが可能な時代に生きているからです。

《星の同胞団》の地球におけるミッション

そして私は新しい天国と新しい地球を見てきました。

というのも、以前の世界は去ってしまったからです。私はニューエルサレムが上空からやってくるのを見てきました。

こんにちは、聖なる輝きたち。一なる存在の子供たち。私はクロトロン・アンタリオンです。

こちらはアシュター・コマンド、クロトロン・スターベースです。

私たちがどこからやってきて、何者であり、どこへ行こうとしているかを共に見ていくために、私たちはあなた方と共にいて、あなた方は私たちと共にいます。

私たちは14万4000人の光の存在、14万0000のレインボー・イーグルで構成されているスターファミリーの中核の旅を見るでしょう。

あなた方と私たちの多くはレインボー・イーグルです。

はるか昔、私たちは100万人の光の存在で構成されるスターファミリー全体の天使のホストによる調査隊として、スターゲート・アルニラムを通りローカルロゴスのエリアに入りました。

アルニラム・スターゲートの内部で大天使メタトロンは私たちを待ち、私たちそれぞれの神聖なミッションを明らかにしました。

それからアルニラム・スターゲートを通じて進み、大天使を取り囲んでいる世界の創造者5人が創造した燃えるような五芒星を経て大天使の存在に入っていきました。

それから一緒にプレアデスの惑星アジャホへ降下しました。そこで私たちは完璧な一体感、美しいワンネスの中で生活していました。

これは最初のアトランティスでアルタと呼ばれました。私たちのグループの魂はそこで最初のアセンションを経験し、エナタラという名を受け取りました。

その後すぐに惑星アジャホが爆発し、スターホストたちは宇宙の深奥を通ってシリウスへ移動しました。

シリウスは中間のステーションで、そこで私たちはあなた方と地球で共に果たすミッションへの備えをしていました。

星の言語でアクアラ・アワラと呼ばれるイルカの王の導きの下で、エーテルのイルカの身体で光の天使の身体を覆うことで、物質界で生きる準備をしていました。

私たちは、楽しくじゃれ合うようにイルカの統合ボルテックスを創造し、それを通して物質界のワンネスを理解しました。

時が来て、ほとんどのレインボー・イーグルは地球へ向かいましたが、シリウスに残ってシリウスのブルーロッジを創造し、シリウスとその周囲の意識の発達に関わり始めた者もいました。

地球に向かったあなた方と私たちはアシュター・コマンドとジュピター・コマンドの創造に関わりました。

私たちはイーグリアン・トライアドと呼ばれるそのコアを代表しています。

ジュピター・コマンドは木星の重要な衛星12個の周囲にスターベースを配置してシリウスのブルーロッジと地球とを仲介する十二芒星を創造しました。

私たちの中にはシップに残ることを決断した者もいます。あなた方の中には地球に転生することを決断した者もいます。

あなた方はレムリアとアトランティスの時代に地球の進化に入りました。

アトランティスではマーリンの導きの下、現在のアイルランドであるダナン・ランドで最初に白い星の聖職者として集まりました。

これはアトランティスの3回目の洪水の直前でした。

その時転生したスターファミリーの一部はプレアデスに戻り、他の人はアトランティスを出発し東へ移住することを決断し、現在の文明の先祖となる文明をアジアに築きました。

三つ目の部隊はアトランティスに残り、シリウスから地球にやってきたスタービーイングの最後のウェーブの後、メタトロンはシリウスのブルーロッジを通じて星の同胞団を創設する指示を与えました。

コラーデンの都市にあるイルカの寺院では多数のレインボー・イーグルが集まり、二元性の実験に終わりをもたらすことを目的とする星の同胞団を創設しました。

あなた方の多くはそこにいました。シャンバラからのロード・オブ・ファイアたちはホーリー・グレイルを星の同胞団の手に引き渡しました。

ホーリー・グレイルはモルダバイトでできているクリスタルの聖杯で、ワンネスの守護者の象徴です。

エナタラのスターソウルグループの一部として、あなた方は歴史上の様々な重要な時期にワンネスの存在の守護者として共に転生し、ホーリー・グレイルも共に移動しました。

あなた方はエジプトで一緒でした。そこでシリウスとの繋がりを再構築し、ルクソールにアセンションの寺院を創設しました。

釈迦が悟りを得たとき、釈迦の弟子として集まりました。イエスの弟子として十二使徒の周囲に集まりました。

十二使徒はアセンションの十二芒星を創造し、それでイエスは解放を達成し、人類全体に道を示すことができました。

イギリスの騎士の時代には、円卓の騎士が創造した十二芒星の周囲に集まりました。

チベットのタントラ教信者の時には、シヴァとシャクティを統合した十二芒星を創造しました。

そして1911年には、クリシュナムルティが星の同胞団を外の世界へ明らかにし、ニュー・アトランティスが到来する道を準備しました。

《ニュー・アトランティス》新たな楽園と新たな地球

この時期エナタラのスターグループのソウルは、新たな地球の12のチャクラである聖なる12の地点に転生しています。

この地点はサナンダの再誕が起こる場所です。そしてアセンションのボルテックスにおいて意識統合の集団プロセスが発生する地点です。

この地点は、アセンデッドマスター、そしてシャンバラのロード・オブ・ファイアから直接やってくるワンネスの存在を発信しています。

この地点はアセンションの十二芒星、ニュー・アトランティス、新たな天国と新たな地球の統合を創造します。

そしてまもなく構築されるアンタリオン・グリッドの基礎を形作ります。このうち6箇所の位置をお教えしましょう。それはロサンゼルス、ニューヨーク、ジュネーヴ、ミュンヘン、そしてリュブリャナです。これらの地点の中でも、リュブリャナは特別な位置を占めています。リュブリャナの地域はこの惑星のアンタリオン転換の場所で、二元性の光と二元性の闇を錬金術的に一なるものに融合する場所です。ヨーロッパ共同体はこの惑星の二元性における光を象徴し、ボスニアの紛争地域は闇を象徴します。スロベニアは両方のエネルギーが重複する位置にあり、両方のエネルギーを一なるものへ統合する可能性を創造しています。この土地は銀河連合がシャンバラのロード・オブ・ファイアたちを通して、二元性の実験を終結するために選定しました。したがってシャンバラは紛争中の数年間スロベニアを守護し、将来も守護することになるでしょう。

特にスロベニアとリュブリャナは、そこを起点としてワンネスの意識がウェーブとなって世界中へ広がるであろう場所です。

またリュブリャナは、星の同胞団の統合を繰り返す磁力ボルテックスになっていて、将来リュブリャナにホーリー・グレイルがもたらされるでしょう。

リュブリャナのボルテックスのシンボルは青を基調とした黄金の五芒星ですが、これは星の同胞団のシンボルでもあり、シャンバラの世界の王サナト・クマラのシンボルでもあります。

アンタリオン・グリッドが完成する時、サナト・クマラを通して、ボルテックスの目の中でワンネスの存在が明らかにされるでしょう。

そしてアセンションの十二芒星とワンネスの虹のボルテックスを通じて、あなた方はアセンデッド状態で私たちに加わります。

地球全体がアセンドする時、7通りの道があなた方に開かれます。

二元性を選び、他の惑星に避難する人々をアセンデッドマスターとして支援することもできます。

ワンネスのアセンデッドマスターとして地球に残ることもできます。

光の存在としてアシュター・コマンドもしくはジュピター・コマンド内で働くこともできます。

または、シリウスに向かい、シリウスのブルーロッジであるオグミンの同胞団に参加し、そこでローカル・ロゴス部門に対する銀河連合の代表者であるカウンシルオブトゥエルブの十二芒星の周囲に集まることもできます。

銀河連合とシリウス周囲の文明との仲介役として動くこともできます。

プレアデスへ向かい、かつてのアジャホよりももっと美しい惑星を私たちと共に創造することもできます。

その惑星は、ニュー・アトランティスのより高いオクターブである、ニュー・アルタになります。

そこで私たちとあなた方の中には大天使として完璧なワンネスの中で生きる人もいるでしょう。

さらにオリオンに進み、この宇宙に一なるもののエネルギーをもたらす支援をすることもできます。

さらにもっと遠く、アルニラムの次元扉を通って未知を越えて進み、銀河のワンネスの進化に世界の創造者として進むこともできます。

こういった驚くべき機会を目の前にして、あなた方と私たちは皆息もつけなくなるでしょう……。

《聖なる統合》銀河の光ネットワークの完成とは？

時の終わりに、全ての星の文明の子供たちは銀河のセントラルサンの周囲で聖なる渦の踊りを踊ります。

これが銀河の光ネットワークの完成です。

こんにちは、光の兄弟姉妹たち。こちらはアシュター・コマンド、母船のエクスカリバーです。私はアシュター・シェランです。私は今、スターファミリー全体へ呼びかけを発するためにあなた方と共にいます。

遠い昔あなた方は二元性世界に入ることを決断しました。あなた方がそこで自身を見つけた時、突然お互いから分離させられた感じがしました。

そしてこれが引き金となって、あなた方の内面に再統合への切なる願いが芽生えました。

この願いは今、さらに深いワンネスに統合しようとする磁力となっていますが、これは二元性に入った当初から持ち続けていたものです。

今が再統合の時です。そのため私たちは、あなた方の世界でワンネスの虹のボルテックスに集まっているスターファミリーへ呼びかけています。

聖なる統合は私たちの目的ですが、あなた方の目的でもあります。なぜなら、聖なる家族の聖なる統合は銀河のワンネスへの帰路だからです。

時間の概念がない世界で生き始める時、あなた方の内面で聖なる統合が始まります。

思考を止めると、静寂により天使としての存在の美しさが輝きます。

あなた方が一つの存在となった時、意識はあらゆるものに拡張します。

それからあなた方は光の磁力点として輝きます。

そして唯一の時空点で統合するよう全ての存在と星の兄弟に呼びかけると、聖なる統合はさらに進みます。

親密さと聖なる親交を共に創造するように星の兄弟に呼びかけます。

ハートを開き、魂と肉体を統合するようスターファミリーに呼びかけます。

かつてイルカであった時にシリウスで一つになっていたように。

ソウルメイトたちには、虹を織り込んだ深い関係を創造するよう呼びかけます。

ツインソウルには一なる存在として統合するよう呼びかけます。

全てのソウル・ファミリーはライトグリッドで光の点となります。

そしてライトグリッドは拡張し世界へ流れ出しています。

この光はまもなくあなた方の世界の全ての地域へ流れ出し、楽園の世界へと上昇させるでしょう。

したがって、世界の全ての光の点を統一した目的で繋げることが重要です。

どのスピリチュアル・グループも光の点であり、アセンションという全てのスピリチュアルな道という共通の目的により統合されます。

アセンションは人類の究極の解放です。

統一した目的で支援し、共通の計画で統合し、協力することでスターファミリー全体の聖なる統合が創造されます。

あなた方はこの惑星におけるワンネスの守護者です。共に統合し、ワンネスの存在として外へ働きかけます。

このようにして惑星全体に光と愛を効果的に広げることができるでしょう。

二元性とワンネスの存在として同時に生きることはできません。

ある時点で、古い世界か新しい世界かの選択に直面します。

この二つの世界いずれにもそれぞれの自然法則があり、新しい世界で古い法によって生きることはできません。

新しい世界に入る時には、古い世界との全ての繋がりを断ってください。

二元性、恐れ、嫉妬、妥協に基づく依存関係、それは全て偽りへの依存です。

自分たちの幸せを大事にし、不調和な振動数を自分の世界に入らせないでください。

決断し、目覚めてください、なぜなら時がやってきたからです。

あなた方はもはや苦しむ必要はありません。

自分たちの人生から苦しみの原因を取り除き、自分たちが後に見つける幸せを守ってください。

私たちはあなた方に呼びかけます。目覚めるのです。

《世界のライトグリッド》時間と空間のない存在が明らかになる

……そしてライトグリッドが創造され、時間と空間のない存在が明らかになるでしょう……。

こんにちは、神聖な煌めきたち。一なる存在の子供たち。

こちらはアシュター・コマンド、クロトロン基地です。私はクロトロン・アンタリオンです。

私たちは光の世界のネットワークを創設する指示を与えるため、あなたたちと共にいます。

あなた方の世界は新たな状態の意識への移行期にあります。

宇宙の深みからこの世界にやってくるエネルギーの大きな流れにより、あなた方の世界の全ての存在はこれまで隠されてきた全てを知ることができるようになります。

目覚めの光の中で存在の全ての部分を上昇させ、それを丸ごと愛で統合する。

これがあなた方の世界において様々な方法で現れます。

一方では一なるものの光がますますはっきりしていきますが、他方では二元性世界がさらにはっきりと分割されていきます。

そして人類は自分自身を救えるかと自らに問う時です。すでに救済策が存在していることを時々忘れていませんか。

あなた方の世界の救済はライトグリッドの創設にあります。

自分がどの国に属しているか、どの集団に属しているかに関係なく、自分の信念に関係なく、全員が自分たちの世界に創造していきますが、この世界にもっと光をもたらしたいという心からの願いがあなた方を統合します。

そして自分たちの信念体系の全ての違いを超越するワンネスをこの中に見つけるでしょう。

クリティカルマスの人々が光を決断し、この世界を支援したいという願いを決断する時、あなた方は世界の出来事に影響を与える力を獲得します。

最初はほんのわずかですが、それからどんどん増えていき、まもなくあなた方の団結した意識の力は世界に目覚ましい変化を生み出し、惑星のアセンションを支援することになります。

世界の光ネットワークのトライアングルで働くことは非常に簡単で、毎日わずか数分のことです。

三人の人が合意し、毎日もしくは毎週同じ曜日に人類を支援する光を呼び出す瞑想をして繋がります。

こうすることでワンネスの世界と人類とを繋ぐエネルギーのトライアングルを創造します。

この瞑想は各自の時間で行うことが可能で、同じ時間に合わせる必要はありません。

なぜならあなた方が繋がっているワンネスの世界は空間と時間を超えているからです。

そしてお望みならもっと多くのトライアングルに参加してもいいでしょう。

この瞑想を行うたびに、マントのように惑星を囲っているリキッドライトが活気づけられます。

そしてあなた方の惑星をアセンデッド状態へ上昇させる水平なライトグリッドが創造されます。

どの瞑想も星の同胞団のメンバーによる瞑想によって支援されます。

星の同胞団はアセンデッドマスターとライトグリッドの中継役として働き、両方の世界を繋ぐ垂直のボルテックスを創造しています。

このボルテックスはあなた方全員が創造することができるライトグリッドを支援します。

世界の光ネットワークは世界全体へ溢れ出るリキッドライトのフィールドです。

呼びかけを感じた人は誰でもそれに参加できます。そして私たちはあなた方と共にいます……。

世界の光ネットワークを構築するためのトライアングル瞑想

1. 思考と感情を落ち着け、自分の身体をリラックスさせてください。

2. 自身の意識の頂点からトライアングルの他のメンバーに意識を合わせ、トライアングル全体が調和していると認識してください。
そう考えるごとに、リキッド・ライトのエネルギー・フィールドが強化されます。

3. 自身のトライアングルを世界の光ネットワークの一部として視覚化してください。

4. トライアングルの各点に光が流れこむのを視覚化してください。
光がトライアングルの点から点へ循環し、それから外に流れ出て、光のネットワークを通じて全ての人のハートとマインドへ循環する様子を想像します。

そしてこの光の源に球状の純粋意識があるのを視覚化してください。

トライアングルから外側に向かってたくさんの光を発すれば発するほど、自分自身にも多くの光が流れるので、さらにたくさんの光を発することができます。

5. 声に出して、もしくは頭の中で、あなた方のトライアングルをアセンデッドマスターの世界と一致させる大いなる祈りを唱えてください。

大いなる祈り

聖なる精神の光から人類の精神に光を流してください。光を地球に降ろしてください。

聖なるハートにある愛の点から人類のハートに愛を流してください。キリストが地球にお戻りになりますように。

聖なる意志の中心点から、人類のわずかな意志を導いてください。マスターたちが認識し仕えているその目的が果たされますように。

私たちが人類種と呼ぶものの中心から、愛と光の計画を成し遂げさせてください。悪の住処の扉が閉まりますように。

光と愛と力で地球の計画を復興させてください。

次元間のボディ《マカバ》

七次元のボディ、アトミックボディ

アセンションのプロセスは現実のシステムが変化するプロセスです。

そして三次元の古い現実のシステムでは、あなた方の意識を運んでいる身体は肉体でした。

あなた方が突入している新たな現実のシステムでは、あなた方の意識を運ぶ身体は次元間のライトボディ、マカバボディとなります。

そのライトボディでは、一つの次元から他の次元へ自由に移行することが可能となります。

また、三次元での活動が可能となると同時に五次元での活動も可能となり、そこでは次元間旅行の能力や可能性を持てるようになります。

マカバはエーテルの肉体であり、聖なる輝きである七次元のボディと直接繋がっており、アトミックボディと呼ばれることもあります。

地上で進化する人々はこのボディを目覚めさせ、発達させる必要があります。

スタービーイングはこのボディとの繋がりを取り戻しさえすればいいのです。


かつて、スタービーイングの天使のホストは、ライトボディで地球のムー島に火の車で降り立ちました。

あなた方はタヒチとラパヌイと呼ばれていたイースター島近くの光の都市で生活していました。

これがエデンの園でした。二つの性に分裂して振動数が低下したことは、スタピープルのエデンからの追放を意味しました。

アトランティスではインプラントの使用によってアトミックボディとの繋がりが終結させられてしまいました。

今、スタービーイングがこの繋がりを取り戻し、自分のマカバを再活性化させる時がやってきました。

まず感情を浄化し、天使としての存在との繋がりを構築する必要があります。

それから一なるものの目が活性化し、天使の意識が拡張されます。

あなた方の天使としての存在は一なるものの目に定着し、三次元の肉体と四次元のアストラルボディとメンタルボディの振動数を上昇させる共鳴場を創造します。

視覚化の力により、聖なる輝きの意識を引き寄せる磁石として機能するマカバの精神形式を準備します。

第三のイニシエーションと呼ばれることもあるスピリチュアルな進化の点において、天使の意識が安定化します。

聖なる輝きのアトミックボディは、マカバの精神形式を通じてエーテルの肉体に影響を与え始めます。

聖なる輝きの意識との繋がりが増加することで、肉体の振動数が上昇し、五次元へと変化します。二重螺旋から十二重螺旋へＤＮＡの遺伝子変異が起こります。

アセンションの瞬間、聖なる輝きは肉体の振動数をエーテルボディと統合する程度まで上昇させます。

そして次元間のライトボディが創造され、空間や時間のある次元、時空の概念がない次元、どの次元にも移動することができるようになります。

次元の扉を通じて様々な星系へ入ることができます。この場合、あなた方のマカバボディはスペースシップ、スターベースとして機能するでしょう。

ルクサー・ポイントと［11：11］を通じての旅

聖なる輝きの意識を固定するアンカーは、一なるもののハート、心臓の内側の特別なポイントにあり、ルクサー・ポイントと呼ばれる場所にあります。

これは時間の概念がない新たな楽園と新たな地球を統合するポイントであり、人体という神殿の最も聖なる場所です。

このアンカーは、聖なる意志の青い炎、聖なる愛のバラ色の炎、そして聖なる光の黄金の炎という三つの炎で構成されます。

ルクサー・ポイントの周囲にある愛の振動数は、リキッドライトの光線で空飛ぶ円盤型の電気的重力場を創造します。

このポイントの周囲で光線が光速で回転することでエーテル界における肉体の振動数が上昇し、次元間の旅が可能となり、11：11の開放を通じてのワンネスの渦への移行が可能となります。

11：11を通じての移行は、リキッドライトの現実への定着を可能にする第一ゲートの活性化で始まりました。

11：11の第二ゲートは正反対のペアの統合が始まることを可能にしました。このプロセスはトライアンギュレーションと呼ばれます。

第三ゲートの活性化の前、すなわち1995年および1996年に、フォトンベルト内部への進入が起こりました。

これはプレアデスのローカル・セントラルサンであるアルシオーネの周囲で広がっている五次元から七次元のリキッドライトのベルトです。

この光と愛のエネルギーは光子の形でより小さな範囲でのみ現れます。したがってそれは予言されている、闇の六日間という破滅的なことは引き起こしませんでした。

しかしそれはあなた方の電子システムに何らかの混乱を引き起こしました。

フォトンベルトの目的はとりわけマカバを活性化させ、アセンションを容易にすることです。

11：11の第三ゲートは1997年に開き、宇宙意識の構築を加速させました。

11：11の光の輪、これはフォトンベルトと混同しないようにする必要がありますが、これを通った変化の頂点は1999年8月11日に第四ゲートにありました。

光の輪は銀河のセントラルサンから発生し、惑星のアセンションと惑星のマカバボディの活性化を可能にします。

これは最終的にはスターファミリーの統合を創造するでしょう。

つまり、（スターシップ内のスタービーイングである）ONのファミリーと（転生したスタービーイングである）ANのファミリーとの統合です。

それはまた、この太陽系内で強力な変化を引き起こします。地球は愛の惑星となり、木星の今の役割を引き継ぎ、木星は新たな太陽となるでしょう。

第四ゲートの活性化からそれ以降、ローカル・ロゴス内のスターファミリー全体の集団的なマカバボディの統合が起こり始めました。

これはスターファミリーがANスターゲートを通じて銀河のワンネスの進化へ入ることを可能に

します。

私たちはこの銀河と近隣の銀河で、銀河の光グリッドの構築に協力することが可能になります。

これはすでに銀河のライトグリッドを構築し、銀河の局部星団の中央銀河である、アンドロメダにあるM31銀河からのスタービーイングの支援によって起こるでしょう。

他に選択肢があるとすれば、想像を超えた領域にある銀河のセントラルサンを通じてまだ現れぬ宇宙のハートへ入ることです。

具現力を備えた次元間のボディ

マカバボディ活性化の結果、現実のシステムに変化が起こります。

これはあなた方の人生に多くの変化をもたらすでしょう。

マカバはあなた方が地球で受け取ることができる最後の教えであり、それ以外は全てアセンデッドマスターによって個人的に伝えられます。

マカバの活性化においてあなた方の意識はアセンデッドマスターの意識へ上昇し、意識の量子飛躍が起こります。

これは突然の意識変化です。宇宙は量子の性質を持っています。

進化は量子飛躍を通じて起こります。意識変化の結果、遺伝的変化が物質界で起きる時に量子飛躍が起こります。

意識の古い状態と新しい状態の間には狭い混沌の領域があります。

混沌はあなた方が救済を求められるようになる状態です。

現在、時空連続体の構造が変化しているため、プロセスは非常に速く起こっており、さらに加速しています。

線形時間はあなた方のマインドで創造されたもので、二元性世界の一部であり、時間をマインドで創造しなくなった時、全てのことが即座に起こりえます。

マカバ活性化の結果、最初に起こるのは意識の量子飛躍です。

量子飛躍でたくさんのステップを飛び越し、時間の概念がない一瞬の中へ入っていきます。具現化は常に時間をかけずやってきます。

自分のマカバを活性化すると、ワンネスの渦にある物質が見え始めます。

アシュター・コマンドのスターシップが見え始め、次第にエーテル界やアストラル界のような見えない世界が見えるようになります。

これが見えるのは、自分の意識を対象やエネルギーではなく虚空に向けた時です。

そして虹のリキッドライトをどこにでも見ることができます。

マカバの活性化では、ハートセンターの一なるもののハートへの開放も起こっています。

これが起こる時、あなた方はどの瞬間にも愛を感じることができます。

それから奇跡を行う愛と光によるヒーリングの力を受け取ります。

奇跡のヒーリングが可能となり始めます。あなた方の一なるもののハートが開いた時、空中浮遊する能力を受け取ります。

肉体の振動数がエーテルボディの振動数まで上昇する時、肉体が軽くなり、空中浮遊できるようになります。

エーテルのライトボディには0・1gという一定の重さがありますが、マカバボディの反重力電磁場によりこれを無効にすることができます。

そうすることで水上歩行や、空中浮遊、空中飛行、そして高次元を通過する能力を得ます。

空中浮遊する能力は四番目のイニシエーション以降に活性化されます。

マカバ活性化の結果、具現化の能力も現れます。それを達成するためには、自身の銀河の核のセンターを開く必要があります。

あなた方はそのセンターからインプラントを取り除く必要があります。

インプラントはクリスタルで、様々なエネルギーセンターにエネルギーが流れ込むのを妨害しています。

マカバは次元間のライトボディで、ライトボディの卵型はエーテルの形です。

まず必要なのはこの卵型をメンタルの形で創造することで、それにより自動的にエーテル界に具現化されます。

メンタルの形で創造すると、エーテル物質がその周囲に集まり、エーテルの形が創造されます。この形は更新されなければ崩壊します。この形が十分に強力であれば、同じく卵形をしたアトミックボディからエネルギーを引き寄せます。

これによりアトミックボディとメンタルの形との繫がりが創造され、その周囲にエーテル・マトリックスが創造されます。

アトミックボディには具現化や物質化の力があります。

それから虹のボルテックスを創造し、卵形の内側にあるエーテルの形に振動的に適した原子を磁気的に呼び込むことになるでしょう。

そして自分たちの望む具現化をエーテル形式で形作り、それを自分たちの卵の内側に置きます。

これが具現化のためのサポートフィールドであり、いわゆるボルテックス・サポート・フィールド（ＶＳＦ）と呼ばれます。

私たちが光線を回転させると、望んだ状況が物質界で具現化し始めます。

光線が光速に等しい愛の周波数で回転していると電気重力共鳴場が空飛ぶ円盤の形で創造され、私たちは五次元へ飛び込むことが可能になります。

ワンネスの渦において、転生したスタービーイングとシップ上のスタービーイングの意識の統合、そして私たちのマカバボディとアシュター・コマンドのスペースシップとの統合の後、このエネルギー・フィールドは五次元の十二芒星で構成される光の領域へと拡張します。

聖なる輝きのアトミックボディと肉体の脳との繋がりに気づくと、あなた方は着実に具現化する能力を受け取ります。

自分たちのマカバボディを完全にマスターした時、私たちは同時に多くの地点に出現することができます。

マカバは次元間のボディです。五次元から一つの点を三次元に投影すると、多数の点が現れます。理解しやすく説明すると、三次元の物体の影は二次元ですが、五次元の物体を三次元へ投影すると三次元になります。

私たちとツインソウルに属している永久原子は五次元では一つであり、同一のものです。物質界ではその永久原子は二つの肉体に具現化されます。ですから、光のボディからは多数の肉体に投影することができるのです。

マカバを活性化するためには、栄養面でも莫大な変化が起こります。重い食べ物は重荷になります。

あなた方が肉を食べているなら、できればやめることです。無理にではなく、徐々に行ってください。

そうすればベジタリアンの食事をとることが増え始め、ゆっくりと食べ物の必要性が完全になくなるでしょう。

それから太陽から直接やってくるエーテル・エネルギーをとることになるでしょう。

そしてその後はワンネスの物質をとることになります。

食べ物を浄化することはとても重要なことです。地球上の食べ物はエネルギー的に汚染されています。

紫の炎で食べ物を物質的にもエネルギー的にも浄化することができます。ロード・サナンダの名前で食べ物を清めることもできます。

三番目のイニシエーションへ進んだ後、あなた方はとても敏感になり、自分の肉体の振動数と自分の周囲の振動数に気をつける必要があります。

あなた方の振動数が平均よりも著しく上昇すると、大きなエネルギーの緊張が生み出されます。

それからあなたの周囲にいる、癒しを必要とする闇を引き寄せる磁石となります。

あなた方が発する光が多くなればなるほど、さらに闇を引き寄せる強力な磁石となります。

自分の居住空間を浄化することは重要で、お香で清めることもできます。

《グループでのマカバ活性化》アセンションのボルテックス

ソウルファミリー、ソウルメイトそしてツインソウルの集団関係として、もしくは光の島として、マカバボディは外部に映し出すことができます。

集団的なマカバボディはグループソウル、ソウルファミリー、ソウルメイトそしてツインソウルの意識を取り囲んでいるスターベースです。

１４４名の光の存在で構成される十二芒星はそのようなスターベースを象徴的に創造します。

グループソウルの存在はアセンションのボルテックスに集まり一つになります。

彼らは自分たちのライトボディを一なるものに統合し、物質的な肉体を一なるものへ統合することによってそのボルテックスを活性化します。

各個人とそのライトボディを一なるものへ、そして個人をグループのワンネスへ一つにする縦と横の統合が起こります。

一なるものの存在への統合が意味するのは次元間における全てのレベルでの完全な統合です。これは楽園と地球の神聖な融合です。

過度の極は一なるものへと統合され、精神と物質との統合が起こります。精神はアトミックボディによって表され、物質は物質的肉体によって表されます。

グループのマカバボディは最低三人が集まると活性化します。

この活性化には、男性の身体に入った一つの存在に対して、それより多い女性の身体に入った存在の組み合わせがすすめられます。

アセンションのボルテックスはこの惑星におけるエネルギーの点で、そこに新しい現実が現れます。

このボルテックスの内部では、予定された時間より早く11：11の次元扉が開くことが可能です。

なぜなら、そこでは時空物質の拡大と収縮、および救済のプロセスが起こっているからです。

このプロセスはアセンション・ボルテックスの天使である、いわゆる火の天使たちによって導かれています。

その天使たちは救済の電気的な炎を使用することでインプラントを変化させて取り除き、個人そしてグループのマカバ活性化を支援し、ワンネスの世界におけるグループのイニシエーション・プロセスである、グループのアセンション・プロセスを加速させます。

彼らはグループ全体をワンネスの渦へ吸収することができる大きなポンプのようなものです。

リュブリャナのアセンション・ボルテックスの火の天使は、星の言語でアイオナタンと呼ばれます。

サナト・クマラはこのボルテックスを通じて救済のエネルギーを送ります。

11：11の第一ゲートの活性化時には、リュブリャナの中央にアイオナタンが定着しました。

個人のマカバ活性化のテクノロジーは、アセンデッドマスターのテフティ・ベイによってもたらされました。

彼の12名の弟子たちはアセンションの十二芒星を創造し、マカバの情報を外に広めることを容易にしています。

マカバを活性化させるテクノロジー

マカバ全体を活性化させるテクノロジーは、口伝、もしくはテレパシー・コミュニケーションのみで伝えられます。

このテクノロジーの第一部は書き留められており、アセンションの道を早めに進んでいる者向けに以下に示します。

1. 光の存在であるアセンデッドマスターを視覚化します。マスターの光のエーテルボディの足があなたの頭に触れる位置で頭上に立っているのを視覚化します。

2. 意識でその存在に入り、完全にそれと一体化し、その知恵のマスターになります。

3. アセンデッドマスターとして自分の肉体に再び降下して、肉体をあなた方のライトボディの振動数で充満させせます。

聖なる言葉オームを唱えて振動させ、ご存知であれば自分のスターネームを口にします。

4．エレクトリックブルー（水色）の光が、目、鼻、耳など全ての開口部から発していることを視覚化します。

この光は磁場を創造しあなた方の天使としての存在を呼び起こします。

5．右手が心臓を覆うように両手を胸の前で交差します。心臓が暖かさの源であり、暖かさが身体の周囲に広がっていくのを想像します。

マントラ「カー」を唱えて振動させながら行います。

6．Wの形になるように腕と手を広げて（訳注：腕を体の左右に開いて、手は肩の高さに保つポーズ）、身体全体に暖かさを広げます。マントラ「ラム」を唱え振動させながら行います。

7．手を頭上に上げます。真上にあるスターベースがあなたの頭頂部にアセンションの柱を降ろしてくるのを視覚化します。

マントラ「アナ」を唱え振動させながら行います。

8. 手を動かしてアセンションの柱を自分の足まで下ろします。その柱が輝く三次元の卵形をしたリキッドライトとなり、身体の周りを覆っているのを視覚化します。
マントラ「オン」を唱え振動させながら行います。

9. 自分のマカバボディ（輝く卵形）を紫の炎を反時計回りに回転させて浄化します。

アセンションのファーストウェーブ後、《光の島》が創造される

マカバボディの全ての知識の源は大天使メタトロンです。

彼はこの知識を、光の星の言語、および脈動する光の調和的ウェーブを使って地球に送っています。

その脈動する光はエジプトの大ピラミッドを通じてこの惑星の12箇所の聖なる地点へ届き、アセンションの十二芒星を形作っています。

この時期、マカバについての知識はとても重要です。なぜならそれが光の島の具現化を可能にするからです。

光の島は個人および集団のライトボディを外側へ反映したものです。

アセンション・グループ内部での新たな関係は高次元への意識の変化、そしてその結果として光の島の具現化を可能にします。

ソウルファミリーの集団としての統合はリキッドライトの五次元フィールドの創造を可能にし、ソウルメイトとの関係を深めることは宇宙の愛の六次元フィールドを創造し、最終的にツインソウルが統合して一なる存在になることは宇宙のワンネスの七次元フィールドを創造します。

多次元の統合はアセンションのボルテックスを創造し、三次元から高次元への変化の時期に振動する緩衝物となります。

そして五次元から七次元の現実を物質界に具現化することが可能となり、そのため光の島を創造することが可能となります。

最終的に集団のアセンションが可能となります。

光の島は主にアセンションのファーストウェーブ後に創造されるでしょう。

アセンションのファーストウェーブはタキオンベルトの主要部分に入る直前に起きます。

従って、光の島はタキオンベルトの振動内部で創造されます。

アセンションのセカンドウェーブとサードウェーブの準備プロセスは光の島で起きます。

そこで人々はアセンションプロセスに必要な全ての指示を受け取ることができ、ファーストウェーブのボランティアとして地球に戻ってくるアセンデッドマスターが存在する中で生活することができるようになるでしょう。

地球にいるスターファミリーと上空にいるスターファミリーの振動数の統合が起こり始めます。

光の島の内部ではアシュターー・コマンドのエーテルのスターベースが地表へ降下してきて、ある条件で物理的に見えるようにもなります。

光の島から、アセンションについての情報とワンネスの世界での変化についての情報がメディアを通じて世界中に広がり、あなた方の惑星のありとあらゆる部分へゆっくりと進んでいきます。

光の島に住む人々はワンネスの意識から生じる真実の愛を体現します。

光の島の内部では個人と集団の、肉体と魂のヒーリングが起きます。

エーテル医療テクノロジーとヒーリングのスピリチュアルな力を使用することにより、奇跡的なヒーリングや死からの蘇生までもが可能となります。

光の島のメンバーは銀河タントラのプロセスを通じてますます深い統合を経験します。

科学者は物質の振動科学を通じて宇宙の理解を深めます。芸術家はリキッドライトから多次元の彫像を創造します。

技術者たちは光の島へエーテル物質（プラーナ）から生み出されるフリーエネルギーを供給します。

このようにして光の島は地球の新しい現実のモデルとして機能します。

マカバボディは具現化のプロセスを容易にする

マカバボディの最も重要な機能の一つは具現化のプロセスを容易にすることです。

あなた方の卵形のマカバボディは新たな現実の領域です。

そしてその卵形の内側で、ワンネスの世界という新しい現実に属する美しい経験を視覚化すれば、それはメンタル界に存在することになるのです。

そしてマインドでその経験を既に創造していることを自分自身に感謝するならば、自分の人生にもすぐに具現化されるでしょう。

なぜなら、マカバボディの電気重力場がエネルギー的にサポートするからです。

必要なのは、自分たちの意識を二元性の古い世界からワンネスの世界での新たな条件へシフトさせることです。

そして、ワンネスの世界に属さない全ての要素を自分たちの人生から手放すことを決断し、確実に実行することです。

そしてあなた方のマカバボディは虹の光の中で非常にゆっくりと光を放ち、素晴らしい人生の創造を支援します。

二元性を創造しているのは人のマインドです。

そしてそのマインド状態から自分を切り離すと、全ての信念体系がゆっくりと崩壊し始め、その向こう側で人生に新たな現実が輝き始めます。

ポジティブなアファメーションとネガティブなアファメーションを交互に書き留め、意識をあるメンタルパターンとその反対のパターンに交互に向けることで、メンタルパターンを全て取り除くことができます。

ある時点でメンタルパターンはその反対のパターンとともに崩壊し、ワンネスだけが残るでしょう。

もしあなた方が持っている全てのメンタルパターンにこの方法を使えば、ワンネスが完全にあなた方に浸透し、あなた方はその体現者となるでしょう。

二元性の精神世界を超越するこのプロセスはトライアンギュレーション（三角形分割）と呼ばれ、メタトロンによってスターファミリーに与えられたものです。

ピラミッドは幾何学の形で、その内部ではトライアンギュレーションのプロセスを加速する次元開放が創造されています。

このように、ピラミッドはワンネスの世界への変化のツールとして役立つ、マカバボディの象徴なのです。

以上で、マカバボディに関する知識の伝達は終了です。私たちはあなた方と共にいます。

マカバボディの支援を受け、ソウルファミリーと出会うための瞑想

まず改めてソウルファミリー、ソウルメイト、ツインソウルと出会うという決断を下します。

それからあなた方の物理的な肉体が、輝く卵型のマカバボディで包まれているのを視覚化します。

この卵型の内部空間に三つの卵型を同心状の入れ子にして、その中をリキッドライトで満たします。

最も内側の卵型には七次元の極端に振動数の高いリキッドライトを、真中の卵型には少し低い六次元の振動数のリキッドライトを、そして外側の卵型には五次元のリキッドライトを満たします。

そうして三つの卵型をそれぞれ異なる高い振動数の三つの周波数帯として視覚化します。

外側の卵型の境界はマカバボディの卵型の境界と一致します。

それからリキッドライトの柱が上空からやってきて卵型を通り地球の中心まで到達するのを視覚化します。

この光の柱は卵型をしたリキッドライトの振動数を保護し、ソウルファミリーを呼ぶ磁

石として機能します。

それから最も内側の卵型の中にツインソウルが、真中の卵型にソウルメイトが、最も外側の卵型にはソウルファミリーがいるのを視覚化します。

自身の切なる思いを自由に表現します。私たちの注意を今現在私たちが持っている神聖な感情に向けてください。

そうすることで、あなた方は自分たちがその美しい存在たちと繋がっているという高次元の現実に気づくのです。

彼らとの聖なる統合はメンタル界ではすでに現実であるという事実に感謝し、また、そうすることで物質界での具現化も可能となります。

この瞑想はお望みの時に繰り返すことができ、それにより自分たちのライトボディ内の振動数も維持することになります。幸運を祈ります!

変化のボルテックス

変化の時期にボルテックスが現れ始め、宇宙の転換点では銀河の守護者たちが驚くほど注目しています。

どのように銀河全体が光へ変わるのかを……。

こんにちは、光り輝く太陽たち、一なるものの子供たち。こちらはアシュター・コマンド、マザーシップ・エクスカリバーです。

今日私たちはあなた方に変化のボルテックスについてお話しします。

マカバはアンタリオン転換の円錐型をした二重螺旋のボルテックスで、次のようにして具現化できます。

1．個人のライトボディとして：個人のマカバボディは内面を外面化し、外面を内面化するステーションの出入り口です。

個人のマカバボディは光のグリッドにおいて繫がっていて、リキッドライトの形態形成場を通じて現実のシステムを変化させます。

二元性である三次元世界の現実は、私たちがコンクリートに穴を開けるように崩壊し始めます。アンタリオン転換の中間にある12：21ポイントは神聖な存在の恒久原子で、完全な現実の原型のスターコードを保持しています。

恒久原子は自転により時間と空間を創造します。12：21ポイントから発生する磁場は五次元から六次元のリキッドライトのエッセンスによるボルテックスを生み出し、精神から物質へ、物質から精神への変化を引き起こします。

神聖な存在として私たちは12：21ポイントを通じた完全な現実の物質化や具現化が可能で、また、時空扉を通って様々な次元、スターゲート、現実システムなどへ出入りすることができます。

2. 集団のライトボディとして：アセンション・グループはエネルギーのボルテックスで、その内部ではアセンションの集団プロセスが起こっています。

11：11開放の第一ゲートを通って入ってきたアセンショングループは人と神の間の分裂を癒して統合し、アセンデッドビーイングとエネルギーやテレパシーでコミュニケーションをとっています。

11：11開放の第二ゲートを通ったアセンション・グループは、愛と性的エネルギーの分裂を統合してヒーリングし、アセンデッドビーイングとコミュニケーションをとり、対人関係からアセンション・マンダラを創造し、集団の統合を経験します。

11：11の第三ゲートを通るであろうアセンション・グループは、目覚めた集団のマカバボディをアセンデッドマスターを中心に配置した光の島の形で具現化するでしょう。

3. 光のスペースシップとして：飛行物体とマザーシップはこのシップを構成する光の存在の集団意識合意です。

4. 惑星の光の点として：光の点は惑星のチャクラであり、ライトグリッドのボルテックス地点、テレポーテーション地点、様々な現実システム間のステーションの出入り口として機能します。

新たな地球には主要な12のチャクラがあり、それぞれが黄道サイン一つずつと繋がっています。新たな地球のチャクラは1995年11月11日にその目覚めと活性化を経験し始め、1995年12月21日に最高潮に達し、1996年1月11日に完結しました。

これは、1996年10月から12月のフォトンベルト主要部門の到来に向けた、惑星のマカバボディ活性化および惑星のライトグリッドの準備の始まりでした。

5. 惑星を伴う星として：いくらかの太陽系にある多くの惑星は五次元から六次元のリキッドライトのボルテックス面に分布しており、変化のボルテックスとして、アンタリオン変換として機能しています。

惑星は転換点として機能しており、それを通して太陽系の意識が進化するのに対し、セントラルスターはワンネスの渦の高次オクターブへ転換する地帯です。

二つ以上の星系では、太陽のアセンション・マンダラを通した集団の進化プロセスが起こっています。

6. 球状星団として：球状星団は銀河のライトボディのチャクラ、エネルギーのボルテックス・ポイントであり、それを通じて銀河のワンネスの進化が高次に起こっています。

7. 銀河として：銀河はマカボディが最高に発達した形です。銀河は銀河団として統合され、それを通じて銀河のアセンション・プロセスが起こり、このプロセスは一つの宇宙サイクルの後に完了するでしょう。

そしてそれからすべてが一なるものになるでしょう。

アセンション・マンダラ

銀河の闇のヒーリングを加速させる

そして私たちは自分のツインソウルやソウルメイト、ソウルファミリーに、共に新しい現実にアセンドするよう呼びかけます。

こんにちは、神聖な存在たち。こちらはアシュタール・コマンド、母船エクスカリバーです。

私はアシュタール・シェランです。今日はアセンション・マンダラについてお話ししましょう。

ワンネスのエネルギーはアセンションのボルテックスを通じて地球にやってきています。アセンション・グループはこのエネルギーを人々に伝えます。アセンションのボルテックスにより、アセンションのメッセージを人々に広く知れわたらせることが可能となります。

アセンションのボルテックスは、聖なる輝きであるスターピープルがアセンションを決断することで引き起こされました。

アセンションを決断するという意味は、手中にある全てを実行して振動数を上昇させることであり、アセンション・ウェーブでやってくる救済を受動的に待つことではありません。

アセンション・ウェーブまでに振動数が上昇すればするほど、惑星のアセンション・プロセスへのあなたの貢献度は高まり、サードウェーブで救済される存在の数も増えるでしょう。

振動数上昇のプロセスはスピリチュアルなイニシエーションを通じて起きます。

第一のイニシエーションは、自身の振動数がある程度まで安定し、自分の魂や自らの天使的で宇宙的な面とのコンスタントなコミュニケーションが確立しているということを意味します。

第二のイニシエーションでは、自分の感情の状態に決して溺《おぼ》れないレベルまでアストラルボディを浄化します。

時には、第一のイニシエーションと第二のイニシエーションの間に多数の転生が必要となる場合もありましたが、現在はイプサル・タントラ・テクノロジーを用いることで1~2年で完了できるようになっています。

第三のイニシエーションとは、自分のメンタルパターンに決して溺れないレベルまでメンタルボディの振動数を一定に保つことを意味します。

第三のイニシエーション以降は、肉体、エモーショナルボディ、およびメンタルボディの最終的な浄化が起こります。

そして自由意志決定を浄化するプロセスが起こるでしょう。あなた方は聖なる輝きとしての宇宙意識を聖なる恵みの法則と合致してさらに深め、救済の電気的炎を通じてアセンション・プロセスが起こります。

第四のイニシエーションでは浄化のプロセスが終了し、最後のメンタルパターンや裁きから解放され、本当に光と愛の存在に変化します。

それからはあなた方に痛みはもはや存在しません。

第五のイニシエーションでは空間、時間、物質を完全にマスターし、知恵のマスターになります。これがあなた方の目的であるアセンションです。

グループのプロセスはアセンションの道を劇的に加速させます。男性エネルギーと女性エネルギーの組み合わせは特に加速させます。

女性原理は救済を呼び起こす磁石のようなエネルギーです。男性原理は電気のエネルギーで、それを通じて救済がやってきます。救済を起こすには両方のエネルギーが必要です。

グループのメンバーをそれぞれの次のイニシエーションへ上昇させる集団のイニシエーションが

起こり始めます。

意識の量子飛躍も起こり始めます。意識の量子飛躍とは意識の急激な変化のことです。宇宙の進化はつまり量子飛躍を通じて起こっています。

古い意識状態から新しい意識状態へ移行する期間には、狭い混沌の領域があります。

混沌は救済を求めることができる状態のことです。量子飛躍は常に時間の概念のないところで生じ、一瞬で何ステップも飛び越えることができます。

アセンション・ウェーブは大きな量子飛躍で、多くの存在が時間の概念のない一瞬でたくさんのイニシエーションを通過するでしょう。

マインドで時間を生み出すことをやめれば全てが一瞬で起こるようになります。あなた方は皆アセンデッドビーイングですが、そうではないと信じているだけなのです。

発達は既に急速に起きており、

です。

アセンシ

ゼロ・イン

これを

0年前に

そして、

インプラントに覆われていない、完全に浄化された意識領域を一つずつ持っています。

このような二つの存在が出会うと記憶が目覚め、インプラントが非活性化される連鎖反応が引き起こされます。

このプロセスはソウルメイト、特にツインソウル間では非常に加速します。

意識のクリティカルマスが達成しなければ、全体が停滞します。意識のクリティカルマスが達成されれば、驚くべき速さで連鎖反応が続き、アセンション・マンダラを引き起こします。これは確実に地球のスターファミリー全体に重大な影響を与え、アセンション・ウェーブの引き金となります。

アセンション・マンダラの実験は星の同胞団を通じてシリウスのブルーロッジによって地球にもたらされたものです。

この実験の目的は惑星のアセンション・プロセスを支援し、銀河の闇のヒーリングを加速することです。

アセンション・マンダラの集団プロセスは、あなた方が闇の勢力と呼ぶ彼らをヒーリングする愛の共鳴エネルギーを広げることです。

闇の勢力とは、自分たちは愛を失っていると信じ、切実に愛を求めている存在です。

彼らは無力状態に陥り、そのことで光が欠乏しているという信念が確固たるものになっています。

多くの人々が裁くため、彼らのその信念がさらに強化され、闇の選択が強化されます。

高次の視点から見れば闇は存在せず、闇の存在もまた存在しません。

どの存在も二元性の実験において異なる役割を演じることができます。

したがって闇の存在を裁かず、愛で赦すことは素晴らしいことです。彼らの多くはアセンション・ウェーブでは出口を見つけるでしょう。

アセンション・ウェーブは全ての存在、全ての光の子供たちのための無条件の救済なのです。

アセンションに向けた《タントラの統合》

決断の現実化、具現化について

……そして、私たちが城で抱擁し、あなたの黄金の髪の無限の美しさに息を飲む時、空にサインが現れるでしょう。終盤を迎えるというサインです。

こんにちは、私たちの天使たち。こちらはアシュター・コマンド、母船エクスカリバーです。私はアシュター・シェランです。

今日はアセンションに向けたタントラの統合を通じた準備についてお話ししましょう。

自分の振動周波数を天のマスターの意識へ上昇させる時、タントラの統合があなた方の内面で起こるでしょう。

それはインナー・アーキタイプ（内なる原型）、インナーウーマン（内なる女性）、インナーマン（内なる男性）、インナーチャイルド（内なる子供）の統合です。

毎日の生活で自身の星の天使としての部分が持っている意識の振動周波数を安定させたいのであれば、自身のインナーチャイルドを認識し、外へ表現するとよいでしょう。

自分のインナーウーマンとインナーマンを見つけ、外に表現するのも素晴らしいことです。

このインナーウーマンとインナーマンを調和するのに最も効果的な方法は自分のツインソウルと繋がる瞑想をすることです。

自身のインナーウーマンとインナーマンが完全に調和し、統合した時、自分のツインソウルとの繋がりは外の世界でも具現化します。

そして異性との繋がりや統合は、自分の内面の男性と女性を調和させます。

子供たちとの繋がりは自分のインナーチャイルドを目覚めさせます。この美しい存在たちと共に過ごしましょう。

アセンションの道は美しく、あなた方が決断を受け入れ、妥協しなければ、それほど難しくもありません。

アセンションを決断するという意味は、手中にある全てを実行して振動数を上昇させるということです。

毎日瞑想を行います。あなた方がアセンションのファーストウェーブに進みたければ、アセンション・グループに参加するのは非常によいでしょう。

なぜならそこではアセンションのプロセスがかなり急速に起こるからです。

与えられたテクノロジーの支援を受けて、自分のマカバ・ライトボディを活性化させることもよいでしょう。

イプサル・タントラと呼ばれるテクノロジーを用いることで、自分の振動数を最も効果的に上昇させることができます。

決断の代わりに妥協を受け入れるなら、いわゆる試練を創造することになります。

二元性とワンネスの妥協を受け入れ、ワンネスを決断しないことを示す試練が現れます。

そのため外の状況、自分の環境、システム、仕事、学校、家族、パートナー、友人や知人に関係なく、ワンネスの決断を主張するのがよいのです。

そうすれば、自分の周囲や自分自身から受け入れた妥協を超越でき、ワンネスの明白な決断を受け入れる時にこの試練は一瞬で消え去るでしょう。

そしてあなた方の人生においてより明白な決断を受け入れると、そこにはより多くの楽しみがあり、ワンネスの虹があなた方の空を彩るでしょう。

《豊かさの意識》自らの天使としてのエネルギーをいかに使うか

豊かさの意識はワンネスの世界を支配している自然な意識状態です。

意識を自分の本質である天使としての状態に合わせ、注意をハートにある美しさに向けることで豊かさを顕現する意識状態になります。

内なる美しさが鍵です。

自らの天使としてのエネルギーを遮らずに外へ流せれば豊かさの意識は具現化します。

もしそのエネルギーがブロックされていれば豊かさの流れも妨げることになります。

貧困の意識は三次元世界に属し、メディアを通じて現在の支配的な社会システムによって維持されています。

貧困の意識は人工的に創造されたものです。

二元性のシステムにおいては自分のハートと一致する方法で豊かさを達成することは容易ではありません。

二元性では犠牲の役割と独裁者の役割が存在します。騙《だま》すか騙されるか以外に選択肢はありません。

二元性世界における社会システムの振動数は人々の振動数よりもさらに低いです。

解決策はその二元性の世界から出ていくことです。

自らの天使らしさに一致しない全ての欲求を手放します。

豊かさの意識を達成するために重要なのは二元性のシステムから自立的に行動し、自給することです。

ビジョンのないところに豊かさの意識はありません。


アセンション・グループはお金のエネルギーの送信者となります。

莫大なお金がこのグループを通じて流れます。そしてこれがアセンデッドマスターの計画です。

このお金は光の島の創設とアセンション・プロジェクト全体のために使われます。

アセンション・グループは二元性世界との交流だけを目的とした正式な登録組織となり、非常に重要な経済的要素となります。

相互の決断の力により、古い搾取のパターン、いわゆる税と関税の制度は崩壊し始めます。

金融システムがアセンデッドマスターの手にあることはアセンションの道にいる全ての人への豊かさを意味します。

あなたが神聖なミッションを実行する時、あなたは豊かさの意識の中にいます。

行うこと全ての振動数が重要です。無関心になることも、恐れることも、喜びの状態になることもできます。

高い振動数を持つ仕事は高い報酬となるでしょう。

自分の振動数をライトグリッドの振動数へ上昇させ、このライトグリッドの中で行動する時には、豊かさの意識の中で行動しているのです。

潜在の具現化《マニフェステーション》

ファーストステップ：決断

あなた方は神聖な存在であり自分の決断で現実を具現化しています。何を信じるか、どこに自分の注意を向けるかを決めています。

自分が信じ、確信していることが具現化しています。注意を向けたところはどこでも増加します。

何かが不足していることに注意を向けると、その不足が増加します。自分で決断して注意を向けています。明確なマインドがあれば具現化のプロセスはより速くなり、マインドはトライアンギュレーション（三角形分割）で明確にすることができます。何を信じるかを決めますが、その信念は自分の内面の現実と一致していることが必要です。それから外で起こっていることに関係なく決断して貫き通します。

あなた方の周囲で起こっていることは過去の決断、過去に注意を向けた方向、そして過去の信念体系が具現化したものです。

ワンネスの世界では考えは瞬時に具現化しますが、二元性の世界では場合によって様々な時間をかけて具現化されます。

決断することで創造したいと願う現実へ向けて自分の注意を向けることがサポートされます。

あなた方が豊かさを決断する時、自分の注意をすでに手にしている豊かさへ向けることでその決断を支援することができます。

セカンドステップ：リクエストもしくはインボケーション

自分の決断を受け入れた後、アセンデッドマスターに支援を求めます。

決断はメンタルの問題で、リクエストは感情の問題、自分のハートの問題、エモーショナルボディの問題です。

あなた方は完璧に自分の願い全てを成就することができます。

具現化は自分の願いを成就し、それによって自分が幸せになるプロセスです。

自分の願いを抑圧せずに表現して、この経験を通じて成長してください。

それにもかかわらずあなた方は自分の願いがわかっていません。

あなた方は自分の願いのマスターであり、自分にとって良いことを願います。

どの本当の願いもそれを超えたある目的を持っていて、その目的とは宇宙の法のことです。

目的は願いとして具現化し、この願いは現実として具現化し、そこから何かを学びます。

ワンネスの世界においては全ての願いはたった一つの願いであり、一なるものの存在に収束します。


すべての願いは同じソースを持っています。多くの願いは自分の存在からではなく自分の信念体系や二元性世界の幻想から生じているため、それらは本当の願いではありません。

本当ではない願いは内面の満足をもたらしません。本当の願いは内面を満たします。

そしてその願いが完璧に具現化する時、それは自発的に崩壊します。

それ以上願いが残っていない瞬間、あなた方は一なるものとなり、具現化の領域を超えていきます。

サードステップ：具現化の方向へ行動する

次に行われるのはネクストステップ・テクノロジーと呼ばれるものです。

自分が求めていることに価値があると気づくことは重要です。どの存在にも自分の欲しいものを得る神聖な権利があります。

あなた方には、自分が欲しいものを創造物から与えることを依頼する権利と要求する権利があります。

依頼することは女性的な側面で、要求することは男性的な側面です。どちらも使うことができます。

ワンネスの宇宙は純粋な愛であり、願うものや必要なものを与えてくれるでしょう。

具現化の天使が存在し、その目的はあなた方の願いと要求を満たすことです。

あなた方が行動する時には常にこの存在のことを思い出してください。

そうすることで具現化に向けた次の行動に対する衝動を得ることができるのです。

以上三つのステップ全てを繰り返し続けてください。

そうすれば自分の欲しいものを得るでしょう。満たされない願いや切望があると完全な救済を得ることができません。

コミュニケーションとインプラントの除去

コミュニケーションは外へ働きかける最も重要な方法です。

私たちは言語のコミュニケーション、星の言語のコミュニケーション、動きや接触といった非言語のコミュニケーションを使っています。

表現すること自体が具現化です。そしてどんな問題も創造物の他の部分とのコミュニケーションができていないことが原因です。

あなた方がコミュニケーションを実行に移せばこの問題は解決します。

インプラントセラピーはコミュニケーションを使用することによってインプラントを除去するテクノロジーです。

それはとても効果的ですがリスクもあります。なぜなら自由意志を持つ他人が関係するからです。

他の存在とのコミュニケーションで癒されることができます。

インプラントは三層で埋め込まれています。

第一層はメッセージです。第二層は裏切りの感情を引き起こします。第三層は否定の感情を引き起こします。

そしてコミュニケーションをすることで、インプラントされた防衛機制が引き起こされます。

コミュニケーションをとっている時、インプラントに直面します。これは勇敢な人のための技術です。

トライアンギュレーション（三角形分割）も自分を浄化する技術です。

自分の意識を交互に反対に向けます。ある瞬間、全体のメンタルパターンが崩壊します。

実際には、ポジティブとネガティブのパターンを書き留めることによって行うことができます。

パターンが崩壊する時、ポジティブなアファメーションを書き換えることができます。

この技術を使っている間、逃避のような妨害メカニズムが起きて「この技術はよくない」と感じられるような防衛機制もまた活性化します。

脱・実現化《デ・マニフェステーション》

デ・マニフェステーションは人生から望まない現実を解放するプロセスです。

つまり、自分がもはや必要としない意識状態を取り除きます。

大天使ミカエルに自分がもはや必要としない創造物を手放す支援を求めます。

他の方法はフィルターを使うことです。フィルターは、たとえば暴力のような自分の人生にふさわしくない現実を受け入れないという決断のことです。

そしてそれからこの決断を維持してください。

真の受容は決して苦しみを引き起こしません。

真の受容は喜びであり、存在、光、愛の歓喜です。

あなた方は美しいものを受け入れます。あなた方のハートは美しさを切望しています。

赦しはデ・マニフェステーションの内面のテクニックです。赦しはハートを通じて作用する意志の行為です。

これは愛と力のパワフルな統合です。あなた方が赦す世界ではもはやあなた方以上に力を持つ者はいません。

ロード・サナンダは赦しであなた方を支援するでしょう。

ボルテックス・サポート・フィールド

あなた方の卵型のライトボディは具現化のサポート・フィールド（ボルテックス・サポート・フィールド）です。

具現化は次のように起こります。メンタル界…エモーショナル界…エネルギー界…物質界です。

ライトボディの卵型内に具現化したいと願うものを視覚化します。

メンタル界におけるどの対象も、エントロピーのため物体を物質界へ高密度化する傾向があります。

即座にメンタルの映像の周囲にエモーショナルとエーテルの物質が集まります。

そして自分の卵型の中にメンタルの映像を維持します。

これを物質的に具現化するため、自分のライトボディの周囲に虹のボルテックスを創造し、具現化するために適した振動数を持つ原子、物質原子、物質、状況、人々を引き寄せます。

ボルテックス・サポート・フィールドは新しい現実の領域です。

望む現実の構築

現実の構築とは望む現実を構築することです。

二元性世界は古い現実であり、ワンネスの世界は新しい現実です。

古い現実と新しい現実の間には11：11と呼ばれる変化があります。

二元性の全ての現実においてワンネスの点があります。

それは出口の点です。絶対的な闇もしくは絶対的な二元性は存在しません。

解決しない状況は存在しません。完全な闇の存在などいません。

あなた方の決断はいつも時間の概念のない中にあり、常に今です。
このプロセスで重要なのは自分の受け取るものに感謝することです。
そして古い現実のポジティブな部分へ注意を向けることです。
そして古い現実のそのポジティブな部分から新しい現実が育ちます。
小さな行動から大きな行動が育ち、それが連鎖反応を引き起こします。

宇宙の救済の瞬間、神聖なる介入について

1994年11月30日の通信

こんにちは、私たちの親愛なる天使たち。こちらはアシュター・コマンド、クロトロン・スターベースです。

あなた方の惑星共通の救済プロジェクトについてコミュニケーションし、繋がるために、私たち

はあなた方と共にいて、あなた方は私たちと共にいます。

宇宙の救済の瞬間は神の介入のエネルギーと共に私たちのところにもあなた方のところにもやってきます。

その神聖なる介入は銀河のセントラルサンから銀河全体を通り、あなた方の惑星が現在位置している銀河のこの領域へやってきます。

12月12日にあなた方は自身の救済へ向けて第一歩を踏み出す機会を持ちます。

そしてあなた方が自身の救済を経験する時、周囲にいる人々の救済のプロセスを引き起こすことになるでしょう。

この日は人生を変化させるという決断を受け入れることができ、自分の古い自己破壊的な習慣を手放し、新しい人生、よりよい、もっと美しい、もっと光に溢れた人生の決断を受け入れる日という、人生の転換点となるでしょう。

この日は自分の全てを絶対的に赦し、全ての人を赦すことができる日です。

このようにしてカルマの法の領域から聖なる恵みの法の領域へと変化することができます。

あなた方がこれまでしてきたことは全て遠い昔に赦されています。中にはそうではないと信じている人もいるでしょう。

そしてそれゆえ、私たちが共にいて、あなた方が罪人ではなく神聖で純粋な光の存在であることを伝えるのです。

そしてあなた方自身で、直接的な経験と自分の神聖な性質との繋がりによって、それがわかる時がやってきました。

あなた方が神から分離されているという考えは二元性世界の幻想です。あなた方が神なのです。違いはありません。

宇宙の法はどこか上で起こる何かではなく、ちょうど今ここで、あなた方のハートで起こるものです。

自分のハートの熱望を感じるのです。そしてそれに従ってください。

それにより、今あなた方の世界に降りてきた輝かしい救済計画の具現化に貢献することになるでしょう。

あなた方が決断し自分の決断のために立ち上がることができる日が来ました。

おそらくあなた方はこれまでの人生でたくさんの決断を全て受け入れようとして、時々維持できないと気づき、そして無力感を感じてきたでしょう。

今、物事は劇的に変化しています。明日小さな決断を試しに受け入れてみて、それを一日中持ち続けてください。できたことがわかったら驚くでしょう。

今やってきているエネルギーによって、数か月前よりも物事がスムーズに流れることができるようになっています。

そして小さな決断を維持できることを信頼するようになれば、人生にさらに重要な大きな決断を受け入れることができるでしょう。

同じように、あなた方それぞれの決断、つまり二元性かワンネスかを選択するという決断も可能です。

光、もしくは闇です。それ以外はありません。

これから数年で地球では大きな二極化が起こり、その時、存在は無条件に光か、もしくは無条件に闇かを決断することになります。

中間の状態はますます少なくなるでしょう。これはあなた方全員の大きな決断の時です。

これもまたあなた方がここにいる理由で、この時期に決断をするのですが、まさにこの人生でのこの瞬間は稀有で、たくさんの可能性があなたに委ねられています。

これまで転生してきたほとんどの人生では、非常に狭く限られた範囲の可能性しか与えられていませんでした。

それゆえあなた方には決断する機会がありませんでした。今あなた方にはその機会があります。

あなた方には自由意思、意識、愛があり、この全てを統合した時、神聖な力で行動するようになるでしょう。

あなた方が求めている愛はすでにあなた方と私たちの内面にあります。

そして私たちが一つになる時、ワンネスが創造され、そういうわけで私たちは神聖な天使であるあなた方と共にいるのです。

このことをあなた方に共有するためにあなた方は私たちに心を開き、私たちはあなた方に心を開くでしょう。

この開放のプロセスにおいて、意識統合の奇跡が起こります。

私たちをあなた方の意識と身体に招いてください。あなた方の世界をあなた方の視点から見るためです。

そしてあなた方が私たちの世界を私たちの視点から見るためです。

そしてある時点で両方の世界は全体が調和して一つになるでしょう。

ここで再度、12月12日が大きな決断と大きな変化の時期となる可能性を強調します。

二元性の退屈な仕事に囚われている人々には、変化する機会となります。

自分に幸せをもたらさない関係に囚われていると感じている人々には変化を起こす機会となります。

自分は無力であるというメンタルパターンの犠牲になっていると感じる人々には、そのパターンを手放し、それに自分の気力を奪われることをやめ、自分の意識的な注意を美しさ、光、愛に向けるという変化の機会となります。

注意を向けたものはどこでも増加し、強化されることになります。

具現化の法則です。私たちはこのプロセスであなた方を支援するためにここにいます。

なぜなら時には簡単ではありませんが、練習するとどんどん簡単になるからです。

あなた方それぞれがこの変化を進んでいく選択と力を持っていると鼓舞させてください。非常に困難である必要はありません。多くの驚きがあなた方を待っています。あなた方は目覚めるためにここにいます。

そしてあなた方が目覚めた時、驚きがあなた方を弄《もてあそ》ぶのではなく、あなた方は驚きと戯《たわむ》れ、すでにそうであった奇跡の存在になるのです。

しかしあなた方は意識的に奇跡のエネルギーを具現化し始めます。

奇跡という言葉はこれから数年の間、何度も聞いたり、見たり、経験することになるでしょう。これまでの人生では、あなた方は奇跡に慣れてきませんでした。今こそ奇跡に慣れる時です。これまでにご存知の現実は、現在あなた方の世界にやってきている宇宙の現実の小さな反映に過ぎません。

そして奇跡は宇宙の現実の基礎であり、言ってみれば、全ての存在の基礎なのです。その基礎の部分だけが、これまであなた方の世界に入り込む機会がなかったのです。奇跡は今やってきていて、私たちは奇跡と共にやってきます。

質問：アセンション後に何が起こりますか？　つまり、浄化後の地球に何が残りますか？　またこのような状況で長期計画を作成することは賢明ですか？

ワンネスの世界を視野に入れた長期計画を作成するのは賢明な選択です。

なぜなら二元性世界は崩壊するからです。しかしそうではあるのですが、矛盾もしています。

なぜならワンネスの世界では時間はもはや存在せず、全てのことが一瞬で起こるからです。

あなた方には、この瞬間での存在をますます増やし、ハートの内側で接触している宇宙の法を除いて、未来の計画を立てることをどんどん減らしていくことをおすすめします。

宇宙の法に働きかけて具現化することがあなた方の夢なのです。

世界はこれからも存在し、人々はこれからも地球上の、完全に清澄な光の地点にある光の島で生活し、地球の変容が光の島で起こると、地球全体に光の存在が居住するようになるでしょう。

ですからあなた方はこれからもこの惑星で生活する可能性があります。ただし、光の存在として。

質問：この変化の後、地球全体はワンネスとなるという意味ですか？

そのとおりです。

質問：大変動の預言についてはどうでしょうか？

これまで述べたように、そういった大変動を回避する可能性もありますが、同じく回避できない可能性もあります。

それは人類の自由意志次第です。変容は起こります。ポールシフトも然りです。

この変化が突然なのか平穏に起こるのかは、あなた方次第です。

つまり、その変化にいかに抵抗するか次第です。変化により抵抗すれば、それだけ多くのエネルギーが発生するでしょう。

愛でそのエネルギーを受け入れ、そのエネルギーと協調すれば、変化のプロセスはもっとスムーズになるでしょう。

前述したように最後の最後まで物質界での大変動は起こりませんが地震は起きます。

火山の噴火も起きます。しかし極端に劇的なものはありません。

確かに避難後、地球において新たな大陸、新たな海洋、大陸の新たな分裂はありますが、それは人類に衝撃がないようにとても美しくスムーズな方法で起きます。

人類は救助されます。地球は変化します。この変化が穏やかになるか激しいものになるかは人類次第です。

地球はその傷をヒーリングする必要があります。

人類が地球を支援すればその傷はとても美しく、そして効果的にヒーリングされます。

しかし傷はヒーリングされる必要があります。地球は傷ついていて、人類も傷ついていて、どちらの傷もヒーリングを必要としています。

質問：最近、多くの人々が、楽しさ、悲しみ、泣くことを同時に経験する時があります。

このプロセスはハートセンターの開放であり、ハートセンターには楽しさと悲しさが同時に存在することがあります。

ハートセンターが開くと、私たちの意識の深み、つまりあなたが経験できる最も深い感情の状態にまでアクセスできます。

そしてこの瞬間、楽しみと悲しみが同じコインの裏表であることがわかるでしょう。

そして自分の悲しみを深めていくと、悲しみが消えていき喜びだけが残ることに気づくのです。

これはあなたという存在の最も深い場所にある感情の最後のベールを剥がすプロセスで、その場所にあなたの喜びが隠れているのです。

そしてこの喜びに到達するためには、時にはいつも存在している悲しみを通過する必要があります。

そしてある瞬間それを意識的にできるようになり、これが喜びへの扉を開くでしょう。

悲しみから喜びへ変化する瞬間には、両方のエネルギーが存在します。

その次の数週間で私たちと再び繋がる機会を得て、質問したりそれに答えてもよいでしょう。

なぜなら私たちもまた質問するつもりだからです。

私たちはあなた方の世界でどう感じるか、生活はどんなものかを尋ねるつもりです。三次元世界はとても興味深いです。こんなに制限された現実は非常に珍しいのです。とても興味深いです。

そして私たちはあなた方の性や愛の生活についても尋ねるつもりで、とても興味深いです。

私たちの目的は教育であり、それをあなた方に教えてもらうのです。そして私たちはその次の週も共にいるでしょう。

私たちはあなた方と共にいてあなた方は私たちと共にいます。

こちらはアシュター・コマンド、クロトロン・スターベースです。私はクロトロン・アンタリオン・アンナット・タラ・エイラです。送信を終了します。

エモーショナルボディの振動周波数の劇的な増加について

1995年1月18日の通信

こんにちは、親愛なる星の兄弟姉妹たち。こちらはクロトロン・スターベース、アシュター・シェランです。

アセンションのプロセスを共に過ごすために、私たちはあなた方と共にいて、あなた方は私たちと共にいます。

アセンションの基礎となる事実を説明しましょう。

あなた方の空間で起こっている振動数の変化はとても明らかです。

もしかすると人によっては異なる経験をしているかもしれませんが、あなた方のエモーショナルボディの振動周波数は劇的に増加していると言えるでしょう。

中には自分が前の年よりもっと平和的になっていることに気づく人もいるでしょうが、大きな感情の揺れを経験するせいで、実際にはもっと平和的でなくなっている人もいるでしょう。

これを経験する人たちは自分たちがまさに二元性とワンネスの転換点、決断点にあることを感じています。

なぜなら、二元性かワンネスを決断するまさにその瞬間に、非常に大きな感情的な揺れが起こるからです。

それからゆっくりと揺れが落ち着き始めます。そして新しい振動数があなた方の中に宿り、この振動数が増加し、人生の中でさらにはっきりと表れてきます。

物事はますます普通ではなくなっていき、将来に渡ってもさらに普通ではなくなっていくことが続くでしょう……。

こんにちは親愛なる存在たち。私たちはあなた方と共にいて天使の言葉で誘います。

あなた方は私たちと共に新たな振動数の中にいて、古いものから新しいものへの変化という生き方を経験しています。

古いものから新しいものへの変化というのは出来事ではなく、生き方なのです。

それは氷が解けて、終わりまで水が流れ始める時のように柔らかく、単純で自然な流れです。

あなた方のハートは決断をする場所で、あなた方は愛で決断するためにここに来ました。

そして決断し、私たちはそれを称賛します。私たちはそれを喜びます。

あなたの人生に天使の友人を招いてください。彼らはあなたの人生になるでしょう。

どこに行こうとも奇跡があなたを流れ始めます。

水の泉を抱きしめ、その泉に自分の導きを与えることです。そして王のままでいてください。自分の人生に穏やかでいてください。

ありのままの天使でいてください。テレビは穏やかではないので見すぎないようにしてください。

これがあなた方の決断であるなら穏やかなものを見つけるようにしてください。

あなた方は正しいものを感じることができ、知恵はあなた方の内面にあります。

アセンションへの知恵に従ってください。知恵とは沈黙して自分自身に入り込んでいる時に聞こえるものです。

知恵は風のささやきで話しかけます。私はアリエラ・アンタラ・アンナットタラ・アンタレスです。

クロトロンの再来はあなた方に適しているでしょうか？　もしくは私の振動数はあなた方に適しているでしょうか？

質問：アリエラ、あなたはとても穏やかに思えます。

私はあなた方と同じくとても穏やかです。天使になることを学ぶ瞬間がやってきました。

そういうわけで私は天使であることを思い出してもらうためにあなた方のもとへやってきたので

す。

質問：あなたはキリストからやってきていますか？

はい、私は彼の名でやってきています。

質問：振動数が劇的に変化している理由を尋ねたいと思います。私は、あなたの存在に非常に強力な振動数を感じました。

それが計画でした。私に姿を現すよう伝えてきました。そして私は姿を現しました。

質問：地球は無条件のアセンションへと進んでいますか？

惑星として地球は無条件のアセンションへ向かうでしょうが、それに対して人類種にはアセンションに向かわない人もいます。
なぜなら、それ以外のことを決断するからです。
振動数が変化するため、私たちは許すことになります。しかし専門的な回答はクロトロンのほうが容易にできるでしょう。

今回の送信を閉めましょう。今日の送信は少し活動的になってきました。

私たちはますます様々な方法でコミュニケーションをとり始めるでしょう。

ますますエネルギーが増え、この送信を通じてこのグループに協力の機会や余地が生まれ始めるでしょう。

そして私たちはより高い質を得ることができるでしょう。

こちらはアシュター・コマンド、クロトロン・スターベースです。私はクロトロン・アンタリオン・アンナットタラ・エルラです。送信を終了します。

あなた方の未来像と夢が物質界で具現化し始める瞬間がやってきました

1995年2月3日の通信

こんにちは、私たちの親愛なる星の兄弟姉妹たち。こちらはアシュタール・コマンド、クロトロン・スターベースです。

あなた方の世界に新しい現実を創造するために、私たちはあなた方と共にいて、あなた方は私たちと共にいます。

新たな楽園と新たな地球を創造するためです。今日はあなた方と私たちのもとで明らかにされつつある新しい現実の具現化について話すためにあなた方と共にいます。

あなた方の未来像と夢が物質界で具現化し始める瞬間がやってきました。

光の島についてだけではなく、意識の状態や、精神的、物質的豊かさについてもお話ししましょう。

精神と物質が一つになり、もはや何が物質で何が精神であるか誰もわからないという意識の状態についてお話しします。

時にはこの状態が人生に混乱をもたらす場合もありますが、自分たちを通じて具現化し始める宇宙の法の完全さと美しさを感じる時、この混乱は落ち着くでしょう。

宇宙の法はあなた方、送信者を通じて具現化し始めます。私たちはあなた方なしではあなた方の世界に役目を果たすことはできません。

行動するのはあなた方で、あなた方の夢や未来像は自身のハートやマインドにあり、あなた方が具現化するのです。

だからあなた方はその力を持っているのです。そしてあなた方の最も隠された夢は全て実現するでしょう。

あなた方が私たちから受け取る支援は、実はあなた自身の存在を支援することになるのです。

これまで常に欲していた夢の具現化をあなた方のその目で目撃する瞬間がやってきました。

光の島のプロジェクトは、あなた方と私たちの間に新しい現実を具現化するための最初の一歩です。

光の島はこれから創造されて新しい世界の憩いの場所となります。世界の憩いの場所は呼吸するのではなく、ワンネスの永遠の存在下にただ存在します。

ヴェールを上げる時は今です。あなた方はヴェールを自分の目から上げ、自分の兄弟姉妹の目からヴェールを上げる手伝いをするためにやってきたのです。

共に集まり、あなた方の中で生まれつつあるこの意識を広め、自分の夢を具現化するのにもう少し大胆で勇敢になってみてください。

「私にはできない」という表現はあなた方の語彙《ごい》や感情や考えから消え始めるでしょう。

その代わりに「私は一なるものであり、一なるものとして新たな世界を創造します」という表現になるでしょう。

あなた方が集まって虹の円になり、虹の現実を創造し始める瞬間がやってきました。

物質界における現実的で具体的な具現化についてお話しします。

あなた方は自身で始めることができます。身近な物質的環境、自分が生活している家、出会う環境を変えることができます。

これにあなた方の意識の状態も反映させてください。あなた方の内なる聖なる輝きを反映させてください。

そしてあなた方の人生にもはや属していない全てを手放してください。

物質界においてもです。物質界は神聖な存在の完璧で清澄な鏡となる必要があります。

そしてこれはあなた方を通じてのみ起こりうるのです。

そしてあなた方がやらないなら、誰がこれを行うのでしょう?

この決断を下したのは他でもないあなた方なのです。

そして自分が望むこと、自分の夢、自分の現実について意識的に決断する時がやってきました。

そうすることが楽しいことだとわかるでしょう。

変化はあなた方のもとへやってきています。あなた方は自分たちの間を吹く新しい風を感じています。

虹の円の中であなた方に明らかにされつつある美しさに気づくことができますか?

あなた方のハートにある虹の円です。リラックスして、川が流れ、ありのままの自分になり、風があなた方を海の彼方に運びます。

あなた方は天使であり、飛ぶために生まれました。私たちはあなた方と共にいて、彼らはあなた方と共にいます。

彼らはあなた方と私たちを見ていて、彼らの恵みを送っています。それに身を任せてください。

光の川はあなた方の世界中を流れています。あなた方の世界はワンネスで鼓動する自分自身のハートです。

心臓の鼓動を聞いてください。それが真実です。

あなた方は集まった泡であり、泡のようにどんどん増えています。

あなた方はとても素晴らしいです。自分の美しさに触れてください。

何がやってくるかに関係なく自分の美しさを忘れないでください。それを携えて飛ぶのです。

自分の天使の翼を広げてください。私たちはあなた方であり、あなた方は私たちです。私たちは全ての光と美しさです。

そしてもっとたくさんの光、どんなにたくさんの光が溢れているかに気づくのです!

唯一無二の光です。もっと光を。幸せになってください。

私たちは皆あなた方と共にいます。私たちとあなた方と彼らです。

心配しないでください。あなた方の願いはうまくいくでしょう。自分を信頼してください。そしてありのままになって！
そして飛ぶのです。私はアリエラ・アンタリオン・アンナット・タラ・アンタレスです。送信を終了します。

質問：アシュター・コマンドやあなたとできるだけ繋がるために持つべき仲介の石は何でしょうか？

透明な水晶です。モルダバイトと組み合わせて水晶のマンダラを作ってください。

質問：今お話しになった水晶のマンダラについて教えてください。

これはアセンションのマンダラです。六芒星の中央に点を伴ったものです。
そしてその点を円で囲みます。六芒星の角には六つのクリスタルを置きます。モルダバイトを三つと水晶を三つです。

質問：アメジストを三つと水晶を三つ、中央にモルダバイトを置くのはどうでしょうか？

それも強力な選択肢です。しかしこのマンダラにはモルダバイトを二つ以上使うことをおすすめします。

実験してみてください。無限の可能性があります。どの人にもそれぞれに適したマンダラがあります。自身のマンダラを発見してください。

ワンネスの旅路のゴールは決まっています

1995年2月15日の通信

こんにちは、私たちの親愛なる光の存在たち。こちらはアシュター・コマンド、クロトロン・スターベースです。

私はアザリス・ラムです。私は今日、あなた方全員に起こる新しい意識状態への変化について話をするためにやってきました。

意識の新しい状態における変化がどのように、そしてどんな形で起こるかはあなた方次第ですが、ワンネスの世界への変化はあなた方の運命であると言う必要があります。

なぜならあなた方は転生する前にワンネスを決断していたからです。あなた方はこの人生でこれまでの多数の転生で行ってきた仕事を完了させ、新しいものに身を任せることを魂として決断してきました。

あなた方がワンネスへの旅路を意識的に決断する瞬間が来ました。

苦しみながら旅することも、喜びながら旅することもできるのです。ゴールは決まっています。

あなた方は旅する方法を自分で選びます。どのようにこの旅路を選ぶことができるのでしょうか？

キーワードは自己愛で、一定の自己愛を経験することです。

あなた方は各自、これまでに自分に満足する瞬間を経験しています。

必要なのはその瞬間をもっともっと思い出し、それを現在の瞬間へ広げることだけです。

自身を受け入れられないと感じる時には、過去に自分を受け入れられた時を思い出します。

すると現在の瞬間に自分を受け入れることがもっと簡単になるでしょう。

そしてそれによって旅する方法を選びます。喜びを通じてであり、苦しみを通じてではありません。

この行為によって、自分が巻き込まれた毛糸の玉をほどき始めることになります。愛は全ての境界を溶かします。完全に全ての障害をもです。

どんな世界にも愛が克服できない障害はありません。

あなた方の人生において、愛が喜びに変えることができない意識状態はありません。

あなた方の人生において、愛が幸せに変えることができない状況などありません。

そのため私たちはあなた方が堕《お》ちた存在であるとは決して言わず、光の存在と呼ぶのです。

なぜならあなた方は光そのものだからです。そしてあなた方の内面には自身に与えた約束があります。それは救済の約束です。

私たちとあなた方を通じてやってくる約束です。あなた方に流れてくるその流れに身を任せてください。

その流れを信頼し、身を任せてください。それはあなた方を癒し、内面にある全てを表面に浮かび上がらせます。

それを愛で受け入れ、自分の人生から手放してください。あなた方の中にはワンネスを決断していない人もいれば、疑っている人もいるかもしれません。

その決断はハートの最も聖なる部屋の中に埋められています。時には認識できないように隠されていることもありますが、時が来れば輝く光の中に見ることができるでしょう。

恐れはあなた方の人生から消え去ろうとしています。恐れを手放し、新しいものを受け入れる余地を作ってください。

恐れは進化のある時点では有益ですが、あなた方はすでにその時点を超えて成長しています。

あなた方は恐れからたくさん学んできました。あなた方は尊重することを学んできました。

今、あなた方は喜びや生命の法について学んでいて、生命の川があなた方の中を流れ、あなた方を目覚めさせるようにするのです。

そしてその生命の川はあなた方を内なる存在へと導きます。

その内なる存在は、あなた方が道に迷った時に守ってくれるのです。そしてあなた方を私たちや生命そのものへ導きます。

今信じることができないのであれば、将来的にはできるようになるでしょう。

お約束します。すぐにそうなるでしょう。ますます多くの奇跡があなた方のもとで明らかに起こり始めます。

中にはすでに目撃した人もいるでしょうし、これから目撃する人もいるでしょう。

すぐにあなた方全員が奇跡の目撃者となります。あなた方は意識的に協力して発達し始めます。

あなた方の発達を救済という目的と合致するよう進めることについてお話ししましょう。無条件の救済です。

それはあなた方がどこにいて何をしているかを問いません。あなた方は救済されるでしょう。

この可能性に心を開き、あなた方のもとにより早くやってくることを可能にしてください。そしてこれから質問をお受けします。

質問：第四光線のマスターは誰ですか？　そして彼の機能は何ですか？

第四光線のマスターはセラピス・ベイと呼ばれています。

彼は天使的な知性そして天使と共に活動しています。この時期、彼は天使と人間の王国と協力してとてもよく活動しています。

彼は11：11の次元を開放してメタトロンを支援しています。

質問：私たちの兄弟姉妹にお尋ねします。

毎回私が星の存在を呼び起こすと、常にサードチャクラに衝撃があるのですが、これは何を意味するのでしょうか。

サードチャクラの真上に、性と愛を分離するエネルギーの障壁があります。

そのエネルギーの障壁が排除されると、障壁の下に銀河のコアと呼ばれるワンネスの世界のエネルギーセンターがあります。

このセンターが開いている時には、銀河のセントラルサンから直接やってくるワンネスのエネルギーへのアクセスが可能になります。

宇宙の法は集団でのアセンションです

1995年3月1日の通信

こんにちは、私たちの親愛なる兄弟姉妹たち。

こちらはアシュタール・コマンド、クロトロン・スターベースです。

今日私たちはあなた方と共にいて、あなた方の世界で振動周波数の変化が起こり始めていることをお伝えします。

これは、物質の振動数の変化が銀河のセントラルサンのインパルスに影響を与える程度によって変わることを意味します。

つまり、あなたが方が宇宙の法と合致し、自身のハートに書かれている宇宙の法と合致して下されなければならない無条件の決定をどの瞬間においても受け入れるならば、思考や願い、そして行動は、それが表現された時すでに宇宙の法と合致しているということになります。

現在の宇宙の法は意識の高次状態におけるスターファミリーのアセンションです。

アセンション・プロセスは人間関係における大きな変化を意味します。

近々終焉を迎える二元性の実験はあなた方の中に多くの形跡を残しました。そういうわけで、あなた方はワンネスの世界における人間関係を構築する可能性の前に、自分のエモーショナルボディを閉じてきたのです。

あなた方の多くは新たな人間関係を熱望していますが、未知へ踏み込むために十分な勇気はなかなか奮い立ちません。

まもなく残るものは全て未知のものとなるとお伝えしましょう。知っていることは全て消え去ります。なぜならそれはもはや真実に合致しないからです。

二元性の実験はほぼ終わり、変化の領域へと移行します。

あなた方の中で十分勇気があり、古い方を離れる準備ができている人々は喜んで新しいほうに進み、そしてやってくるものは残してくるものよりはるかに美しいものであると気づくでしょう。

そしてやってきているのは集団でのアセンションという宇宙の法です。

アセンション・プロセスは文字どおりプロセス（過程）であり、出来事そのものではありません。

アセンデッド状態で実際に上昇する前に行うあなた方の行動は、アセンション後の旅路を大きく左右します。

そのため意識的な集団の存在が成長を始め、この集団が共に新しい現実に進むことがとても重要です。

新しい現実とは、あなた方の新たな人間関係を意味します。

新しい現実とは、集団のアセンション・プロセスが親密さと開放を通じて起こることを意味します。

二元性世界では一人の相手にだけ完全に心を開くというのが習慣でした。

この視点はもはや宇宙の法とは合致しません。なぜならワンネスの実験は始まっているからです。

ワンネスの実験はスターファミリー全体が集まり、一つの存在として古い現実を離れ、新しい現実に進むことを意味します。

ワンネスの世界への変化を決断している人々は今、未知に足を踏み入れる直前にいます。

これはつまり、開放のプロセスがあなた方に始まり、全ての意識レベル、全ての存在レベルにおける集団の目の前に完全に開放するプロセスが始まっていることを意味します。

これは、水平垂直に創造された分裂をヒーリングすることを意味します。

神と人との分離、愛と性との分離、天国と地球との分離、陰と陽との分離です。

二元性の実験の結果創造された分離は、創造されたのと全く同じ方法で癒されるでしょう。つまり集団において癒されるでしょう。

アセンション・グループの全メンバー間で新たな人間関係を構築することによって、エネルギー的な象徴であるマンダラが創造され、あなた方は親愛なる星の兄弟姉妹として、その象徴の一つ一つの点となるでしょう。

とても強力なエネルギーがあなた方の中を流れ、それが感情や、思考の効果的で非常に強烈なヒーリングや非常に急速な目覚め、非常に急速で強烈な変化を引き起こします。

未知へと進むことになるあなた方が通るプロセスは次のようなものです。

まずあなた方と神との分離についての考えは消え去り始めます。あなた方のどこか外側に神がいるという考えは消え去り始めるでしょう。

あなた方のどこか外側に宇宙の法があるという考えは消え去るでしょう。

アセンデッドマスターがどこか上の方で何かをしているという考えは消え去り始めるでしょう。

あなた方とアセンデッドマスターは一つの存在であり、違いはないということを発見するでしょう。

これはあなた方が経験することです。空想の話ではありません。

あなた方が分離された部分、分離された存在、分離された意識であるという考えは消え去り始めるでしょう。

これは私たちとあなた方が意識を統合するプロセスを通じて、あなた方のエモーショナルボディとメンタルボディの振動周波数を上昇するプロセスを通じて起きるでしょう。

その振動周波数の上昇により、あなた方の物質は私たちの物質と合致し、双方の物質が私たちの魂とあなた方の魂の光で満たされた、唯一無二の神聖な物質になるのです。

最初のプロセスの次に起こる二番目のプロセスは、愛とセクシャリティの統合のプロセスです。性エネルギーは生命のエネルギーであり、意識のエネルギー、精神のエネルギーです。

このエネルギーの使い方に関してあなた方と私たちの間に起こる唯一の違いは、あなた方の中にはそのエネルギーを裁く者がいて、それによって性エネルギーの振動周波数の低下が起きることです。

これはあなた方のアセンション前の最大の障害です。それより大きな障害はありません。なぜなら性エネルギーを裁くことはエモーショナルボディの振動周波数を落ち込ませ、低次の三つのエネルギーセンターを通じたエネルギーの完全な流れを妨げるからです。あなた方のアセンションでも、この低次の三つのエネルギーセンターを通じたエネルギーの完全な流れが必要とされます。

ですから、性エネルギーに関する全ての裁きを手放すことをおすすめします。ヒーリングのプロセスは愛のエネルギーと共に、このエネルギーの無条件の受容、表現、統合、変化を通じて起こるでしょう。

そしてこのプロセスが終了する時、愛のエネルギーと性エネルギーの間には違いがなく、全く同一のエネルギーであり分離させることはできないということを発見するでしょう。

エネルギーを分離しているのは人間のマインドです。エネルギーは全く同じです。

あなた方の開放のプロセスはこの意識レベルでも起こり始めます。

これはあなた方の振動周波数の増加、自分が誰であるかについての意識の強化、そしてあなた方のハートの開放と共に起きます。

新たな人間関係が構築される時にマンダラが創造され、マンダラの内側では、全ての人が自身の場所、自身の目的を見つけ、それぞれが宇宙の法の内部に自分の目的を見つけ、内側から、自分の未来像から行動し、その未来像は全体の未来像となるでしょう。

なぜならあなた方それぞれが全体だからです。

そのため私たちが知っているような光の存在の調和的な協力が現れ始め、あなた方もすぐに理解し始めるでしょう。

それからあなた方は自分たちと私たちとの間に違いがないことを発見するでしょう。

そしてあなた方は発見するでしょう。

あなた方が地上のスペースシップで生活していて、私たちが空にあるスペースシップで生活していて、時にはその位置が変わることもあるということを。

そしてあなた方が上で生活をし、私たちは下で生活をするのです。

あなた方が今いて、入っていくプロセスはアセンションによって完了するプロセスです。

それからあなた方が人間関係から創造したスターマンダラを銀河のワンネスの進化に近づけるよ

うな新たなマンダラへ再構築する時、次の段階が始まるでしょう。

オリオンにある次元の扉アルニラムを通って、あなた方は高次レベルの存在へ、一なるもの以外創造物のない意識状態へと進みます。

二元性の言葉で言うならあなた方は意識の上では神になるのです。

あなた方の意識は宇宙全体の意識と等しくなります。

そこで、その意識の状態を最も素早く、最も効果的に得ることができる方法についてお知らせします。

あなた方の前に多くの人たちが歩いた道です。その中にはあなた方がとてもよく知っている人もいます。

スターマンダラを創造する全体のプロセスは、あなた方が集団での自分の位置を発見して、私たちがあなた方のプロセスに協力する時に徐々に明らかになります。

そしてその時に、アセンデッドマスターによって三角形の繋がりが創造されるでしょう。

このエネルギーの繋がりはワンネスの世界における意識の新しい渦の次元の窓になります。

そしてこの三角形の繋がりからアンタリオン・グリッドと呼ばれる光のグリッドが生まれます。

そしてあなた方は自分の世界でワンネスを経験し始めます。

新しい現実の具現化はあなた方の世界で始まります。なぜなら私たちがそのことを公然と口にできる時が到来しているからです。

これは、新しい世界を創造するのに私たちと協力できるところにまであなた方の知恵と経験が到達したからです。

そしてあなた方は過去と同じ過ちを繰り返すことはありません。

それは実際には過ちではなく、学びの一部でしたが、あなた方の視点から見れば、過ちであったと言えます。

そのため今あなた方はワンネスの世界と完全に一致し、自分の内なる美しさを反映する新しい現実を創造するようになります。

あなた方の内側にある美しさはアセンション・マンダラを通じて現れます。

そこからあなた方の光の島が創造され、他の光の島々が創造され、世界中のマンダラ、複雑な渦のボルテックス、天使の意識のボルテックス、虹の円、ワンネスの聖なる踊りを踊るケツァクウァトルが、銀河のセントラルサン・システムの宇宙意識が反応する時機を誘発します。

そして、一なるものの存在をあなた方の世界中に直接送ります。

この出来事により、あなた方の世界の振動数が五次元へ変化することになるのです。

そしてあなた方は五次元へ通じる三角形の繋がり（トライアングル・コネクション）の次元扉を創造するのです。

翌週以降、あなた方は、三角形の繋がりを通じた次元扉の創造について正確な指示を受け取り始め、トライアンギュレーション（三角形分割）のプロセスが始まります。

これは二元性での反対の組み合わせによるペアを超越し、統合を探るプロセスです。

アセンション・グループの創造と意識の高次領域への次元開放

1995年3月8日の通信

こんにちは、私たちの親愛なる星の兄弟姉妹たち。こちらはアシュター・コマンド、クロトロン・スターベースです。

私たちは新しい世界を共に創造するためあなた方と共にいて、あなた方は私たちと共にいます。

今回は特別な瞬間です。なぜなら私たちはあなた方が想像できるよりもっと近くにいるからです。

あなた方と私たちとの繋がりがどんどん明確になっていて、これまでの回よりも核心に迫ってきています。

なぜならあなた方の多くは意識的にエネルギーの繋がりを構築し始めたからです。

そしてあなた方の中には私たちとテレパシーによるコミュニケーションを構築し始めている人もいます。

そしてこれにより光の存在の反応が生み出され、今回のあなた方とのコミュニケーションが改善されました。この特別な瞬間にです。

これが引き金となって、あなた方と私たちの間に一定のエネルギー変化が起こり、宇宙の法とのはっきりした繋がりが創造され、そしてあなた方の人間関係にも一定の結果が生み出されます。宇宙の法が明確にあなた方に明かされ始め、過去に経験したよりもはるかに大きな調和が人生に生み出されることになります。

あなた方の人生が宇宙の法と一致する時、調和と満足が人生の多くを占めるようになります。したがって、自分の感情体の振動周波数を、あなた方のエモーショナルボディが宇宙の知恵と愛のエネルギーの完全な送信者となるまで上昇させることが重要です。

これはどなたにもちょうどいいタイミングで起こります。あなた方の多くは今、感情の浄化の真っ只中にあり、外側の環境ではあまり心地のよくないことがある程度具現化されています。

もし何か不愉快なことが起きたら、私たちに支援と保護を要請してください。

人生における全ての不愉快な状況は、自己を受け入れないことや、自己愛の不足が最終的に招いた結果であり、こういう状況では、すでに手にしている愛やその時に必要とする全ての愛を自身に与える許可を出してください。

そうすれば、自分たちが愛のソースともっとより簡単に一致でき、愛が自分の外からも訪れ始めていることがわかるでしょう。

しかしはじめの一歩は常に自分に愛を与えることができるということです。

なぜならある時期には外側や他人からの愛に手が届かず、時には私たちがあなた方のところに来られない時があります。

そういう時に非常に大事なのは、自分が自分の味方であり最高の友であるということです。

これをあなた方にお伝えしているのは、あなた方の世界は大きな変化の中にあり、あなた方は新しい世界の教師となり、愛を教えることになるからです。

そのためあなた方は私たちが伝えうる限りの多くの様々な形式における愛について理解し始めるでしょう。

そして人間関係においても大きな変化が起こり始めていることをお伝えしたいと思います。

あなた方の世界でゆっくりと具現化する目的はアセンション・グループの創造です。

アセンション・グループはエネルギー・ポイント、ボルテックス・ポイント、意識の高次領域への次元の開放です。

このグループはワンネスのエネルギーを引き寄せるエネルギー・フィールドを構築し、ワンネスのエネルギーはまさしくこのポイントを通じてやってきて、それから惑星中に広がります。

あなた方が完全に清澄なワンネスのエネルギー送信者となるためには、人間関係における変化が必要です。

とりわけ大事なのは、意識の全ての可能なレベル、存在する全ての可能な方法でお互いが親密になる許可を出すことです。

制限が生まれる可能性がありますが、親密さに制限は設けないことが重要です。

二元性世界においては一定の制限、一定の行動のルールが常に存在します。

ワンネスの世界では行動のルールは存在しませんが、あなた方を通じて流れ、一なるものに統合する川のような意識の自発的な流れがあります。

ですから、出てくる可能性に心を開き、人と関係する新しい方法を創造してください。あなた方それぞれが神聖な存在で、神聖な存在としてあなた方一人一人が美しさのソースです。

あなた方の内面の美しさのソースを感じ、それを外へ放射させることが重要です。

あなた方は、今この瞬間のあなたのままですでに神聖な存在であるということに対してハートを開くことが大切です。

これが自己受容のカギです。これはあなた方にも、私たちにも重要です。

なぜならあなた方が自身を愛するならば、私たちの愛をもっと簡単に受け入れ、私たちの愛がより早くあなた方に届くようになるからです。

そして私たちのコミュニケーションはますます良くなるでしょう。

重要なこと、本当に重要なことはあなた方同士の親密さです。親密さはワンネスの存在を呼び起こす磁場を創造します。

お互いに完全に心を開き、二人もしくは集団内で親密になる可能性についての二元性の考えを手放せば、あなた方同士が親密になることができます。

あなた方が所属している集団はアセンションの道を進みます。それは、あなた方の思考、感情、行動の振動周波数が増加していることを意味します。

これは、以前分離されていた意識の様々な側面を統合するプロセスが起こっていることを意味します。

そして自身の全ての部分が全体に統合される時、完璧な内外を示す象徴であるマンダラが創造されます。

そしてあなた方それぞれが内側のマンダラと外側のマンダラを創造するでしょう。

内側のマンダラはハートの神聖な星である十二芒星であり、外側のマンダラも同じく十二芒星です。

この意味をこれからご説明しましょう。それはあなた方同士を発見し、お互いに接近し、あなた方に起こるワンネスの存在を発見するプロセスで、人間関係からマンダラの象徴を創造するプロセスです。

あなた方それぞれが自分の人生において多くの関係を持っていますが、多くは二元性世界に定着しています。

中には意識の新しい状態を通過しており、あなた方にも新しい状態に入る可能性を創造している関係もあります。

あなた方は自分の個人の関係からマンダラを創造します。この人間関係はワンネスの世界が基礎となるでしょう。

このプロセスは、意識の様々な部分を統合するプロセスとなるでしょう。人と神を統合するプロセスとなるでしょう。

あなた方それぞれは人であり、同時に神聖な存在であり、その両方があなた方の意識で一なるものとなり、両者の違いは消え去るでしょう。

そしてこれはあなた方のインナーマン（内なる男性）とインナーウーマン（内なる女性）を統合するプロセスでもあります。

愛のエネルギーと性のエネルギーを統合して、真の愛のエネルギーとも呼べる新しいエネルギーにするプロセスです。

そして銀河のコアのエネルギーセンターを活性化することになるでしょう。

銀河のコアはワンネスの世界のエネルギーセンターで、あなた方にワンネスのエネルギーを知覚させ、銀河のセントラルサンの進化を導きます。

あなた方の人間関係から創造されるマンダラは振動周波数の上昇を引き起こし、あなた方が物質界から消え、ワンネスのエーテルの渦に現れることを意味する新しい渦への通過を引き起こすでしょう。

つまりあなた方は二元性世界からは見えなくなるのです。これは加速して起こり始め、あなた方の惑星で既に起こっている人もいます。

このプロセスで本当に重要なことは、あなた方が経験することになるのは未知への移行だということです。

これから経験するのはこれまでに経験したことがないことで、それは今起こり始めるでしょう。計画は常に存在して、今実現するところです。過去、アセンション・スターを創造しようとする試みがありましたが、完全な実験はまだなされていません。

それが今私たちとあなた方に起ころうとしています。

あなた方と私たちの意識が唯一無二の意識へと統合され、また、個人としてのあなた方の意識が創造の全てのレベルで唯一無二の意識へと完全に統合され、私たちの意識とも統合する時に。

それからアセンション・スターが創造されます。そしてこれはまさに今、私たちとあなた方に起こっています。

私たちは自分たちのスターベースをあなた方のもとに降下させます。

そしてあなた方をリキッドライトのエネルギーで取り囲み、あなた方の間を歩き、あなた方を祝福し、ハートの開放のプロセスを通じてあなた方を癒します。

あなた方の物質的な目では私たちを見ることはできませんが、見えないものが見えるあなた方のハートでは見ることができます。

私たちは存在します。なぜならあなた方のもとに私たちを呼ぶからです。

そういうわけで私たちはこの瞬間にやってきて、あなた方の呼びかけに答えているのです。

質問：マンダラはどのように機能しますか？

それは形態形成場の原理で機能します。形態形成場は意識のフィールドです。

海をイメージしてください。海に石を投げ込むと、海は波を創造し、同心円は周囲に広がり始めます。マンダラも同じです。

マンダラのそれぞれのポイントが石のように水に落ち、同心円が創造されるのを想像してください。

こうして興味深いエネルギーのパターンが創造され、それぞれのエネルギーのパターンがそれぞれのメッセージを持っているため、六芒星が持つメッセージは四角形とは異なります。

このメッセージの振動の性質はそのマンダラの中にいる人々、つまり、そのマンダラに存在する石に左右されます。

なぜならそれぞれのミネラルは自身の振動周波数を持っていて、石の正しい選択とマンダラの形がマンダラのメッセージを創造するからです。

銀河の光ネットワーク完成と「オーム」

1995年3月15日の通信

目を閉じ、呼吸に注目します。ただ注目し、呼吸と一体にはならないでください。

この呼吸は自身を落ち着かせるための単なるツールです。

そして自分の感覚や感情の状態に注目しますが、それと同一ではありません。

私たちは感情の状態ではありません。それは私たちが外の世界で行動する際のツールです。

そして移り変わる自分の思考に注目します。しかし自分の思考と同一ではありません。それは私たちが外の世界を創造するための道具です。

そして私たちは自身を聖なる光の存在として認識し、その事実を聖なる言葉「オーム」で確かめます。

そして聖なる光の存在としてこの集団の他の神聖な存在と繋がり、この集団における全ての個人を光の点として視覚化します。

この光の点は唯一無二の点、輝かしく放射する光の点に統合されます。

そうしてこの集団は、意識の新たな状態、ワンネスの意識への移行を支援するこの時間と空間における光の点となります。

私たちはその事実を神聖な言葉「オーム」で確認します。

集団として、光の点として、私たちは世界中の他の集団と繋がり、共にライトグリッドを創造します。

私たちは光の点としてライトグリッドの中で共に繋がる集団、ペア、個人を視覚化します。

ライトグリッドは世界中に拡大し発達して、広がっています。

そして全ての闇が消えていく様子を視覚化し、やがて地球全体が光の点となり、光に包まれていることを視覚化します。

私たちはこの事実を神聖な言葉「オーム」で確認します。

そして私たちの銀河である、天の川銀河を星の二重螺旋として視覚化します。

その中心には輝く光の源である、銀河のセントラルサンがあります。

その光は渦の動きで外へ広がって銀河全体へ、届く限りの全ての場所へ広がり、この太陽系の太陽も含め、それぞれの星が光の点となります。

そしてライトグリッドが拡大し、成長し、発達するのを見、全ての闇が消えるのを見ます。

ある時点で銀河全体が光の点となります。そしてこれで銀河の光ネットワークが完成です。

私たちはこの事実を聖なる言葉「オーム」を使って確認します。

そして集団として、光の点として、世界中の他の集団と繋がり、全体として私たちは星の兄弟である、光の存在、アシュター・コマンドの代表者と繋がり、全てが一つであり唯一の存在となります。

この世界の全ての光の存在として私たちはアシュター・コマンドの光の存在と繋がります。

彼らはこの世界が意識の新しい状態へ移行するのを支援する光の存在です。

そして私たちの上空、私たちの集団の上空、大気よりももっと高い場所にある、エーテルのスターベースである、クロトロン・スターベースを視覚化します。

私たちはそのスターベースの存在を感じ、自分たちの頭上に圧力を感じ、自分のクラウン・チャクラもしくはハートセンターにエネルギーが流れ込むのを感じます。

熱さもしくは冷たさ、浮遊感、身体より頭が大きくなっている感じ、この全てはスターベースが存在するサインです。

スターベースから光の柱が発せられ、グループ全体を通り、地球の中心へ向かっていくことを視覚化します。

この光の柱は上方向と下方向に流れる二つのエネルギーの流れです。

地球から空へ、そして空から地球へという流れです。

あたかも両岸から溢れてくる川の流れの中で立っているように、全てが集団全体と連携し、世界中の他の集団と連携し、私たちを星の兄弟と連携させます。

また、光の柱は二元性世界の外の影響から私たちを保護します。

そのため私たちは自身を開くことができ、私たちは安全で保護されます。

私たちは自分のハートを通じて呼吸します。私たちが息を吸う時、スターベースをハートへ吸い込み、息を吐き出す時にスターベースへ私たちのハートを送り出します。

そのように呼吸します。そして私たちは自分のマインドで、全ての存在や星の兄弟と共にそれぞれの方法で呼びかけます。

私たちはアシュタター・コマンドを呼ぶことができ、アセンデッドマスターたち、光の存在たち、天使たちを誰もがそれぞれの方法で呼ぶことができます。

一定の人生状況の解決を望む人々は星の兄弟たちに彼らのエネルギーや存在で支援してもらうよう伝えます。

そしてあなた方のマインドで状況を説明し、その存在を呼び出します。

彼らのエネルギーと存在とで解決を支援してくれるよう求めてください。

あなた方の身体、思考、人生にその存在を招き入れてください。

そしてあなた方のハートを通じて呼吸してください。

息を吸う時、私たちは自分たちのハートにスターベースを吸い込み、息を吐き出す時、私たちは自分のハートをスターベースに送り出します。

そして通信の時間中、このようにして呼吸しているのです。

質問：メルリンとアニトロンについてお伝えいただけることがありますか？　彼らはどこにいて、私の人生にどんな役割を持っていますか？

メルリンは母船エクスカリバーにいるアセンデッドマスターで、アシュター・コマンド、ジュピター・コマンド、星の同胞団のメンバーです。

物質の錬金術編成のプロセスに従事しています。

アニトロンはトリトロン・スターベースに属するスタービーイングであり、天使です。

彼の存在と彼の活動もクロトロン・スターベースとザートロン・スターベースで行われています。

彼の役目はあなた方と私たちの間のテレパシー・コミュニケーションを発達させることです。

質問：転生の時、ライトボディに何が起こるのでしょうか？

ライトボディは物質的な肉体への降下を待っています。そしてますます多くのライトボディのエッセンスが肉体に降下しています。

それから魂が転生する魂へと変化します。魂や天使としての存在を完全な意識下で認識してください。

ライトボディが肉体の中に完全に降下する時、あなた方は完全なアセンデッドマスターになります。

質問：私たちがコミュニケーションをとっているのは誰ですか？

私たちの集団意識とコミュニケーションしています。

アザリス・ラム、クロトロン・アンタリオン、ザートロン、ユカタール、アニトロン、サレスの存在です。

クロトロン・スターベース、トリトロン・スターベース、ザートロン・スターベース、ナオミ、ゼルダー、アニオンの存在もです。

第2部

生きたマンダラと創造する手順

アークデーモン（最上位の悪魔）はもともと天使で、何百万年も前に物事の不確実性を掘り下げ、自分たちの意識で変えていくために選ばれました。

彼らはこの使命を過剰に行い続け、相互転移により意識を失い、闇に迷うことになりました。

こうして闇の支配者が生み出されたのです。彼らは惑星の攻撃を始め、そこにいる人たちにインプラントし、奴隷化し、遺伝子工学で変種を創り出しました。

宇宙の法

私たちはとても興味深い時代を生きています。

これまでに二つの異なる現実世界の間で起きた中で、最も大きな移り変わりの時だからです。

宇宙全体が急激な再構成の状態にあり、全ての創造物をワンネスに導くという創造主の意志によるものです。

そしてこの宇宙は今、天からの衝動に反応しており、拡大（息を吐く）から収縮（息を吸う）の状態へと変化しています。

今はまさにターニングポイントであり、息を詰めている状態です。

この時点において聖なる意志は、創造物全体で直接的に表れることになります。

このエネルギーは、まず銀河のセントラルサンを通り、次に銀河系の外側を通って螺旋の動きで伝わります。

時空構造の歪みのため、このエネルギーは線形時間と同じようには銀河全体には伝わらないでしょう。

そして今、この地球に到達し、二元性からワンネスへとあなた方の現実を変えることが可能となっています。

1992年から2012年の間、地球は11：11の次元の扉を旅しています。

それは、二元性とワンネスという非常に異なる進化システムが重なっている場所です。

この期間中に地球は癒され、光のポイントであるワンネスの惑星になるでしょう。

スターファミリー全体が次元上昇し、宇宙の兄弟と統合し、それからANのスターゲートを通じ銀河のワンネスへの進化へと戻っていきます。

私たちは共に光の銀河ネットワークを構築するのです。

自分が様々な星からやってきた天使だと理解した時、あなた方の目覚めが始まります。

あなた方は、自分の天使としての美点を感じ始め、自分がワンネスの意識と共にあることに気づくようになります。

あなた方は永遠の今という、時間の存在しない次元に存在しています。

あなた方は新しい世界であるワンネスの世界に入っているところです。

二元性の世界とワンネスの世界は各々の自然法則がある二つの世界です。

同時に両方の世界に住むことはできません。ある時点でどちらにするかを決断する必要があります。

妥協することはできません。もしワンネスの世界に住むことを決断するなら、喜びや幸せをもたらさないものは全て手放しましょう。

これ以上苦しみを通じて学ぶ必要はありません。

あなた方は光の存在であり、愛を通して学ぶでしょう。

あなた方はこの地球においてワンネスの守護者です。自分の幸せを大事にしてください。

世界中でたくさんの人々の集団が光の虹の渦となって、最後の仕事――地球のアセンション――を果たすために集まってきています。

この集団はゆっくりと位置を変え、生きた人間のマンダラへと変わっていきます。

このマンダラは目覚めた存在で構成された調和した集団で、魂としてまとまり、多数の中に一つが、そして一つの中に多数が見られるという魂のホログラムを創り出します。

マンダラの中にいる人たちは神聖幾何学に基づく多次元的な星のパターンの魂として調整されます。

これは、地球にワンネスという新しい現実を定着する強力で集中した光のエネルギーを作り出します。

生きたマンダラは三段階で地球を変化させます

第一段階：
第一段階では、生きたマンダラはゆっくりと生み出され、調整されていきます。
マンダラのメンバーは、グループのイニシエーションやアセンションのプロセスを容易にします。

そして光の島を作るための資金が、地球のアセンション・プロセスに貢献することを望む財団から供給されるでしょう。

第二段階：

マンダラの中心となる人たちは次元上昇を始め、残りのメンバーと調和していきます。

完成されたマンダラは表面的には光の島々のように見えます。

光の島は神聖幾何学に基づき構築されるワンネスのコミュニティです。

この第二段階では、生きたマンダラのますます多くのメンバーが次元上昇し、アセンションの連鎖を引き起こします。

第三段階：

ある時点で、クリティカルマスである14万4000の人間がこの惑星上でアセンションを達成します。

惑星のソウルファミリーが神聖なマンダラの中でライトボディで生きるようになり、目に見えない世界を安定化させます。

これがアセンションの入り口を開き、新しい地球へと変貌させます。

大部分の人間は天国となった新しい地球で生き続けます。

しかし、中には様々な星への旅を続けて、宇宙の兄弟や銀河のワンネスの進化へと参加することになる人もいるでしょう。

生きたマンダラとアセンションの渦は六次元の天使

ワンネスの宇宙エネルギーはアセンションの渦を通して地球に来ています。

アセンションしたグループと生きたマンダラは、住民にワンネスの宇宙エネルギーを伝えます。

生きたマンダラは人々へアセンションのメッセージを知らせるでしょう。

アセンションの渦は新しい現実の憩いの場所であり、リキッドライトのエネルギーに満ちたエネルギー的な次元の渦です。

アセンションの渦の中には、この惑星中にパワースポットとして現れているものもあり、また、生きたマンダラとして定着するものもあります。

アセンションの渦は六次元の天使であり、この天使たちは二元性をワンネスに変え、個人や集団のライトボディの活性化を支援しています。

彼らはソウルファミリーやソウルグループ、ツインソウルが生きたマンダラの中で集まるようにしています。

そしてグループイニシエーションやアセンション・プロセスを加速させています。

この天使たちはグループ全体をワンネスの世界へ吸い上げることのできる大きなポンプのようです。

アセンションの渦（ボルテックス）は、因果（カルマ）という古い現実システムを壊し、聖なる恵みを確立するよう神が介入する道具です。

それはリキッドライトが鼓動する惑星のグリッドに繋がっていて、共鳴場を通してこの惑星に現実のシフトを創り出します。

生きたマンダラはアセンションの渦を具現化しています。

これは、多次元的な関係性で共にやってきている目覚めた存在たちによって形作られています。

彼らはグループイニシエーションやアセンションの目的のために共にやってきました。

グループでのプロセスはアセンションへの道を劇的に加速させます。

人の振動数を上昇させるプロセスは、スピリチュアルなイニシエーションを通して起こります。

最初のイニシエーションはあなた方の肉体からの分離をもたらします。あなた方はもはや自分自身を肉体としては知覚しなくなります。

第二のイニシエーションは感情（アストラル）体からの分離をもたらします。

過去においては、第一と第二のイニシエーションの間には、通常5回以上転生する必要がありましたが、今では、イプサル・タントラのテクノロジーを用いて数年でこのプロセスを完了させることができるようになっています。

第三のイニシエーションは低次のメンタル体からの分離をもたらします。

第三のイニシエーションの一番目から六番目の段階は、コーザル体の浄化と分離のプロセスです。

第三のイニシエーションの七段階目では、もはやコーザル体として自分自身を知覚しません。

ハイアーマインド（マナス）と同一であると認識するようになるのです。

第四のイニシエーションの扉に到達する時、あなた方は閾《いき》の住人と顔を合わせることになります。

これはあなた方が三次元に入った時に受け取ったインプラントへの一層の気づきをもたらします。

あなた方はそれを意識的に光に変換する必要があり、あなた方の各部分は、四段階目のイニシエートを受け、解放された存在になるためにワンネスを選択しなくてはなりません。

これは肉体、感情体、メンタル体の最終的な浄化をもたらし、自由意志を絶対的にポジティブな目的で使う時であることを意味します。

解放のプロセスはモナドの救いの火を通じて完了します。

したがって、四番目のイニシエーションで浄化のプロセスは完了し、あなた方の全ての体が変化し、光と愛の純粋な存在となります。

その時、あなた方にとって苦しみはもはや存在しません。これが解放です。

五番目のイニシエーションでは、あなた方は空間、時間そして物質を支配し、賢者となります。

これがゴール――アセンション――です。

生きたマンダラの中心となる人が第四のイニシエーションを成し遂げる時、純粋な光と愛のチャンネルが確立され、これがマンダラに大きな調和をもたらします。

それはグループでのライトボディの活性化を加速させ、マンダラの他のメンバーに対するアセンション・プロセスを促進します。

生きたマンダラを機能させるためには、集団の統合、および、女性エネルギーと男性エネルギーの統合が必要です。

これは二元性からワンネスへの移行を引き起こします。マンダラの中心に男性性の極性を持つ一人の存在と、それを取り巻く女性性の極性を持つ複数の存在という組み合わせが最も効果的です。マンダラの中心となる人が電気的なモナドの救いの火に繋がり、それを取り囲んでいる人たちは磁気的な愛の太陽の火のエネルギーを呼び起こします。

生きたマンダラは星の兄弟を通して地球のアトランティスにもたらされました。

星の兄弟は、この惑星にワンネスを固定する責任を持つアセンデッドマスターの兄弟の一員です。

星の兄弟の具現化である星の同胞団は、地球の歴史上、いくつかの有名なマンダラを作り出しました。

アトランティスでのIS：ISのマンダラ、古代エジプトでのL．U．X．O．R．のマンダラ、イエスキリストと十二人の使徒のマンダラ、円卓の聖杯のマンダラ、チベットのシヴァーシャクティタントラのマンダラ。

1恒星周期である2万5800年前に、シリウスのブルーロッジは地球にスターチルドレンの波動を送りました。

スターチルドレンは自分たちのライトボディに、二元性からワンネスへの移行に必要なコードを持ち運んでいます。

このコードは、恒星周期の完了時である今、世界がワンネスに入る準備に向けて活性化されています。

スターチルドレンは、彼らのインナーチャイルドが純真かどうかによって見分けられます。

彼らはこの惑星での転生がほとんどありません。あらゆる時代のスターチルドレンは、惑星のいたるところに生きたマンダラを創造するという重要な役割を演じています。

グループの統合とワンネスを成し遂げる方法

グループの統合は、生きたマンダラにおいてワンネスを成し遂げる方法です。

ほとんどの人は、たった一人の人としか親しい関係になることができないと感じています。

この理解は頭から外す必要があります。なぜならこの時代においては、より大きな愛と満足をもたらす集合意識が現れてきているからです。

ワンネスの世界では、共通のビジョンを持つ存在同士が繋がってきています。

そして、集団にいる人々が真実で繋がれば、全ての人は、自分が辿ってきた道が全体の道と繋がっていることがわかるのです。

親密さは生きたマンダラを一つにします。一緒にいたり、より深い真実を話したり、感情を表現したり、肉体的に統合したりすることによって。

必要なのは、グループの中のたった一つのハートを通してあらゆるエネルギーを表現すること、シリウスのイルカたちのように親密になって、ソウルファミリーと肉体と魂とで統合すること、全員のハートで熱望すること、親密になることや統合することに対して熱望することです。

生きたマンダラで、人々は星のように輝く天使として、同時に、男性や女性としても出会います。

彼らは、ハートと性的エネルギーとの分離を癒します。

性的エネルギーの触れることや交換することに関する二元性のタブーを超越します。

触れられない領域は全くありません。聖なる女性と男性の原型を明らかにして表現します。

オープンであり受け入れます。開かれたハートを通して性エネルギーを表現し、愛のエネルギーを統合します。

多くの場合は、性の結合を通して表現する必要はありません。多くの場合は、触れることや、美しく官能的なマッサージで表現することで十分です。

そして、それは愛へと変化し、リキッドライトの五次元フィールドを創造するでしょう。

グループ統合のためのエクササイズ

グループの意識を効果的に一つに繋げる美しいエクササイズです。

グループのメンバーが円形になり手を繋いでください。円の中心が宇宙の愛の本質に満たされている様を感じてみてください。

目を閉じて、手を下ろし、円の中心に向かって移動し、お互いに出会ってください。

体のいたるところに優しく触れてお互いを知り、信頼し合って、リラックスします。

それからグループ全体が一緒に中心に集まり、しっかりと近づきます。そして、共に、体中の全ての細胞を満たしている光を吸い込みます。

しばらくの間このように呼吸をし、完全に受け入れて一なるものになります。

タントラ統合のためのエクササイズ

二人一組でお互いに向き合って立ちます。お互いを感じて、お互いの中にある神を見つけてください。

ハートを通して呼吸をします。息を吐く時には、統合することへの熱望をあなた方のハートから吐き、相手にその気持ちを送ります。

息を吸う時には相手から受け取った統合することへの熱望をハートに吸い込みます。

そして、お互いの間に良好なコンタクトが確立されたら、魂と肉体を超えてお互いに抱擁を始めます。

全てのエネルギーを表現させます。あなた方を通して愛のエネルギーを流れさせます。

感情のエネルギーを感じるのであれば、自分自身や呼吸を通して表現させます。

性的なエネルギーを感じるのなら、あなたが方の存在、呼吸、ハート、感触を通して表現させます。

グループのメンバーは手を繋ぎ、この二人の周りを丸く取り囲むとよいでしょう。

そして自分たちの手を通して時計回りに流れるエネルギーを視覚化するとよいでしょう。

そうすることで円の中央ではこの二人の振動数が上昇し始めるでしょう。

振動数が上昇するこの形態は、アトランティスの時代から知られています。

振動数が十分に高まったらグループは手を下ろし、お互いの体を抱擁し始めます。

ハートを通して共に呼吸し、ワンネスの意識になります。そして、あなた方が思った時に、このエクササイズを終えることができます。


生きたマンダラは、ソウルファミリー、ソウルメイト、ツインソウルを繋ぐ多次元的なホログラムです。


生きたマンダラでのグループの統合は、ソウルファミリーレベルで始まります。

ソウルファミリーはあなたの本当の家族であり、星の友人、兄弟姉妹です。

ソウルファミリーの関係は最初のイニシエーションが達成された後に形作られます。

ソウルファミリーが統合することにより、そのグループのライトボディのオーラである、五次元のリキッドライトのフィールドが創り出されます。

これで、そのグループのライトボディが活性化するよう整えられます。


グループの統合は濃密なソウルメイトの関係とともに深められます。

ソウルメイトは、協調した内なる存在や深い理解を共に分かち合う反対の極性を持った存在です。

安定したソウルメイトとの関係は、第二のイニシエーションに到達した後にのみ可能となります。

ソウルメイトの統合は生きたマンダラに六次元の磁気的な愛のエネルギーを加えます。


最後に、一なる存在へと向かうツインソウルの統合が成し遂げられます。

ツインソウルはもともとは一つの魂ですが、反対の極性を持つ二つの肉体に転生しています。

お互いが完全な友人です。安定したツインソウルの統合は第三のイニシエーションの後、可能となります。

ツインソウルの統合は、生きたマンダラに七次元の神秘的なワンネスのエネルギーを加えます。

第四のイニシエーションで全てのエネルギーが現れ、純粋な宇宙の愛へと変容します。

この時点では、グループの関係は男女の極性を超越します。

グループ全体が宇宙の天使的な光の存在へと統合し、グループのライトボディが最終的に活性化されます。


生きたマンダラで統合する全ての存在は一なる聖なる輝きの多次元的な投影であり、再び一なるものへと統合する撒き散らされた星のエッセンスです。

この連動している全ての多次元的レベルの統合が、アセンションの渦を作り出す螺旋活動に複雑な構造を生み出します。

この渦は、三次元から七次元へと移行する際に次元の緩衝器として働き、最後にグループのアセンションを引き起こします。

《光の島》は神聖幾何学に従って創り出されたワンネスのコミュニティです

生きたマンダラがライトボディを活性化する時、外面上は光の島のように現れます。

光の島は神聖幾何学に従って創り出されたワンネスのコミュニティです。それは地球上で天国を体験するために創造されます。

全ての光の島は、食物、お金、エネルギー源を自給自足できるでしょう。

光の島は二元性の外側にあり、新しい現実の憩いの場所に存在します。

光の島で人々は、アセンション・プロセスに対する支援や導きを受け取ります。

そしてお互いにエネルギー的に繋がって光のネットワークを創り出し、残りの人類に対する愛とアセンションのエネルギーを発します。

光の島に住む人々は、ワンネスの意識から生じる本物の愛を表現するようになります。

そして、宇宙の兄弟、および、実際に上空で光の島として滞在している彼らのライトシップに協力します。

光の島の中では、個人とグループでの肉体と魂のヒーリングが起きます。

エーテル体の医療技術とスピリチュアルな癒しの力を使うことにより、奇跡的なヒーリングが可能となります。

光の島のメンバーは、銀河のタントラプロセスを通して、さらに深いレベルでの統合を見出します。

科学者は、物質の波動の科学を通して宇宙への理解を深めます。

芸術家はリキッドライトから多次元的な彫刻作品を作り出します。

技術者はエーテル物質（プラーナ）から製造されたフリーエネルギーを光の島に供給します。

光の島はこのようにして地球上の新しい現実のモデルとなるでしょう。

マンダラの創造

Ⅰ）個人の準備

生きたマンダラの一部になることを望む各人は、アセンションのプロセスに完全に専念することが必要です。

何が起ころうとも外側の環境を気にせず、自身のアセンションに対して強く、無条件に、確固とした決意をする必要があります。

生きたマンダラに参加することを望む誰もが、肉体全ての絶え間ない浄化に身を投じる必要があります。

肉体は十分な休息により浄化され、四つのエレメント：土、水、火、空気により清められます。

感情体は自分の感情に愛情深い眼差《まなざ》しを向けることで浄化されます。

メンタル体はトライアンギュレーション（三角形分割）で浄化されます。

つまり、メンタルのパターンとその反対のパターンに対して交互にアファメーションを作り、最終的に双方を超越して高次に統合するという方法です。

コーザル体は、自分に最も近いアセンデッドマスターを招き入れてコーザル体に投影し、アセンデッドマスターの存在をそのコーザル体に宿らせることで変化します。

変化プロセスのある時点で、生きたマンダラに参加するか、あるいは、生きたマンダラを作り出すかの最終的な確固たる決断をします。

この決断がなされる時、宇宙は次のステップを与えます。この次のステップは、通常は光のコードの活性化です。

高次と繋がった質の高いのものと出会い、内なる叡智が目覚めます。あるいは、描かれたマンダラを見ることで目覚めが促されます。

モルダバイトや一般的なテクタイトのようなスターストーンは、光のコードを活性化するための優れた道具です。

全ての種類のテクタイトはワンネスの次元へ繋ぐ入り口となります。

テクタイトを神聖幾何学の石のマンダラとして配置することで、自分にとって真の生きたマンダラを出現させることができます。

一般的なブラックテクタイト（インドシナイト）は87万年前にオリオンのAN（アルニラム）スターゲートよりやってきました。

この石は、現実のシステムを二元性からワンネスへと変化させる手助けをします。聖なる意図の光線である第一の光線を固定します。

サフォーダイトとコロンビアナイトは、紫褐色のテクタイトでシリウスから来ています。

この2種類の石は、愛と優雅さのエネルギーを生み出し、聖なる愛の光線である第二の光線を固定します。

モルダバイトは美しい緑色のテクタイトで、1500万年前にプレアデスのAL－TA（アルシオーネ）スターゲートよりやってきました。

この石は、あなた方の星の天使としての存在を活性化し、聖なる光の光線である第三の光線を固定します。

聖杯は、モルダバイトを星の同胞団の形に配置した聖なる杯のことで、惑星の生きた一つのマンダラを固定する物質的なアンカー、および調整地点として機能します。

個々のマンダラは、モルダバイトのかけらを物理的なアンカーとして使うことができ、また聖杯の象徴的な表れとしても使うことができます。

Ⅱ）マンダラの活性化

あなた方の光のコードが活性化される時、宇宙は次のステップとして、自分の生きたマンダラの一部である人たちとの出会いを与えます。

あなた方は既存のグループの中や、あるいは自分自身のグループを作ることで《偶然に》その人たちと出会うことができます。

十分に目覚めた人がグループにやってきて、あなた方の内なる生きたマンダラのメンバーになることもできます。

あるいは幸運なことに、既存の生きたマンダラに参加することになるかもしれません。

スピリチュアル体、メンタル体、感情体そして肉体の全ての面で深い関係にある三人以上の人が集まった時、マンダラは活性化されます。

マンダラはあらゆる面において分離することを許しません。共にいるメンバーはお互いをサポートし、統合し、コンタクトを深めることを厭《いと》いません。

生きたマンダラに入る前に、自分に幸せをもたらさない関係や、マンダラのプロセスを妨げたり抑えつけたりするあらゆる人間関係を手放す必要があります。

生きたマンダラは、グループでのアセンションプロセスに対し、全てのメンバーに完全に率直に専念することを要求します。

少なくとも週に一度は定期的に会う機会を持ち、エネルギーを蓄えたり、連携を強めたりすることは、生きたマンダラにとってよいことです。


マンダラのメンバーは一切の妥協を受け付けず、高次の統合に加わります。

マンダラのメンバーが誰も妥協を受け入れなければ、マンダラは円滑で、ほぼ驚異的に機能するでしょう。


妥協や二元性はマンダラの振動数を下げ、成長が困難になります。

マンダラの各々のメンバーは自分自身に正直でなければならず、自分の陰の部分を否定したり、他のメンバーに投影したりせずに、その陰の部分に対する責任を受け入れる必要があります。

また、嫉妬や過度に依存した共生関係を受け入れる余地はありません。


これらの全ての条件が満たされる時、生きたマンダラは成長し、蓮の花のように開花することが可能となります。

そして、外側に向かって愛を放射し始め、地球上に宇宙の法を具現化するために貢献するのです。

マンダラ創造のための瞑想

1. 空に輝く十二芒星を視覚化してください。
この星は、時計回りに回転していて、絶えずワンネスの存在を放射しています。

2. その星の中心から発せられる錐状の虹の光が、あなた方のクラウンチャクラ、眉間のチャクラ、スロートチャクラを通ってハートへ螺旋状に下りてくるのを視覚化してください。

3. あなた方の胸に小さく輝く十二芒星を視覚化してください。
その星は、空にある星と共に、水平面で時計回りに回転しています。

その星の中心は静止していて絶えずワンネスの存在を放射しています。

ソウルファミリー、ソウルメイト、そしてツインソウルと統合したいという自分の熱望を感じます。

そして、ハートにある星に自分の熱望や外側への呼びかけを発しさせながら、星を回転し拡大させます。

あなた方の街、国、大陸を超えて世界全体へと拡大させてください。

あなた方の最愛のソウルブラザーやシスターが応答し、あなた方のもとへとやってきて、あなた方と統合することを視覚化してください。

4. あなた方全員が空の星の中で次元上昇し、宇宙の兄弟と統合していることを視覚化してください。
一なる存在と統合し、オリオンの方向へ共に向かい、AN（オリオンの帯の中央の星）のスターゲートに入ってください。

5. 適切な時間だけANの彼方にとどまり、OM（オーム）で終了してください。

第3部

プレアデス艦隊
ラウンテリアンディビジョン
とのテレパシー通信の記録

闇の勢力の力が最大だったのは１９９６年から２００３年の間です。

闇の勢力の前線部隊はアルファドラコ連合星系からのヒューマノイド、ドラコニアンです。

アトランティスの時代からドラコニアンは新世界秩序という人口抑制プランを持っていました。

彼らは世界の政治を利用して国家間に人工的な争いを生み出し、戦争を仕掛けて利益を得ていました。

光の地下王国

2万5000年前、闇の勢力に支配された地球では光の勢力は地下へ退避していた

2万5000年前のアトランティスの時代、地球は闇の勢力の支配下で隔離された惑星でした。光の勢力の一部は地下世界へと退避し、そこに多くの光の都市からなる文明を築き、お互いに様々な地下道網で繋がっていました。

このアトランティス都市では、地下世界のロード・サナト・クマラ王に仕える警戒を怠《おこた》らない守護者の下、それぞれの存在はスピリチュアルな生き方を追求していました。

この光の王国はアガルタもしくはシャンバラという名前で知られていますが、レムリアの時代からエーテル次元に存在しているシャンバラと混同しないでください。

また、この王国は地下文明の精神的な導き手という役割を担っていました。

地下のアガルタで人々は、精神世界と高次の目的に使う高度な技術との間で調和を保って暮らし

ていました。

人々はそれぞれ自分たちの高度な目的を知っていたため、それに従いお互いに調和した関係で暮らしていました。

アトランティスの最後の洪水時まで人々は闇の勢力の攻撃から保護されていたのです。

洪水以降、闇の勢力も同じように地下のある地域に拠点を築きました。

洪水後に全てが変わりました。闇の勢力はアガルタへの攻撃を開始し、チベットの聖なる「ジャーンの書」によれば、それは〝建設者と破壊者との場所をめぐる争い〟でした。

光の勢力はかつて住んでいた土地の多くからの撤退を余儀なくされました。

地下の地下道網は惑星全体を網羅していました。

西側の地下道ネットワークはチリのアタコマ砂漠下から始まり、ティアワナコ、クスコ、シャスタ山、アメリカ大陸グランド・ティトン地下、そして大西洋の海底を通って西アフリカのアトラス山脈に向かい、アハガル／チベスチ山地の地下から最終的にギザのピラミッドに向かっています。

重要なセンターがブラジルのマトグロッソ地域であり、そこでアガルタは地上のアトランティスの都市と強い繋がりを持っていました。

ヒマラヤネットワークは驚くほど重要です。そこで地下文明は現在のゴビ砂漠にあったアトランティス居留地を鏡で映したかのように忠実に発展させました。

もちろん当時は砂漠ではなく亜熱帯の楽園でした。

ヒマラヤネットワークの源はゴビ砂漠の地下にあり、そこからタクラマカン砂漠下まで広がり、パミール、アルタイ、カラコロム、バルティスターン、クンルン地下、そしてヒマラヤ近くのチャンタン高原に向かっています。

光の勢力のアガルタへの避難

アトランティスの洪水後、地上の特定のグループは重要な精神的かつ科学的な発見をしたため、地上全域ほとんどを手中に収めていた闇の勢力から地下のアガルタに避難しました。

これを補強する形でアガルタの科学技術の進歩が加速し、統一勢力は古いアトランティスの地下道を見つけ出し、古いアトランティスの機械を修復し、元からあった地下スペースを拡大して居住し始めました。

この拡大は地下河川や地下エネルギーの流れに沿うことが多くありました。技術の進歩には目を見張るものがありました。古いアトランティスの水晶圧電素子技術を上回るテレポーテーションやフリーエネルギーを開発しました。

地下都市を電磁流体力学（ＭＨＤ）動力による列車で繋ぎ、最高時速は時速３０００マイルにも達しました。

銀河の宇宙艦隊とも接触し、数機を隔離された地球から救出することにも成功しました。

光の勢力の基地は月や火星、小惑星、外惑星の衛星や惑星Xにあり、強化のためレジスタンスムーブメントが常に送り込まれました。

マヤ文明消失はアガルタ帝国への移動だった

古代ギリシャの時代には、特定の入植者たちが大西洋を越えてブラジルや米西海岸に航海し、そこにいるアガルタと接触していました。

多くの古代文明（たとえばマヤ文明）が跡形もなく消えたのは、実はアガルタ帝国に移動したからです。

ホピインディアンの中には、わずか数十年前にアガルタと接触した者もいます。

アガルタでは星の同胞団が活発です。その目的は惑星地球の分離を癒し、二元性の実験を完了することにあります。

アガルタ王はカウンシル・オブ・トゥエルブのトップであり、サナト・クマラのエネルギーの物理的な礎です。

数名の米大統領や他の国家元首は任期中にアガルタの王と接触しています。アガルタはしばしば地上、特にインドとチベット地域のヒマラヤネットワークに精神的な影響を与えてきました。

千年以上前に現在のパキスタンにあるギルギット近くでアガルタの代表者が密教の教えを地上に

広めました。

19世紀にはヘレナ・ペトロヴナ・ブラヴァツキーに物理的に接触し、彼女の教えに強い影響を与えました。

20世紀初頭、アガルタの人口は2000万人を超えていました。

第一次世界大戦の間に、闇の勢力の侵略が始まりました。闇の勢力はアガルタの勢力を打ち破ろうとしたのです。

闇の兵士の大群が中国やインドネシア、中東、アフリカの地下にある巨大な基地から、大西洋を横切る地下道を通ってメキシコや当時の米国南西部に押し寄せ、西洋文明に対するアガルタの精神的影響力を制限しようとしました。

地下では物理的に激しい戦いが繰り広げられ、それが地表でも第一次および第二次世界大戦となって反映されました。

第二次世界大戦末期に光の勢力が勝利した後、アガルタは西洋の精神的覚醒を目指すことにしました。

闇の勢力はヒマラヤネットワークの殲滅《せんめつ》を目標に掲げ、それが地上では中国のチベット占領に反映されました。

１９９６年の闇の勢力の攻撃でアガルタは劇的に弱体化し、１９９９年にアガルタは地下の住まいからほぼ撤退を余儀なくされました。

それゆえ1999年の終わりには小惑星帯や惑星Xから非常に強力な光の勢力による支援が行われたのです。

惑星Xは半径9000マイルの表面が凍結メタンであるため青っぽい色をしていて、非常に傾斜した軌道で太陽の周り6～7億マイルの軌道を回っています。

イルミナティの奴隷支配のシステムの中心はインプラント！

闇の勢力の力が最大だったのは1996年から2003年の間です。

闇の勢力の前線部隊はアルファドラコ連合星系からのヒューマノイド、ドラコニアンです。

アトランティスの時代からドラコニアンは新世界秩序という人口抑制プランを持っていました。

彼らは世界の政治を利用して国家間に人工的な争いを生み出し、戦争を仕掛けて利益を得ていました。

ドラコニアンの主な活動拠点はワシントン、ブリュッセル、ローマです。

彼らは人類に予防接種でプログラム制御可能なバイオチップを埋め込み、ナノエレクトロニクス機器で人間の思考をコントロールし操作しています。

教会やフリーメーソン、オカルト集団に代表を送り込み人類の精神性を支配しスピリチュアルな争いを生み出しています。

その中心はイルミナティと呼ばれる地球のシステムをコントロールしてきた選ばれた者たちの集団です。

イルミナティだけが隔離された地球の真の支配者と直接に繋がっています。

この支配者は、数百万年前にオリオンの闇の支配者から遺伝子操作で生み出された生物です。

この生物は高度な地球外文明と地球との接触を阻止し、核戦争で脅して人類を人質としてきました。

イルミナティはアトランティスの頃から人類を奴隷化し隔離してきました。

この種族はほとんどがヒューマノイドのクローン身体に転生していますが、本当の姿は蜘蛛《くも》やカブトムシなどの昆虫、爬虫類、ワーム、蛇など様々な形に変異しています。

彼らの唯一のモチベーションは全ての生物を完全に支配し、悪意、テロ、恐怖を広めることだけです。

時空の異常なブラックホールを生み出すインプラントで人類をほぼコントロールし、人類の意識を認識できない程度に損ない、精神と感情を混乱させています。

インプラントはプログラミング可能なクリスタルで、地球上の全ての人類一人一人の物理的身体とエネルギーボディに強力な電子機器と共に埋め込まれています。

この生物種はフィラデルフィア実験で使われたものに似た、時空の電磁室の内部に歪んだ時空構造を維持しています。

彼らは恐怖と暴力を広めて地球の進化を遅らせています。全ての人間社会に浸潤し、通常の人々のふりをしています。

非合法な方法や脅しや暴力で人々のツインソウルとの出会いを阻止しています。

イルミナティの秘密の地下基地では、恐ろしいレイプで多数の女性に性的なトラウマを植え付けて地球の性的なエネルギーの流れをブロックしています。

また、複数の人格障害を引き起こすトラウマを生み出して犠牲者を奴隷として使役しています。

幸運なことに彼らの力はすでに衰えており光の勢力は着実に彼らを打ち負かしています。

惑星Xから7000万のメンバーが助けに来た！

光の勢力は惑星Xから7000万のメンバーによるレジスタンスムーブメントの形で助けに来ています。

彼らは近い将来、地球のシステムに変化を起こすでしょう。

古代アジアの伝説ではシャンバラの兵士が地上にやってきて闇の勢力を打ち砕くと言われています。

レジスタンス運動はテレポーテーションチェンバーやフリーエネルギー、クローン技術、バイオテクノロジー全般という高度なテクノロジーを発展させてきました。

光の勢力はヨーロッパや米国における大都市の地下大半に地下都市を築いています。

この地下都市は、最高時速1万5000マイルのMHD駆動地下鉄道システムで結ばれています。

彼らの地下文明は1996年から1999年の闇の勢力の攻撃で壊滅状態となったアガルタ王国を引き継いでいます。

光の勢力の中心はアトランティスの遺産を引き継いでいる

光の勢力の中心はアトランティアンネットワークの代表者です。

これは大変高度にスピリチュアルな波動を持つ数千のメンバーから成る集団で、アトランティス時代からアトランティスの遺産を永遠に純粋なまま維持し続けています。

アトランティスの人々は地下の居住地をヒマラヤ、南カリフォルニア、タヒチ近海の環状サンゴ礁、そしてチチカカ湖の地下という場所を選んで築いています。

彼らはニュー・アトランティスという名前で知られることになる調和した社会を生み出すという理想を人々が持つように働きかけています。

レジスタンスムーブメントへの旅

テレポーテーションチェンバー

レジスタンスムーブメントの主なグループは惑星Xからテレポーテーションチェンバーの助けを借りて1999年12月に地球にやってきました。

彼らはかつて闇の勢力がアガルタ帝国や「オーガナイゼーション」と呼ばれる組織と戦った後に廃墟になっていた地下基地に拠点を構えました。

この「オーガナイゼーション」はレジスタンスムーブメントの先駆者であり、人類の歴史を通して闇の勢力に対する抵抗勢力を率いていました。

1975年から1999年の間、主要な指揮センターがニューヨーク地下鉄の約1000フィート地下にありました。

弱体化した「オーガナイゼーション」の勢力がレジスタンスムーブメントによって刷新されると

同時に多数の地下居住地も新しく生まれ変わりました。
主な指揮センターは新しい場所へと移されました。

レジスタンスの拠点は大都市の地下に存在する

現在のレジスタンスムーブメントの活動の大半が地上の大都市の地下100フィートから8・6マイルの間で行われており、大半は地下150フィートから1500フィートの間に存在しています。

全ての場所は密閉され、ウイルスや埃、汚染された大気、マイクロチップやナノチップといった地上からの影響から隔離されています。

住居は特殊な方法で建設されており、電気設備や水供給システム、地下鉄道、炭鉱トンネル、軍事施設、飲料用貯水池、石油パイプラインや掘削、科学研究所、設備や採掘など、地上文明が必要に応じて建設した地下の構造物を避けるようになっています。

非常に重要なレジスタンスムーブメントセンターは次の都市の地下に位置しています。

ニューヨーク、ロサンゼルス、ソルトレークシティー、ロンドン、ミュンヘン、リュブリャナ(スロベニアの首都)。

地上近くの場所では特別な反射システムを使って太陽光線を照らしています。

地下深い場所はフリーエネルギーチェンバーで放出された柔らかい光に照らされています。数マイル以上の地下では周囲の岩がかなり高熱を帯びているため、こういった居住地は断熱されています。

高度な精神性を備えた軍隊も存在する

レジスタンスムーブメントは三つの同心円でできています。

中心はレジスタンスムーブメントのリーダー数十名がメンバーです。

特異的なスキルや能力を持ち、大きな責任を進んで引き受ける者だけがこのポジションの資格を持つことができます。

その外郭に位置するグループは計画、組織運営、技術研究開発、心理学、医学、ヒーリング、スピリチュアル、創造性、アート、音楽などに特別な才能を持つ数十万人がメンバーです。

一番外側のグループが軍隊ですが、これは我々が知っている地上の兵士とは異なり、惑星間の戦いの経験者であり、無目的に戦うだけでなく、高度な精神的進化も遂げています。

彼らの目的は地球の地表を闇の勢力から解放し、人類が新しい文明を築くことを援助することです。

メンバーは地上のような家族でなくソウルファミリーを構成する

闇の勢力は地上において自分たちの方が戦力的に優位であるため、地上でのレジスタンスムーブメントのほぼ全ての活動をいまだにブロックしています。

レジスタンスムーブメントは人類の全ての疾病と貧困を除去できる手段を有しており、闇の勢力に対する戦力的勝利を達成した暁《あかつき》にはその手段を使用することになるでしょう。

レジスタンスムーブメントはまた、10兆ドルを超える莫大な金融資産も有しています。

この莫大な資産は現在はブロックされていますが、レジスタンスムーブメントが勝利した暁には人類の福利のために使われるでしょう。

レジスタンスムーブメント内部では生活に必要なものは全て手に入れることができる技術があるため、金銭は必要ありません。

彼らが地上で活動するために少額の金銭をたまに使用することはあります。

レジスタンスムーブメント内部の全員が自分たちの才能に適した仕事をしています。

全ての仕事は内側からの創造の必要性によって行われています。才能や適性のある活動は奨励され、地上でのように能力が抑圧されることはありません。

アーティストは新しい音楽を生み出せますし、絵画や彫刻に取り組むこともあります。

レジスタンスムーブメントの中央サークルには特別な博物館があり、アトランティスやその他の高度な文化、特にグレコローマン文化のアート作品が展示されており、インスピレーションの源になっています。

レジスタンスムーブメントの全ての人はプレアデス情報ネットワークからもたらされる重要な情報へアクセスすることができます。

社会の基本単位は地上のように家族ではなく、ソウルファミリーです。

そこでは共有する魂の繋がりによって人々と出会って交流するようになります。

ソウルファミリーとの関係は非常にオープンで、感情や性的なエネルギーを表現することが許されています。

しかしながら彼らの関係の全てが完全に調和しているわけではありません。

なぜならレジスタンスムーブメントは数年前の闇の勢力との激しい戦いから感情的にまだ完全には回復していないからです。

物質化チェンバーを使ってエーテル物質から必要なものを作り出す

科学技術はレジスタンスムーブメント内部では非常に発達しています。

レジスタンスムーブメントは太陽系全域に拠点を持つ銀河連合と活発に連携しています。

レジスタンスムーブメントは特に小惑星帯や惑星Xへの旅などの長距離移動にはテレポーテーションチェンバーを用いています。

レジスタンスムーブメントは物質化チェンバーを使ってエーテル物質から必要なものをなんでも物質化しています。

このチェンバーを使って機械や器具、日常生活で使う物や食べ物を作っているのです。

中には食べ物を準備するのに野菜を栽培し調理するという伝統的な方法を好む人もいます。

フリーエネルギーチェンバーはレジスタンスムーブメント内部の主なエネルギー源であり、エーテル物質から物理的なエネルギーを製造しています。

この技術は最近、電磁放射をしない光の純粋なエネルギー源であるタキオンエネルギーに替わりました。

タキオンレシーバーを使うことで物理的な物にタキオンを浸透させ純粋な光の放射体にすることができます。

このプロセスをタキオン化と呼びます。

このプロセスを使って、身体細胞を若返らせる素晴らしいリフレッシュドリンクを作ったり日常の万能薬を作っています。

クローン技術は完全に開発されているので全ての人は望みどおりの肉体を選ぶことができます。

人々は感情的なものが原因となる症状が時折出る以外は健康問題とは無縁です。特別な物質化チェンバーで除去されます。

感情問題の結果起こる内臓の問題については手術で取り除くのではなく、特別な物質化チェンバーで除去されます。

レジスタンスムーブメントのバイオテクノロジーは発達しており、バイオスキンというもので物理的な傷は数分で治すことができます。

ナノテクノロジーを使ってミニチュアロボットを開発し、ウイルスや有害なバイオチップを除去しています。

レジスタンスムーブメントのコンピュータープログラマーは闇の勢力のメインフレームコンピューターに侵入しています。

このコンピューターには、この惑星の地上にいる全ての人類の脳に埋め込まれているマイクロバイオチップ網を使って人類の思考プロセスをコントロールするプログラムがあります。

このプログラムの良い例が映画マトリックスで紹介されています。メインフレームコンピューターのこのプログラムが完全に破壊されると、人々は、これまで何年間も心理的にバーチャルな世界で自分自身や人々同士、それに自然や宇宙と真の交流を持つことなく暮らしていたことに気づいて驚くでしょう。

あなたが日の入りを最後に見たのはいつですか？

350

精神的ガイドの中核はアトランティスの僧侶

レジスタンスムーブメントの精神的なガイドはアトランティアンネットワークです。

アトランティアンネットワークも三つの同心円でできています。

中心の円は2万5000年前に地上から避難したアトランティスの僧侶数十名で構成されています。

彼らは不死の段階に達しているため、同じ肉体を持ち続けています。

彼らは意識の純粋さを維持するため地上との接触はせず完全に隔離されています。

彼らはアトランティス時代の最後の生き残りです。彼らはヒマラヤ山脈の内部にある特殊なエネルギーポイントに共同で暮らしており、アセンデッドマスターのグレート・ホワイト・ブラザーフッドや地下世界の領主のサナト・クマラと特別な方法でコンタクトしています。

彼らの目的はアセンデッドマスターの世界とアセンドしていない人類の世界との橋渡しをすることです。

アトランティアンネットワークの宮殿

アトランティアンネットワークの真ん中の円は、中心円および銀河連合とのみコンタクトをとる数百のメンバーで構成されています。

彼らの目的はアトランティスの遺産を維持することです。

外側の円は数千のメンバーで構成され、彼らはレジスタンスムーブメントと物理的な接触を持ち、古代アトランティスのミステリースクールの直接的な後継であるミステリースクールの形で、レジスタンスムーブメントに精神的なアドバイスを提供しています。

彼らは時々、高度な精神次元からのスピリチュアルな導きを受け取ることのできる人類にスピリチュアルなメッセージを送り、この惑星の地上にも影響を与えています。

過去には高度に発達した地上の人々の中にアトランティアンネットワークの真ん中の円や外側の円に受け入れられた人もいました。

すでにアセンションを達成していた者もいれば、すでに地球を離れた者、そして今もアトランティスネットワークの一員でいる者もいます。

地下のアトランティアンネットワーク宮殿は素晴らしく、水晶で飾られ、滝や流水で囲まれています。

アトランティアンネットワークの水晶寺院にはアトランティスの遺産があり、地上でニュー・アトランティスを建設する日を待ち望んでいます。

銀河戦争の始まり

下層の七光線と上層の五光線

宇宙は絶対的存在と不確実性との動的張力の結果です。

絶対的存在が意味するものは永遠であり無限で完全ですが、不確実性は論理的にそれとは正反対であるため、不確実性の無意味さに力を制限されます。

不確実性は潜在的に不規則波機能を持っており、絶対的存在の意思によって多次元空間・多次元時間の膜として表れました。

宇宙はこの膜の内側に存在します。絶対的存在はその自由意志（第十三光線）で宇宙に介入し、宇宙の混沌とした不確実性を有意の十二光線の統一体へと調整し、これは宇宙の12のエネルギー的性質を表しています。

最近までこの惑星ではかなり発達した下層の七光線のみが知られていましたが、現在では上層の五光線についての情報も存在しています。

以下、十二光線について述べます。

第一光線　意思

第二光線　愛

第三光線　創造的知性

第四光線　調和

第五光線　具体的知識

第六光線　理想主義

第七光線　顕現

第八光線　聖なる恵み

第九光線　天賦の才

第十光線　融合

第十一光線　次元間の繋がり

第十二光線　絶対的ポジティブ

闇の勢力の主要塞はオリオンのリゲルに存在した

絶対的存在によって宇宙のポジティビティは強化されて進化がサポートされる一方、不確実性の存在によりネガティビティが強化され進化が妨げられています。

それゆえネガティビティや苦しみは人によっては間違った理解をされることもありますが、決して高度な目的とはなりえません。

善のみが善をもたらしうるのです。

絶対的存在の目的は不確実性に絶対的存在を貫き通し、全ての不確実性が絶対的存在と融合する地点まで宇宙の進化を導いていくことにあります。

絶対的存在は銀河系の集団を選んで宇宙の防衛区域とし、解決すべき不確実性の最もネガティブな箇所として選定しました。

アークデーモン（最上位の悪魔）はもともと天使で、何百万年も前に物事の不確実性を掘り下げ、自分たちの意識で変えていくために選ばれました。

彼らはこの使命を過剰に行い続け、相互転移により意識を失い、闇に迷うことになりました。

こうして闇の支配者が生み出されたのです。彼らは惑星の攻撃を始め、そこにいる人たちにインプラントし、奴隷化し、遺伝子工学で変種を創り出しました。

アセンデッドマスターはこの闇の感染を私たちの銀河系とアンドロメダのM31銀河系に制限しました。

光の勢力は宇宙船を集め、感染した地域の解放を始めました。これが銀河戦争の始まりです。

光の勢力の作戦はアンドロメダ銀河系では成功し、闇の勢力は私たちの銀河系に逃げ込んできました。

私たちの銀河系にあるセントラルサンの周辺には発達した文明が存在し、光の銀河ネットワークを作りました。

銀河の伝説では光の銀河ネットワークはやがて完結し、全ての闇は宇宙から消滅すると言われています。

それゆえ闇の勢力は銀河の中心の光エリアから撤退し、進化していない周辺へ逃げ込む必要がありました。

彼らはオリオンのリゲルという星の軌道を回る闇の惑星を自分たちの主要塞として選びました。

闇の勢力の中心的存在は堕天使で、非常に強力なインプラントで馬蹄《ばてい》の形に変化させられた存在です。

ローカルロゴス

光の勢力の成功は闇の勢力の支配区域を2万5000年にわたりローカルロゴスという名前の銀河のある部分に制限したことです。

これは中心がプレアデスにある銀河の区域であり、半径約1000光年です。

ローカルロゴスの内部には光の勢力が次の恒星系にメインセンターを持っていました。

プレアデス、シリウス、ヒヤデス、ベテルギウス、オリオンの帯にあるＥＬ ＡＮ ＲＡ スターゲート、オリオンのホースヘッド星雲、ヴェガ、Ｍ27リラの惑星状星雲、アルファセンタウリ、アークトゥルス、イプシロンエリダニ、タウチェチ。

闇の勢力の主な要塞は次の恒星系にありました。

リゲル、アルファ・ドラコニス、ゼータレティチューリ1、ゼータレティチューリ2、イプシロンボート、アルタイル、カペラ、バーナードスター。

光の勢力の侵攻は闇の勢力の暴力的反応や銀河中の様々な変種の反乱を引き起こし、惑星地球を隔離し、光の勢力の侵入を阻むために惑星の住民を人質にとりました。

アシュターのアセンション最後の動き

地球が隔離された時、アシュターは自らの生きたマンダラの助けを借りてアセンションに達し、地球において光の勢力が勝利した際に起こるアセンション・ウェーブプロジェクトへの扉を開きました。

アシュターのアセンションは、地球に闇の勢力が来る前に光の勢力が行った最後の動きでした。

アセンデッドマスターは地球を離れ、アトランティアンの僧侶は地下に退却しました。

かつてのアトランティス文明は地上で衰退し、繰り返し行われたインプラントから逃れたものは誰もおらず、人々の魂の意識は忘却の彼方に沈みました。

シリウスのブルーロッジは1万6000年前にアトランティスの衰退を食い止め、分離を癒すために星の同胞団を生み出したものの失敗し、アトランティスは最終的に紀元前9564年6月に破壊されました。

地上介入

衰退は続きましたが、神聖なエジプト王朝はアトランティスの伝統を保持していました。

セントラル銀河文明は3500年前に地球に強く介入し、クレタ島の高度文明の興隆に影響を与えました。

このプロジェクトがかなりの成功を収めたため、地下のアガルタおよびアトラティアンネットワークは活発に地上に介入することを決め、グレコ・ロマン文化の繁栄をもたらしました。

星の同胞団はこの機会を用いて、イエスの存在する間に人類を目覚めさせてアセンションの可能性を高め、闇の勢力に対して最終的に勝利するという聖なる計画に気づかせようとしました。

闇の勢力は強く反応し、アンドロメダ銀河から増援を送り込みました。

これによりローマ帝国が崩壊し、中世の1000年に及ぶ闇の時代が始まりました。

宇宙のターニングポイントはすでに1999年8月11日に設定され、もうそこまで迫っています。

収束の半千年周期

西暦1500年頃は宇宙のターニングポイントの半千年周期年前でもあり、アトランティアンネットワークと地下のアガルタがルネッサンスをもたらしました。

収束の半千年周期は聖書の70週の預言と一致しています。

西暦1750年頃は、ターニングポイント（2000年）の1／2半千年周期前（250年前）であり、アトランティス人とアガルタ人の影響で啓蒙活動が興りました。

この活動は人類の社会状況改善を目的としていて、科学が急速に発展し、産業革命へと繋がりました。

闇の勢力はこれに対応して新世界秩序計画を考案しました。

ターニングポイントの4分の1半千年周期前（125年前）の1875年、ヘレナ・ペトロヴナ・ブラヴァツキーは神智学協会を設立し、この惑星の地上でのスピリチュアルな目覚めに繋がりました。

この時から人々はアセンデッドマスターの存在をこれまで以上に知ることになり、アセンデッドマスターはこの惑星の状況に影響を与えられるようになったのです。

それまで隠されていた真の深遠な知識が人々の間に広まり始めました。第一次世界大戦はこの目覚めに対する闇の勢力の反応でした。

1937年はターニングポイントの8分の1半千年周期年前（約63年前）であり、闇の勢力は新しい目覚めを阻止しようとして第二次世界大戦を準備しました。

この戦争が終わった時、光の勢力は銀河の莫大な部分を浄化し、銀河連合は新しい教えやUFO

の出現を使って人類の意識に活発に介入し始めました。

1968年は、ターニングポイントの16分の1半千年周期年前（約32年前）であり、ヒッピームーブメントと性的革命の形でスピリチュアルな目覚めが起こりました。

この年はアメリカにおける宇宙プログラムの最盛期であり、宇宙探査の分野において公に知られる人類最大の偉業を成し遂げました。

闇の勢力の反応としては、アンドロメダの闇の勢力からの攻撃が1975年に起こり、それがヒッピームーブメントの衰退を招き、宇宙計画もほぼ頓挫《とんざ》しました。

他にこの攻撃がもたらしたものは公にはなっていませんが、光の勢力にとっては痛みを伴うものでした。

1975年5月25日の絶対的存在の介入を通して地球に宇宙への扉が開かれ、これによりこの惑星の闇の変換が始まりました。

ターニングポイントの32分の1半千年周期年前である1983年末には、絶対的存在は特定の人に時空の直接的連続体の終わりについてのビジョンを明らかにし、それにより永遠という時間軸がこの惑星に固定されました。

1987年8月17日には何万人もが調和収束の扉を開き、これにより銀河連合と地球との繋がりが強化されました。

絶対的存在は次元の扉を開くことで地球惑星を注目対象の中心とし、これにより1987年から2012年にかけて惑星意識が三次元から五次元へ上昇しました。

ターニングポイントの64分の1半千年周期年前である1992年1月11日には、多数のスターピープルが11：11の扉を開きました。

11：11の11の扉を通して、絶対的存在は最初の十一光線の高次アスペクトを固定しました。

1994年から1996年にかけては、アセンションのファーストウェーブの可能性がある時間窓が生じました。

成功する確率は40％で、アセンデッドマスターはできるだけのことをして成功させようとしていました。

しかし地球に転生したスターピープルの大部分が、彼らの自由意志でアセンション・ウェーブに反対することを決定し、鍵を握る人たちも間違った決定を受け入れ、クリティカルマスが達成されなかったのです。

それゆえ全体のプロジェクトは公的な地球外文明との物理的コンタクトの時まで延期されました。

延期されたことで多数の人が決意しやすくなり、クリティカルマスの達成も容易になるでしょう。

人類が新しい時代に突入するのを防ぐため、闇の勢力の宇宙での攻撃が1996年1月11日に起こり、これは過去2万5000年の地球に対する攻撃の中では最悪のものでした。

これはエーテル次元とアストラル次元での核戦争でしたが、人類が自由意志で物理次元での核戦争を拒否したため幸運にも物理次元には広がりませんでした。

この闇の勢力の宇宙での攻撃は地球の光をほぼ破壊し、宇宙に残っている全ての異常が、感染したローカルロゴスを通して地球に溢れ出しました。

銀河の他の箇所や宇宙の残りの部分は闇の勢力から解放され、最後の浄化期にありました。

1998年5月17日には横道の冬至点が銀河の赤道と交わりました。

これは2万5000年に一度しか起こらず、これが前回の2万5000年周期の終わりであり、次の周期の始まりでもありました。

宇宙の闇を完全に浄化できるツール《ニュー・ヘブン》

1999年8月11日の皆既日食には11：11の第四ゲートの形で宇宙のターニングポイントが起こりました。

絶対的存在はその時、宇宙にニュー・ヘブンと呼ばれる特別な鍵を送りました。この鍵は宇宙の闇を完全に浄化できるツールです。

11：11の第四ゲートでこの鍵は、局部銀河団を除く宇宙全体を完全に浄化しています。

1999年12月には、惑星Xで闇の勢力に対する反抗が起こり、数週間にわたる熾烈《しれつ》な戦いにより惑星Xは1999年12月21日に解放されました。

レジスタンスムーブメントの多数のメンバーが地球にやってきており、地下でも同じように地球解放の時に備えて待機しています。

新しい鍵《ニュー・アース》

このニュー・ヘブンの鍵を使うことで、私たちの太陽系以外の局部銀河団全体は2001年3月25日に闇の勢力から解放されました。

2002年10月19日の11：11の第五ゲート活性化の際、絶対的存在はニュー・アースという新しい鍵を宇宙に送り始めました。

この鍵はニュー・ヘブンの鍵の補助的な鍵であり、惑星地球の闇を浄化するためのツールです。

この鍵の次のパーツは2004年5月に起こった11：11の第六ゲートの活性化時に受け取られました。

2003年11月の調和収束は1996年1月11日から始まり、1999年の夏の11：11の第四ゲートの頃に最大の激しさとなりました。

これは7年間続いた闇の勢力による地球の絶対的支配の終結を示しています。

この闇の7年間は古い数多の予言でも言及されていて、宇宙の根本的浄化をもたらし、闇の残骸を地球の周囲に集中させ、2012年12月21日までに消滅させることになっていて、その時に絶対的存在はニュー・アースの最後のパーツを送ることになるでしょう。

惑星地球の解放

亜原子粒子タキオン

現在この太陽系の外側にあり、すでに闇の異常から解放されている宇宙は、地球周辺とは異なる様々な物理的法則に統治されています。

宇宙で情報を伝える基礎亜原子粒子は光子ではなくタキオンです。

タキオンはほぼ無限のスピードとそれゆえ莫大なエネルギー資源を持つ亜原子粒子であり、十三番目の光線を運搬します。

光子宇宙は光のスピードに制限され、宇宙の中で惑星地球のみが契約させられた「闇の異常の影響下」にあります。

光の速度での情報伝達では、存在が受け取る宇宙の概念は必ず歪曲されます。

それゆえ地球人は、この宇宙で本当に起きていることについて明確に認識することが困難なのです。

タキオン膜

アセンデッドマスターは、タキオン宇宙と光子宇宙との間にタキオン膜を設置しており、その膜が解放された宇宙からのわずかな信号を人類の視覚や科学的装置で検知できる光子状にして伝えています。

そして若干のタキオンが地球に届き、精神的に発達した人々に高次元や遠く離れた世界についての気づきをもたらしました。

ある種の水晶、ある種のオパール、そして特別に処理されたガラスはタキオン容器として扱うことができ、それゆえ物理次元でのタキオン濃縮を増加させることができます。

地球の周囲には多数のエネルギー膜があり、異なる浄化ステージの境界となっています。

私たちがいる地球に近づくほどに物理的・エネルギー的な汚染と異常が増えます。

この最初の膜は地上から約21万4000マイルの月の軌道内にあり、太陽系と地球に近い月下空間との惑星間空間の境界となっています。

高度137マイルには、月下の宇宙空間と地球上空の大気との境界となる膜があり、これはほぼ全ての人工衛星の軌道の最低ラインとなっています。

また、12宮のエネルギーフィールドを創り出すマトリックスも存在していて、これがアトランティス時代からの占星学の基礎となっています。

最後の膜が地上から8・6マイルにあり、新世界秩序の影響の上端となっています。

この高度は商業的航空機の最大高度となっています。これより高い高度への到達は、莫大な費用がなければ一般人にはほぼ到達不可能です。

闇の異常からの解放

「闇の異常」から解放された宇宙は、清らかな光と愛と調和の領域です。

宇宙の進化はアセンデッドマスターが銀河法典に合致して導いています。

銀河法典は全ての存在の内的感覚と一致していて、ハイアーリアリティとして知られています。

解放された宇宙における全ての存在は、全ての関係を調節する銀河法典に従って自由意志で行動しているため、決して衝突を起こすことはありません。

銀河法典によって宇宙の全ての存在は聖なる恵みを受ける権利を与えられています。

アセンデッドマスターは闇の異常から解放された物質に及ぼす力を持っており、マスターはその力に基づいて進化する存在に聖なる恵みを与えています。

宇宙の全ての存在は物質的豊かさとアセンションを頂点とする無限の精神的成長の権利を有します。

宇宙の全ての存在は移動の自由と宇宙の全てのことを知る権利を有します。

解放された宇宙において、全ての存在は自由意志により無条件にワンネスを選択しているため、宇宙の全ての存在は、魂同士の親密さに基づいて他者と統合する権利を有します。

一なるものは宇宙の未来であり、時空のループを無効にして宇宙をワンネスへの進化へと導くものです。

一なるものは次の宇宙サイクルに進化していくための宇宙であり、驚くほど美しい虹として現れます。

ハイアーリアリティである《銀河法典》の役割

宇宙の解放されていない区域では、銀河法典が人類を救う銀河連合の活動を調整しています。

銀河連合は地球に介入してはならないというのは闇の勢力が広めた偽情報です。

真実は、闇の勢力が地球人を人質にしているため、銀河連合は非常に慎重に行動しなければならないということです。

銀河法典を適用すれば、光の勢力による迅速かつ効果的な地球への介入が必要です。

なぜなら、多数の銀河法が明らかに闇の勢力によって破られているからです。

たとえば、戦争、暴力、人工的に生み出された貧困、飢餓、疾病、自由の欠乏、情報の検閲などによって。


これは銀河連合が違反された地域を引き継ぎ、地球で現在施行されている地域の法律にかかわらず、銀河の合法性を取り戻すことを意味します。

自由意志で銀河法典の条項に言及する人は、人生において銀河連合の介入を経験することもあります。

クリティカルマスの人々がその選択をした時、大きな社会的変化が起きます。

銀河法典は、他の存在からのネガティビティから守られるという権利を全ての生きている存在に与えています。

闇の存在が愛の導きと精神的成長への助けを得られた時、ネガティビティを広めることを止める選択をしないなら、銀河のセントラルサンによって分解され基本的元素へと変えられます。

その他の存在は全て解放された宇宙の調和した現実に受け入れられるでしょう。


各個人は自分たちの意思、決定、行動で銀河法典を支持することにより地球の状態を改善することに貢献できます。

各個人が惑星地球から自由に出入りする権利、知る権利、精神的、物質的成長の権利、そして進化した地球外文明とコンタクトする権利を支持すれば、アトランティスの時代に作られた頭部のインプラント・グリッドの破壊に役立ちます。

このインプラント・グリッドが分離を生み出しました。個人が愛やセクシャリティを自由に表現する権利を支持すれば、アトランティス時代に同じように生み出された腹部のインプラント・グリッド破壊に役立ちます。

インプラント・グリッド

このインプラントは、アトランティスの時代からほとんど全ての男女関係を破壊してきたと言えます。

このインプラント・グリッドを破壊することで地球上の調和した関係や豊かさを生み出すことができます。

新世界秩序のシステムは性エネルギーと感情エネルギーのコントロールを基礎としています。アストラル次元では、数多くの闇の存在が魔術儀式や高度な精神技術を使って人間関係をコントロールしたり破壊しています。

だから地球の人々はこのシステムに過剰なまでに従っており、そのため現状を打破する進化の推進力となるような反逆者や革命者が不足しているのです。

相転移によるブレークスルー

明らかな無気力感にもかかわらず、相転移という物理現象で最もよく示されるブレークスルーが起こるでしょう。

これはある物理的システムがクリティカルマスのエネルギーを受け取った時、突然その構造が根本的に変化して起きます。

水が一定の温度で水蒸気になるというのがその一例です。

そのような相転移が地球の社会システムでも起きるのは、レジスタンスムーブメントが地上に到達し、人類に技術やヒーリング、情報などの援助を与えるのに十分な力を得た時です。

これが株式市場の崩壊や不正なシステムの衰退を引き起こすでしょう。

ナノテクノロジーや物質化チェンバー、フリーエネルギーの使用は、全ての人にとって豊かさと安寧を意味します。

プレアデス人は人類に姿を見せ、大いなる存在へと近づく方法を示すことになります。

プレアデス人は彼らの持つ光のタキオンテクノロジーを使い、高次元へ入るアンカーを創り出し、それによりアセンデッドマスターが到来します。

アセンデッドマスターは数年の期間で三つのアセンション・ウェーブと人類の避難計画を実行することになります。

避難の際、地球は物理的な移行期間に入り、光の惑星になります。

その時、宇宙にある全ての闇の異常は完全に消滅し、地球には光とワンネス、そして調和の文明であるニュー・アトランティスが誕生します。

これは２０１２年12月21日までには起こる可能性が高いでしょう。

銀河法典

光側の魂全ての内部倫理を体系化した法典

惑星地球はこの宇宙で闇の勢力に支配されている最後の惑星であり、何百万年も銀河中に吹き荒れた銀河戦争の最後の遺産です。

銀河が闇の勢力の支配から解放されつつあった頃、調和した銀河や宇宙社会を目的とし、感覚を持つ存在の基本的自由を保護する必要性のために軍隊が緊急的に生み出され、そこから光の勢力が進化してきました。

銀河連合内部の存在は精神的に進化し、アセンデッドマスターと協力し団結したため、光の存在同士の内部関係や、光の存在と闇の勢力や占領された惑星との関係を調整する内部法典を見出しました。

この法典は銀河法典と呼ばれ、銀河連合がこの銀河およびそれ以外の銀河で行う全行為の法的基礎となっています。

この法典は外部規則を厳格に適用したものではなく、光側の魂全ての内部倫理を体系化した法典です。

そして、この内部倫理は自分たちの内的な真実を反映しているため、光の存在全てが自由意志により受け入れています。

ここでは銀河法典を、人間社会で平均的に目覚めた人類に理解できる形で述べることにします。

第I章　神の恩寵の法則

感覚を持つ存在はそれぞれ、ポジティブな人生を経験する不可分で無条件の権利を有する。

第I章を説明するためには、闇の勢力やその他宇宙の異常の影響から解放された進化した銀河社会では、苦しみや痛みは全く価値がないということを理解する必要があります。

痛みや苦しみや犠牲を成長経験の一部として価値を与えるのは、闇の勢力が占領した惑星の人々を奴隷化しやすくするために行っているプログラムの一部です。

解放された宇宙において感覚を持つ全ての存在はポジティブな人生を無条件に経験できます。これは全ての生きている存在が内部に持っているソースとの繋がりによって保証され、物事に及ぼすアセンデッドマスターの力により強化されています。

そしてその力によってソースを熱望する全ての生きている存在が支援され、人生で必要なものが与えられます。

人生は決して辛く苦しいことを意味するものではなく、むしろ喜びと創造の旅なのです。

第I章の各節で、解放された宇宙の全ての生命が統制され、光の存在同士の全ての関係が調整され、衝突が起こる必要がない仕組みになっています。

各節を説明しましょう。

第I章―1　全ての感覚を持つ存在は、物質的および精神的豊かさを享受する不可分で無条件の権利を有する。

この節では解放された宇宙において、全ての感覚を持つ存在がポジティブな人生を経験することを保証しています。

アセンデッドマスターは解放された宇宙を取り戻すのに使った力により、生きるのに必要な全てのもの、そして物質的、精神的豊かさや美しさを与えます。

第I章—2　全ての感覚を持つ存在はアセンションへの不可分で無条件の権利を有する。

この節では、アセンデッドマスターが深く理解しているアセンションの精神的技術をどのように用いるか、また、救済の電気的炎を利用することにより、自由意志でアセンションを選んだ全ての存在をどのようにサポートするかを説明しています。

第I章—3　全ての感覚を持つ存在は、ソウルファミリーのマンダラにおける自分の位置に応じた割合で、他の存在と統合する不可分で無条件の権利を有する。

この節はソウルファミリー内部の全ての関係の調整方法が定められています。

この節では、対極の存在（ツインソウル、ソウルメイト）との統合が保証されており、また、発達段階や外部条件にかかわらず全ての存在と団結することも保証されています。

第I章—4　全ての感覚を持つ存在は、全ての情報を得る不可分で無条件の権利を有する。

この節は、全ての存在は宇宙におけるそれぞれの役割を理解するための情報や進化の全体像、その他自分たちの決定、成長、そして幸福に必要な情報を受け取ることを保証します。

この全てのデータはアセンデッドマスターや様々な種族や文明の進化を監視している存在が提供します。

第Ⅰ章―5　全ての感覚を持つ存在は、自由に対して不可分で無条件の権利を有する。

この節では全ての存在に対して、成長と人生経験の無限の可能性を与えています。

解放された宇宙では、全ての存在はポジティブな物事のみを創造するため、自由が他の存在の自由に反することは決してありません。

第Ⅱ章　衝突する当事者を分離する法

それぞれの感覚を持つ存在は、感覚を持つ他の存在のネガティブな行為から分離され、保護される不可分で無条件の権利を有する。

この節は、次のような宇宙のエリアにおける状態を調整します。

つまり、闇の勢力の影響から解放されたばかりでまだ連合には受け入れられていないエリアです。この調整のためには、光の勢力が常に衝突する当事者を分離し、お互いを傷つけ合うことから保護する必要があります。

それから光の勢力はその衝突が解決するまで仲介します。この節は戦争やその他武力紛争の終結によく用いられます。

第Ⅲ章　精算の法

過去に銀河法典の原則に反した生活や行動をとる選択をし、現在も銀河法典の原則を受け入れることや過去の行動の結果を精算することを拒否もしくはそれができない感覚を持つ存在は、セントラルサンに連れていかれ、基本的な要素に再構築され、新しい進化サイクルを一から始めることになる。

この章では、光の勢力と闇の勢力との関係を調整します。

闇の勢力に属する存在は、敗北した時点で銀河法典を受け入れて可能な限り過去に犯した過ちを修正し、それ以降ポジティブに生きていく機会が与えられます。

この条件を受け入れる場合、彼らは許され、銀河連合に加えられます。

受け入れられない、もしくはその意思がない場合、セントラルサンに連れていかれ、彼らの人格や魂の本質は救済の電気的炎で再構築され、彼らの神性の輝きは、新しい進化サイクルを始めることになります。

第Ⅳ章　介入の法

銀河連合はその場所の法律にかかわらず、銀河法典が侵害された全ての場合において介入する不可分で無条件の権利を有する。

この章では、占領された惑星での光の勢力の政策が述べられています。

連合は、銀河法典が侵害された全ての場所、文明、惑星、もしくは太陽系に介入する権利を有します。

これはこの介入に対して、地元の文明がどのような見解を持っているかに関係なく行使できる権利です。

連合は常に全ての平和的教育および調整手段を使える権利を有します。

銀河法典の原則のクリティカルマスが侵害された場合、連合は軍事力を行使する権利を有します。闇の勢力の直接の占領下にある惑星は特殊なケースです。

闇の勢力は通常、その惑星の人々を人質にして光の勢力の進行を妨害します。

地球では、光の勢力が介入しようとすれば闇の勢力は核兵器で脅しをかけます。

これが、光の勢力がこれまでこの惑星を解放できなかった主な理由です。

（いわゆる「我々は自由意志を尊重しているので介入せず、苦しみをそのまま眺めるだけである」という馬鹿げた理由からではありません）

人質がどのような状況であっても、介入には巧みな交渉術と戦略術とを必要とします。

この状況はゆっくりと解決されつつあり、惑星地球は私たちが生きている間には解放されるでしょう。

第Ⅳ章―1　全ての感覚を持つ存在は、必要に応じて銀河連合に救助を求める不可分で無条件の権利を有し、銀河連合は現地の法律にかかわらず救助する権利を有する。

この節では闇の勢力の人質全てに介入し、救助する法的根拠を示しています。

光の勢力は常に全ての感覚を持つ存在の、それがたとえ地球上であっても、その生活環境を可能な限り支援し、改善しています。

惑星地球の状況を見れば、この惑星では光の勢力よりも闇の勢力のほうがはるかに力を持っていることがわかります。

幸いこの状況はまもなく変わるでしょう。

第Ⅳ章―2　銀河連合は銀河法典を施行し、銀河法典が侵害されている場所を必要であれば軍事力で制圧する不可分で無条件の権利を有する。

この節は占領された惑星を軍事力で解放する法的根拠を示しています。

連合の軍事力は闇の勢力の代表者を除去し、人質を解放します。

そして連合の他の部隊が現地の人々を指導して、この惑星を連合への受け入れプロセスへと導いていきます。


おそらく人類の中には、連合には介入する権利はなく人類には自分たちで問題を解決する権利があると感じている人もいるかもしれませんが、これは全く真実ではありません。

この惑星での幾多の戦争や基本的人権の絶え間ない侵害を見れば、人類には自分たちの状況に対処できる力がないことは自明の理です。

それゆえ賢明な守護者を受け入れて解決に導いてもらうほうがはるかによいでしょう。

連合はまた、人類がはるか昔のアトランティスの時代に招き入れた、現在の傀儡《かいらい》の主人（闇の勢力）を取り替えるでしょう。

そして最終的に銀河法典は宇宙全体の普遍的な倫理規範となり、闇の勢力は二度と存在しなくなるでしょう。

女神の再来

滅びの瀬戸際で発揮される癒しの力

数千年の時を経て、女神が再来するでしょう。

女神のエネルギーはゆっくりとほとんど気づかれることなくやってきますが、いつか世界に溢れ出るでしょう。

女神の静かな地下での流れは誰にも気づかれることなく、人類に蓄積されてきた渇きをゆっくりと癒していきます。

それ以外の何物も癒すことのできない渇きを。祈りでもなく、瞑想でもなければ複雑なヨガのエクササイズでもなく。

永遠の知恵が書かれた聖なる本を読むことでもなく。世界が与えうる何千もの体験でも癒すことはできない渇きを。

女神は何千年もの間、家父長制世界の抑圧の下で叫び続けてきました。

あまりにも長い時間が経過したため、誰も女神の存在すら覚えていません。

時々、忘れ去られた博物館の倉庫にある埃をかぶった小さな像の周りに女神の反射した青白い光が見られるかもしれません。

もしくは、人里離れたアマゾンのジャングルの滝の水滴に見られる光り輝く虹に。

あるいは、結ばれた愛する者の目の中に。もしくは、誰も見ることができない踊る少女の動きの中に。

厳しい男性世界に女性らしい優しさが欠けていることで不均衡が生み出され、この世界は滅亡の瀬戸際まで追いやられています。

今では家父長制はゆっくりと崩壊しつつあり、マトリックスの裂け目から記憶が戻ってきています。

その記憶はかつての楽園であり、再びその楽園が……。

古代ヨーロッパの新石器時代には、女神の癒しの力への崇拝が何100世代もの間文明を安定させてきました。

女神は全ての源であり、母であり、養育者であり、生命を維持するものであり、生死のサイクルを担う者でした。

聖なる洞窟や聖なる林では、女神への贈り物として私的な儀式が執り行われていました。

古代の人々は、春分や秋分、夏至や冬至といった自然の周期を、性愛、誕生、魂の再生の祭事やフェスティバルで祝ってきました。

女神の神秘の儀式は通常、迷宮を通って辿り着く地下の洞穴や洞窟のような地下空間で行われ、迷宮の中央では女神と有角神の融合が行われていました。

迷宮は象徴的に人間の内面世界や精神的道筋、つまり人間の魂のマンダラを表し、女神と有角神の融合は人間の精神の女性原理と男性原理の融合を表しています。

女神の巫女《みこ》

女神の巫女は時の管理者でした。自然な季節の変化や、日の出や日の入りの聖なる瞬間を通して、時は螺旋状に流れていました。

女神の三つの性質は月の満ち欠けに反映されており、それは女性の人生に原型として表されている少女、母、そして老婦人です。

少女は生命そのものの象徴であり、母は生命を与えるもの、そして老婦人は死を象徴しています。それゆえ、この三つの性質を持つ女神は感覚的に生死の自然な循環を表し、ここでは死が新しい生命への入り口に過ぎません。

同じように、女神の巫女は生命エネルギーの管理者でした。

生命エネルギーは二つの方法によって現れます。

一つは物質的生命をもたらす生殖のエネルギーであり、もう一つは新しいスピリチュアルな生命をもたらす性愛エネルギーです。

新石器時代には全ての社会で両方の生命エネルギーが浸透していたために幸せな社会が実現し、現代人が失ってしまった幸せを知っていました。

しかし、この楽園は永遠ではありませんでした。新石器時代の終わりに野蛮なクルガン兵士が馬に乗ってコーカサス大草原から古代ヨーロッパに侵略してきました。

クルガン兵士は女神を嫌っていました。彼らは女性と女性のセクシャリティを嫌っており、残忍なレイプにより破壊しました。

彼らは現在の私たちが知っているような階層社会や家父長制社会を作りました。

クルガン兵士は戦争や暴力を持ち込み、平和な新石器時代の人々や女神の崇拝者はそれに抵抗する方法がわかりませんでした。

そして虐《しいた》げられました。しかし彼らの女神への信念や信仰は強力で、何千年も受け継がれていきました。

女神の巫女はシュメールでは女司祭として活動し、愛の巫女として結婚は許されませんでしたが、その代わり寺院でヒーラーや生きた性的エネルギーを手ほどきする役割を担っていました。

この伝統はアッシリアやバビロニアにも引き継がれ、そこからセム人まで伝わっていきました。

巫女はユダヤ人の中ではquadeshaとして、ギリシャ人の中ではhierodulaiとして女神に仕える女奴隷として活動していました。

女神エネルギーへの最後の攻撃は組織化されたキリスト教でした。

３９２年ローマ皇帝テオドシウスが全ての異教徒の儀式を禁止し、黒いフードをかぶった生気のない目をして口に泡をつけた狂信的な僧が異教徒の寺院を抹消し、像を破壊し、聖なる木立を壊し、巫女をレイプし始めました。

それから非常に長い間、誘惑的で官能的な女神の姿は、キリストのシンボルである十字架に磔にされて苦しんでいる男にとって代わりました。

しかし今、女神が再来します。

過去数十年、女性的なエネルギーの新しい衝動が宇宙の深いところからやってきて、世界に安定を取り戻させようとしています。

この新しいエネルギーが引き金となって60年代のヒッピームーブメントのような多数の新しいスピリチュアル運動や、ネオペイガニズム（訳注：キリスト教普及以前の宗教、特に超越神ではなく自然の現象や物質を崇敬する宗教を現代的な観点から見直そうとする運動）の再来、スピリチュアリティに対する幅広い関心などが引き起こされています。

多数の女性は自分自身の中の女神を再発見し、再び巫女として活動を始めています。

女神は再来します。女神の聖なる木立では泉が蘇ってきています。

女神の癒しの泉から湧き出る水は、疲れた人間の身体や魂を生き返らせ始めています。地下の洞窟や洞穴では、女神に捧げる儀式が再び行われています。そして光の道程の巡礼者としてあなたにも参加を呼びかけます。

ソウルファミリー、そして2012年

金融システムの変化と惑星からの新エネルギー

あなた方が住んでいるこの世界は徐々に完全な変化へと近づいています。

この変化の最初の兆候はすでに見られています。

現在の世界的な金融危機は、銀河のセントラルサンから強力な宇宙エネルギーが流入した結果であり、そのエネルギーは、特に冥王星を含んだ私たちの太陽系の外惑星を通って送られています。

このエネルギーは地球に入り、これまで隠され抑圧されていた全てのものを浮き上がらせていま

す。

この新しいエネルギーが増幅している振動の中では、現在の私たちの惑星に存在しているような搾取的なシステムは長くは存在できません。

人類が全ての人に公平な金融システムを強制的に確立するまでは経済危機が続くでしょう。２００９年は「これまでどおりのビジネス」ができる最後の年となります。すでに２０１０年にはもっと目に見える形となり、全ては２０１２年の頂点に向かって進んでいくでしょう。

そして２０１２年にはこの惑星全体で本質的な突然のシフトが起こり、ポジティブな未来に向かっていくことになるでしょう。

こういった宇宙のエネルギー変化によって、各個人が各々の恐れに立ち向かうことになり、これまでに見たくないと思っていたものをもっと深くまで見つめることになるでしょう。

しかし、この危機は人々が従順な羊のような行動をやめて、最終的には崇高な目的のために光の存在となっていく唯一の方法なのです。

闇の浄化は現在そうしたいと思う人にとっては、「光の領域」を創造できるところにまで達しています。

光の領域はまず初めに意識や相互結合性によって創造されるでしょう。

この相互結合性は古い世界では不可能でした。古い世界では、私たちは血縁関係の家族という観点からお互いに繋がっていました。

新しい世界ではソウルファミリーとしてお互いと繋がるでしょう。

私たちの惑星を何十億年も前から占領してきた勢力が確立した金融システムが最終的に崩壊する時、相互結合によって創造する光の領域のみが、新しい時代へのソフトな移行を可能とするでしょう。

ファミリーのメンバーと新しい人間関係

血縁関係の家族が社会の基本的な単位であるという考えは、アトランティスの時代に人類に埋め込まれた主な幻想的な考え方の一つです。

この考えは意識の焦点を魂の次元から物質界の次元へシフトさせ、遺伝学に基づいた関係を生み出し、それが人類の遺伝的な設計図を腐敗させることになったのです。

魂のエネルギーが12の螺旋構造をしたエーテルＤＮＡに入っていかなければ高次のスピリチュアルな能力は低下し、幻想的なマトリックスが生み出されて人生の経験を迷宮へと変えてしまいます。

ソウルファミリーの肉体を持った転生は、常にソウルファミリーのメンバーによって創造されます。

それぞれのメンバーはお互いを魂として認識していて、特にソウルファミリーのマンダラでの自分の位置を認識しており、相互関係の本質や目的を理解しています。

ソウルファミリーが物理的次元で生み出されると、ソウルファミリー全員の振動周波数を五次元へ引き上げるアセンション・プロセスが自動的に引き起こされます。

このプロセスを起こすためには、ファミリーのメンバーが創造の全次元において繋がっていなくてはなりません。

一番重要なのは、全てのソウルファミリーメンバーが、肉体の脳で認識できる程度に魂の繋がりを認識していることです。

メンタル次元ではこの繋がりはアイデアの自由な流れや、ソウルファミリーのメンバー同士の理解や純粋なコミュニケーションとして表れます。

感情次元では、全てのメンバー同士の感情エネルギーの自由な流れや清澄な感情表現、共感として表れます。

物質的次元では異性のメンバー同士での行動による愛情表現や愛の触れ合い、そして性的な愛のエネルギーの清澄な流れとして表れます。

魂次元ではソウルファミリーの様々なメンバー同士が異なるレベルで相互に関連し合っています。

ツインソウルの繋がりが最も強固ですが、この繋がりが確立するのは私たちの惑星文明と惑星外の光の勢力とのファーストコンタクト以降となります。

ソウルメイト同士の繋がりもまた非常に強力です。

ソウルメイト間にはある種の電磁石的な引き寄せが起き、それが抑圧された無意識の人格全てを変容させます。

ソウルファミリーの全てのメンバー同士、光の全ての兄弟姉妹間にも基本的な繋がりがあります。

この繋がりは、私たちが生まれた目的である、神聖な使命を顕現するという共通の目的や共通の役割が基礎となっています。

ソウルファミリー内部での相互作用は螺旋状の渦の動きという複雑な構造を生み出し、それが私たちの三次元から五次元、六次元、七次元への変容の橋を創造しています。

この螺旋状の渦は私たちのライトボディを活性化し、新しい意識状態への変容の舞台となります。

一夫一婦制は選択肢の一つに過ぎなくなる

ソウルファミリー内のインディゴチルドレンやレインボーチルドレンは、遺伝的な親だけでなくコミュニティ全体によっても育てられることになるため、より健康的な人物へ成長していきます。

数千年も宗教によって抑圧され、現代メディアで操作されてきた性的エネルギーは、最終的には解放され、魂のエネルギーと結びつくことになります。

女性は自分たちの女神としての役割を再び発見し、セクシャリティを開放して魂と結びつけ、セクシャリティにより魂を癒していくことになります。

男性は再びビジョンを持った英雄となり、新しい世界の建設者となっていきます。

一夫一婦制はもはや男女が関係する唯一の方法ではなく、選択肢の一つに過ぎなくなります。

私たちがソウルファミリー同士で繋がって十分な量の光の領域を生み出し、今の金融システムが崩壊の臨界点に達した時、ソウルファミリーは物理的に共に生活することを決断し、光のコミュニティを創造し始めます。

このコミュニティでは、高次意識の原則に従って行動する方法を学ぶことになります。

意識が十分に発達した時、このコミュニティーは光の島へと成長します。

光の島は惑星外の光の勢力とのファーストコンタクトを確立するための地となります。

光の勢力は残っている全ての軍事的衝突を和らげ、人類に平和の時代をもたらします。

これが新しい時代の夜明けであり、水瓶座の時代です。

来るべき時代

太陽活動極大期と社会変動の相関

2012年は太陽活動が極端に増加する年として記録に残るでしょう。

太陽活動は通常11年毎に最大限になり、銀河意識が太陽系に入ってくる入り口となります。

銀河のセントラルサンのエネルギーは、人類社会に劇的な変化をもたらす原因となっています。

太陽活動極大期の銀河のインパルスが人類にどのような影響を与えるかを少し見てみると驚くべ

き図が見えてきます。

1778年の太陽活動極大期は、その2年前のアメリカ革命および独立宣言への署名を引き起こしました。

1788年の太陽活動極大期は、その翌年、1789年のフランス革命を引き起こしました。

1804年の太陽活動極大期には、ナポレオンがフランス皇帝となりました。

1816年の太陽活動極大期には、ちょうど1年後にウイーン会議が開かれ、ヨーロッパの政治的地理が変更されました。

1830年の太陽活動極大期には、フランスの6月革命が起きました。

1848年の太陽活動極大期は、ほとんどのヨーロッパから封建主義が取り去られた5月革命の時期でした。

1860年の太陽活動極大期は、その翌年にイタリア統一が引き起こされ、イタリアが統一国家となりました。

1871年の極大期は、パリコミューンとして知られています。

1883年の極大期は、現代で最大の火山噴火であるクラカトア火山の噴火を引き起こしました。

1893年の極大期は、ニューヨーク株式市場の大暴落の原因となりました。

1907年の極大期は、1905年から1907年にかけて起こった第一次ロシア革命を引き起こしました。

1917年の極大期は、ロシアの10月革命の原因となりました。

1928年の極大期は、1929年の有名な株式市場の暴落を引き起こし、今日まで最大の暴落となっています。

1937年の極大期は、ファシズムの台頭に影響し、結果的に第二次世界大戦を引き起こし、その大戦を通して銀河の闇の勢力の大部分が浄化されました。

1947年の極大期は、翌年のスターリン政権のインフォルムビロを引き起こしました。

1957年の極大期は、最初の軌道衛星の打ち上げという宇宙時代の幕開けに影響しました。政治面では、1年前のソビエトのハンガリー占拠および、キューバ革命を引き起こしました。

1968年の極大期は、ヒッピーの性革命で知られています。

1980年の極大期は、セントヘレナ火山の噴火を考えなければ比較的平和でした。

1991年の極大期は、東ヨーロッパでの共産主義政権の終焉を引き起こしました。

2001年の極大期は、世界的に有名な9・11同時多発テロです。そして、次の2012年には何が待ち受けているのでしょうか？

天文学者は、2012年は過去50年間で最大の太陽活動極大になると予言しています。

それ以外にも、銀河サイクルが終了し、それにより銀河のセントラルサンから強いエネルギーの噴火が木星経由で地球に向かってきます。

２００９年から２０１２年にかけてやってくるエネルギーはこの惑星の闇の勢力の最後の浄化を引き起こすでしょう。

２０１０年には、そのエネルギーは大量覚醒の新しい波を引き起こすのに十分となり、それは１９９０年代初頭と同じようなものになるでしょう。

変化はもっと物理的になり始め、もっと多くの人々が何か特異なことが起きつつあることに気づきます。

アトランティスで闇の勢力によって仕組まれたコントロールシステムは最終的に崩れ去り、人類が新しくもっと良いものを生み出す空隙《くうげき》を与えてくれるでしょう。

２０１２年の後、このエネルギーは強くなり、地球の人類と地球外文明とのファーストコンタクトが実現するでしょう。

まず初めに、プレアデス人が人類の前に現れるでしょう。

プレアデス人は自分たちが地球の文明の基礎を築いたアトランティス時代から人類の運命を見守っています。

アトランティス時代からたくさんのプレアデス人が地球の精神的な師となって活動してきました。

今度はプレアディス人は集団で現れます。

彼らは真実の光を人類にもたらし、その光はこの惑星で待ち焦がれた徹底的な変化を導くものとして光り輝きます。

2012年の後、銀河のセントラルサンを形作っているエネルギーは中断することなく流れ、劇的な変化をもたらすでしょう。

このエネルギーは不断の太陽活動の増加を引き起こし、この惑星の地上の気温と天候に異常な変化を引き起こすでしょう。

気温の上昇により北極圏上に埋蔵されている莫大なメタンハイドレートが溶け出すでしょう。それが温室効果ガスの働きをしてさらに気温が上昇し、北極および南極の棚氷が加速度的に解け、沿岸地域に大量の洪水を引き起こすでしょう。

水が全ての沿岸都市を沈め、これが高地への大量移住を引き起こすでしょう。

しかし闇の勢力はもはや存在せず、プロセス全体が光の勢力から直接導かれて起こるため、こういった変化はそれほどストレスの多いものではありません。

それゆえ、アセンションのファーストウェーブが起こるほどに意識が急速に高まるのは2016年頃、セカンドウェーブは2020年頃、そしてサードウェーブは2025年頃に起こり、人類の大量避難が起きるでしょう。

2025年には地球が五次元への移行を完結すると考えられ、物理的なポールシフトにより高次元意識を持った聖なる惑星になっていくでしょう。

2025年は1975年に始まった50年サイクルが完了する年であり、そこが次元の玄関口となって絶対的存在は宇宙の全ての闇を変換し、地球が五次元へ移行する手助けをするでしょう。

これは我々の輪廻サイクル全体の中で最も強烈な期間であり、このような機会は何百万年に一度しか起こらないため、ベストを尽くすしかありません。

そしてこれから生まれる新しい世界へと共に旅立ちましょう。

2012年のビジョン

それは突然に、何の警告もなく始まるでしょう。

たくさんのスキャンダルによりこのシステムの真の背景が暴露され、大勢の人類が揺り動かされます。

国際的メガエネルギー企業が原油販売で何億ドルも稼ぎ、同時にフリーエネルギーが出回らないように研究を阻止していることの暴露。

製薬企業が、秘密の研究所で生み出したウイルスを撒き散らし発生した病気を「治す」ことで富を稼いでいることの暴露。

比較的前からあったものの人類の大半には知られていなかったAIDSや癌《がん》、その他の病気の効率的な治療法の公開。

少数の人間が世界的に有名な新聞、メディア、電気通信会社を所有していることで起きている論理的な結果としての、世界のマスメディアと検閲の問題。

そして最終的に暴露されるのは、秘密世界政府が最も著名な政治家を操り人形として使い、何千年もの間、戦争や人類の苦悩から富を得てきているということと、少人数の人間のためにあなた方が仕事をし、自分たちの毎月の給料から相当な額を自発的にその少数の人間に渡してきたということが暴露されます。


名前がリストアップされ、これが事実に基づいていることが広まれば大量の人類が立ち上がります。


株式市場で起きていること、そして株式市場のお金が本当はどこに行っているのかの事実が知れるようになると世界的な株式市場が暴落し、現在の通貨システムは崩壊します。

長年抑え込まれてきた感情エネルギーが解放された結果、暴動が始まります。

混乱の中でレジスタンスムーブメントのメンバーは人類に正体を明かし、導きやサポートを与えます。

彼らは地下帝国から地上に進出し、技術を持ち込んで、人類が重大な時期を乗り越えるのを助けることになります。

レジスタンスムーブメントの医療は、現在知られている病気のほとんどを治すことができます。

彼らのフリーエネルギー資源があれば世界のエネルギー危機を終わらせ、環境汚染も止まります。人々の目を覚まさせるような情報も公開されます。

最終的に人類は、自分たちが何千年も隔離されて生活していたことに気づきます。

お金は消え、振動経済に基づいた商品交換にとって代わられます。

レジスタンスムーブメントは人類の自由意志によって選ばれた新世界政府の建設を支援し、銀河法典の理論に基づいて人類を導いていきます。

その時点でこの惑星のエネルギーフィールドは顕著に浄化されます。

アトランティスの記憶が人々に蘇り、新しい光の文明であるニュー・アトランティスを創り出し始めます。

建物はアトランティスと現代建築を組み合わせ、自然と調和して建設され、その多くはピラミッド型か半球状になります。

精神的に発達した個人は、光の島と呼ばれるニューエイジコミュニティに集まり始めます。

そこでは全ての人が宇宙と深く繋がり、宇宙の法と一致した自分たちのビジョンに従います。

人々が過去を手放す時、全ての人は清澄なマインドや生き生きした感情、そして肉体的な健康を体験します。

光の島における社会の基本単位は、血縁関係の家族（父親、母親、子供）ではなく、ソウルファミリー（ツインソウル、ソウルメイトなどソウルファミリーのメンバー）になります。

そこで人々はエネルギーやテレパシーで、天使やガイド、地球外生命体と繋がりを持つようになります。

光の島を通してこの惑星と地球外文明との物理的接触が確立されます。

光の島でのテレポーテーションチェンバーにより、レジスタンスムーブメントへの旅が可能となり、中にはアトランティアンネットワークへの旅やプレアデス人の母船へ旅する人もいます。

光ネットワークが十分に強化され、安定した時、プレアデス人の宇宙船が大量に着陸できるようになります。

プレアデス人はこの惑星がニューエイジへ移行する時期、そして、この惑星が銀河連合に承認されるプロセスの人類を支援します。

そしてエネルギーの柱を定着させ、その柱がタキオンベルトの内部に入っていく変換期の惑星地球を導いていきます。

意識がクリティカルマスに到達した時、アセンションのファーストウェーブが起きます。

銀河連合のマザーシップが光の島上空を光り輝く白い雲となって浮かび、テレポーテーションの光線を降ろし、志願者をマザーシップへと引き上げます。

この志願者は光の虹の肉体を持つ次元上昇した状態となり、すぐに地球に戻ります。

その後すぐに次のクリティカルマスに達し、アセンションのセカンドウェーブが起きます。

大勢のアセンデッドマスターたちが地球に戻り、人類にアセンションのサードウェーブと避難の準備をします。

そして、惑星の物質的な浄化である惑星の大変動が始まります。

最も強烈な大変動の時にはポールシフトが起こり、それが最後の避難を伴ったアセンションのサードウェーブを引き起こします。

私たちが知っている直線的な時間は終わり、地球は新しい高次元へと到達するでしょう。

イシュター・アンタレスへのインタビュー

人類の避難について

1993年、スロベニアのニューエイジ雑誌に、宇宙船による人類の避難についての記事が掲載され、リュブリャナ（スロベニアの首都）のイシュター・アンタレスが知られることになりました。

彼は幼少期から人類の避難についての知識を持っていたと話します。

――宇宙人はどうやって地球人を救出するのですか？


それは三つのウェーブで起こります。

ファーストウェーブでは、1000人から2000人が宇宙船に乗せられるでしょう。

これらの人たちは宇宙の星から来たスターピープルです。

スターピープルの中で最も目覚めており、地球での執着を全て手放し、何をすべきかを知っている人たちが最初に行くことになります。

宇宙船で彼らはアセンデッドマスターの意識である完全意識へと達します。

自由意志で地球に戻り、避難が完遂するまで支援をするでしょう。戻る人もいれば戻らない人もいますが、大半は戻るはずです。

地球に戻った人はセカンドウェーブに備えます。セカンドウェーブでは、最低14万4000人が避難します。

これは人類のクリティカルマスであり、アセンデッドマスターが人類を救うために地球に現れるのに必要な数字です。

そしてこの人類はマスターと共に地球に戻り、サードウェーブに備えます。

サードウェーブは、地球の大変動、カタルシス直前の避難となるでしょう。

――地球変容の中間点、1999年8月11日は何かと一致しているのですか？

この日付は全てと一致しています。この日の11時11分には皆既日食が起こります。その時、リュブリャナでは、空の正確な中央で興味深いことが起こります。マリボル（訳注：スロベニア第2の都市）から北が皆既日食のエリアとなります。

――サードウェーブでは何が重要ですか？

サードウェーブでは人々が避難が必要であることを理解し、やってくる宇宙船を信頼し、宇宙船を恐れないことが重要です。
地球上の生命、物質、他の人々への執着を全て手放し、時期が来れば宇宙船に乗ることが重要です。
そして躊躇《ちゅうちょ》せず、金や宝石、お金、子供を気にして家に戻らないことも重要です。
全ての人が救助されることが重要です。
ですから、人々がその時にすべきことを理解していることが非常に大事なのです。

そうすれば宇宙船に攻撃したり、銃撃したり、逃げ出したりしないでしょう。

もしもその時に軍隊が残っている場合、軍隊がパニックにならないことも重要です。


——避難はどのくらいの期間続きますか？


非常に迅速に行われます。全ての人類の避難にかかる時間は15分程度でしょう。

ですから、宝石やお金、他の人々、旅行のお土産を家に取りに帰る暇はありません。

すぐに宇宙船に乗る必要があります。家に帰った後で戻ってきても宇宙船はもう見つけられません。


それにひどい場合は地震や洪水が起こるため、命を落とすことになります。

初見では避難は奇妙で悲劇的かもしれませんが、実際はそうではありません。

この移行の後、地球は完全に浄化され、汚染はなくなり、地球はエデンの園のような惑星になるでしょう。

人々はまた、病気や恐怖、汚染全てから解放されます。


——その後、人々はどうやって生きていくのでしょうか？　物質的肉体ですか？

それは人それぞれ異なります。

二元性の世界、つまり物質的肉体の世界で暮らすことを望む人々は彼らに用意された惑星に行きます。

宇宙船がそういった惑星に運びます。また、スターピープルのように地球でアセンデッドマスターとして生きることを望む人たちもいるでしょう。

それよりもさらに高次の存在として生きることを望む人々もいるでしょう。

――あなたはどうやってこういうビジョンを手にしたのですか？　データはありますか？

自分の内部に持っていたビジョンもありますし、文献から得たものもありますので情報源は異なります。

――いつから、そしてどうしてこういうことに関心を持ち始めたのですか？

私がこの宇宙のことに関心を持ち始めたのは非常に幼い頃です。

子供の頃は、高いところに上がって故郷に戻りたいという願いを持っていました。そしてこの願いはゆっくりと叶いつつあります。

――自身の魂の故郷や過去世を覚えていますか？

私が初めてこの惑星にやってくるかなり前、何百万年前にはプレアデスのアルタもしくはアジャホという惑星に住んでいました。

そこは極めて優美な惑星で、私たちは天使として生きていました。

非常に意識的な人生で、約１５００万年から１８００万年前のことです。これは様々な情報源と一致している正確な情報です。

アルタでの生活についてはよく覚えていて、完璧な幸福というふうに表現できます。

実際、私たちはワンネスの存在、天使として生きていました。天使が知っているのは幸福と喜びのみです。

――幼少期に、宇宙への関心を示すような重大な出来事がありましたか？

５歳の時に飛行機に興味を持ち始め、６歳から7歳にかけては、宇宙と宇宙船に非常に興味を持っていました。

科学小説をたくさん読みました。天文学が趣味で、後に占星術コンサルタントになりました。

そして今では宇宙の存在とコンタクトをとっています。

——すでにコンタクトしているのですか？

していると言うより、コンタクトの基礎を築いていると言ったほうがいいかもしれません。確実にコンタクトがとれているわけではありません。宇宙の存在とは、この惑星には生きていないもののことを言っています。

——この惑星に住む宇宙の存在とはコンタクトがとれているのですか？

はい。彼らとはコンタクトをとっていて、50名ほどを知っています。

——スロベニアにはスターピープルはどのくらいいて、地球全体では何人ぐらいいるのですか？

スロベニアには数千人がいると推測していて、世界中には数十万から数百万人いると思います。正確な数はわかりません。

――スターピープルとはどうやってコンタクトをとっているのですか？

スターピープルは外見上は普通の人と変わりませんが、自己改善に励み、スピリチュアルな物事に非常に関心を持っています。

スロベニアではスロベニア語で話しますが、最近では十分に目覚めた人たちとは宇宙の言葉で話すこともあります。

――宇宙の言葉とはどのようなものですか？

天使の言葉のようなものです。テレパシーも発達していて、この能力は精神性の発達とともに自然に目覚めてくるものです。

将来、必要となってくるたくさんの能力が発達していくでしょう。

――世界の他の地域にいるスターピープルとはコンタクトをとっているのですか？

ドイツやデンマーク、オランダ、アメリカのスターピープルとコンタクトをとっています。

――どうやってコンタクトをとっているのですか？

アイルランドで会ったり、アメリカでこのような活動をしているグループに手紙を書き、返事をもらいました。

今はこういった方法を続けています。

――過去世で覚えているのはどんなことですか？

たくさんのことを覚えています。

アトランティス、エジプト、インド、ローマ。今世はスロベニアで2回目の人生です。

私には12回の過去世があります。今世は物質的肉体での最後の人生です。

――避難計画を広めるために、今すべきあなたの一番重要なミッションはなんですか？

現在、アセンション・ウェーブと避難についての情報を広めています。

ファーストおよびセカンドウェーブをアセンション・ウェーブと呼びます。

ファーストおよびセカンドウェーブでは、スターピープルという、かつてのマスターであり、そのことを覚えている人たちが避難します。

同じように、十分に目覚め、何が起こるのか理解している地球の人々も避難できます。

そして自由意志で地球に戻ることを望む人は誰でも、人類を発達させ避難させる手助けをします。


――私たちと一緒に暮らしているけれども、私たちからは見えない文明について教えてください。


エーテル次元では数多くの文明があります。アシュター・コマンドの代表であるアセンデッドマスターは地球を助けていますが、小さな宇宙船の中で自由に暮らしています。

約1000万人ほどいます。全員が銀河連合という光の全惑星、光の全文明で構成される連合に属しており、この惑星と他の惑星も同じように支援しています。

彼らの多くが最近地球に来ており、また、地球の周囲には数多くの宇宙船が避難に備えて待機しています。

小さな宇宙船は直径数マイルほどですが、大きいものは直径何百マイルもある母船です。

UFOと呼ばれる宇宙船は直径10mほどです。

UFOが突然現れるのはエーテル次元から物質化しているためですが、これには危険を伴います。

なぜなら、地球の人々はこれまでにUFOを狙撃したことがあるからです。

物理次元は非常に高密度で、この次元で飛行するのは大変なことなのです。

物理次元には一定の制限があるため、エーテル次元で飛行するほうがはるかに容易です。たとえば、地球の中心を飛行することは可能です。エーテル次元には、この惑星にやってくるたくさんの中立的な存在やポジティブな存在がいます。

大半は科学的文明で、この惑星での生活に興味を持っています。彼らは害をなしません。たとえば、プレアデスからやってきた存在がいます。

アトランティスが沈んだ時、アトランティス文明の一部はプレアデスに戻り、地球の文明よりも発達した文明を確立しましたが、まだ次元上昇はしていません。

彼らは惑星地球の生活に興味があるのです。しかしネガティブな存在もいますし、中には動物のような存在もいます。原始的な存在です。

この文明は人類を誘拐していますが、もっとネガティブで危険な文明もあります。それはオリオンの闇の支配者です。

彼らはアトランティスの時代から地球に関わっています。特にクレジットカード経済の分野で関わっており、新世界秩序を通して完全にコントロールする準備をしています。

この闇の支配者は物質的肉体を持っており、見ることができます。

——ポジティブな文明はどうやって私たちを助けるのですか？

彼らはエネルギーを送っています。目には見えませんが、非常に大事なことに彼らはエーテル次元で光ネットワークを築いています。
これは、地球全体の大気や人類の振動が上昇しているということを意味します。
私たちはどんどん楽観的になっています。今はまだ明白にはなっていませんが、いくつかの効果も表れています。
たとえば、いわゆるニューエイジという平和運動や、旧ソビエト連邦と米国の冷戦の終結などがあります。

——核戦争の危険はありますか？

もうその危険はありませんが、この惑星全体の各地で戦争が起きる危険性は高いです。
現在はボスニアに危機があり、そこからヨーロッパ全体に戦争が広まるかもしれません。旧ソビエト連邦にも危険は確実にあります。

——全ての宇宙、全ての文明の最終目標はなんですか？

最終目標は、完全、幸福、ワンネスに繋がる進化です。

最終的には、分離されたものをかつての統合された状態へと戻すことです。

そして今では分離がわかっていて、意識的に戻ることができます。これが全ての目的です。


――近い将来の計画を教えてください。

ロサンゼルスに行く予定ですが、スロベニアに戻るかどうかは不明です。

――なぜアメリカに行くのですか？　アメリカにグループがあるのですか？


グループはありません。ビジョンがあるだけです。ですが、ロサンゼルスである特定のグループを探すことになります。

私はそのグループとアトランティスの時代から繫がっています。

私たちは全てアルタからやってきていて、そこでは一つの存在として暮らしていました。

その後分離しましたが、完全にではありません。なぜなら、全ての人生を通して繫がっていたからです。

私のツインソウルである女性がいて、彼女もこのグループと繫がっています。

10年前にビジョンで彼女が見えました。彼女が私を呼んでいるので、これから出かけるのです。

――ツインソウルがいる人はいますか？

私たちが最初に惑星地球にやってくる前はツインソウルと一緒でした。その後で分離し、それぞれが自分の人生を生きてきました。それぞれが自分の経験をしたのです。

――完全性とは男性と女性が一緒になるということですか？

実際のところ、一つの魂が二つの肉体に転生しています。男性と女性です。超自然の法では、アセンデッドマスターになる前の最後の人生で二つが一つになると言われています。

それでこれから彼女に会いに行くのです。ツインソウルとコンタクトをとるのは、非常に美しいものです。

私たちが全ての転生で探しているエネルギーです。

この繋がりがなければ、常にどこか寂しい気持ちになります。そして一度この繋がりができると、人生はもっと容易になります。

――あなたはどうやってツインソウルとの繋がりができたのですか?

瞑想です。彼や彼女のイメージを視覚化します。自分で持っている理想の姿をイメージします。なぜなら、理想とは全てツインソウルの記憶から生じているからです。

両極が呼び合うのです。そしてこれが非常に強力なエネルギーのボルテックスを生み出し、ある時点でこの呼びかけを否定できなくなり、全てのことを差し置いていかなければならなくなります。

――どうやってこの女性を見分けるのですか?

私は彼女の物理的身体がどんな感じかを知っています。まだ会ったことはありませんが、声の感じもわかります。

彼女をよく知っているので、すぐに見分けられるでしょう。

――もし一方の極が地球にいて、もう一方が他の惑星にいたらどうなるのですか?

この場合、ソウルメイトはツインソウルのエネルギーと交信しますが、彼らのエネルギーは非常に似ています。

精神的進化の途上にある人は皆、ツインソウルや最低でもソウルメイトに出会うでしょう。

なぜなら、この惑星地球ではワンネスのエネルギーを確立する必要があるからです。

そしてこれは非常に重要です。そのために、このエネルギーをここに持ち込むことができる私たちが他の惑星から地球にやってきたのです。

私たちはすでに知っています。かつてワンネスであり、たとえ今はその記憶は失われていたとしても、まもなく思い出すことができるようになります。

私たちはもっと簡単にワンネスを達成することができるのです。

私たちがワンネスのエネルギーを地球に持ち込んだので、人類はより速く進化することができるのです。


——宇宙の存在同士はどんな関係ですか？


皆とても調和的に協力しています。それぞれが自分の才能や意思に応じた役割を持っています。

ハードワークではなく、それぞれが楽しんで仕事をしています。今現在、地球の周囲にもたくさんの存在がいます。

アシュター・コマンドはこの惑星の上空にいる宇宙船で、アシュター・シェランはその指揮官です。

――あなたには彼らが見えますか?

見えませんが、ビジョンは受け取っています。
避難の時にこの惑星に宇宙船が着陸している姿を何度も見ました。これまで直接は見ていません。
少なくとも現在までは。ビジョンは印象であったり、画像であったりしますが、エーテル次元で見えているわけではありません。
ですが、同じようなものです。ですから、ある意味では見えていると言えるでしょう。

――多くの人々にも見えるのですか?

見える人もいます。非常に興味深いことに、見えたものが一致しています。
私が見たものを、他の人も見ています。ですから、こうやって裏付けることができるので非常に重要なのです。

――アトランティスはなぜ沈んだのですか?

アトランティスは4回沈みました。最初と2回目は自然災害でしたが、3回目と4回目はクリスタルの実験でした。

この地殻大変動の目的は今と同じ、地球の浄化です。


文明は正しい道から外れていました。

100万年近く前に、オリオンから闇の支配者が地球にやってきました。

オリオンは星座で、闇の支配者はリゲルと呼ばれる星の出身です。

闇の支配者は地球に混乱をもたらしました。

アトランティスでは熾烈な戦争が起こり、白魔術団と黒魔術団の戦いのせいでアトランティスは沈んだのです。

これが有名なエデンの園からの追放です。


高次の観点から見ると、アトランティスの沈没は宇宙の法に組み込まれていて、黒魔術団はアシュターの許可を得て地球に来ていました。

そして二元性の役割を演じ、完全に浄化することができたのです。そうでなければできませんでした。

アトランティスでは熾烈な戦争があり、遺伝子実験の濫用《らんよう》もありました。現在も同じですが、アトランティス時代のほうがもっと広範に広まっていました。

アトランティスの後期、地球時間で最後の20万年において、プレアデスからの数多くの知識があったため、アトランティスは大変高度に発達していました。

現在の飛行機と同じように宇宙船が着陸していましたが、原子力は使っていませんでした。なぜなら、原子力はエネルギー源としては非常に不確実だからです。

アトランティスでは、物質化、宇宙旅行、テレパシーが存在していました。大洪水の後、残ったものは何もありません。


――バミューダトライアングルもアトランティスと関係しているのですか？


海底には結晶生成機があり、磁場を歪めています。

ゼロ磁場のようなものが発生して、時空の連続構造が変化しています。

ボルテックスが生み出されると、エーテル次元、過去、未来、他の時空に送ることができます。

この地域がバミューダトライアングル周辺にあります。


――黒魔術士を崇拝するネガティブな文明はどのように発達したのですか？

オリオン出身の存在は実は堕天使で、かつては次元上昇していました。

彼らは私たちと同じようなプロセスを経験したのですが、私たちよりもはるかに多くの意識を失っています。

オリオンの起源はまだ不明な部分もあり、公開できないことになっています。

彼らは問題の核心に足を踏み入れました。つまり、意識的に完全に分離したのです。

これまでの進化を遡《さかのぼ》ってみると、宇宙が現れた時、神は自分自身の部分的な分離を決意しました。

そしてオリオンの存在はその分離したものが起源となっています。

彼らは必要とされていました。宇宙の法を成していたからです。

彼らは自分たちのミッションを行っているのです。オリオンの存在の多くは、避難の際に救出されるでしょうが、そうでない存在も多くいるでしょう。

救出されない存在は全てのネガティブを広めたいと思っており、魂ごと死ぬことになります。


——宗教の目的はなんですか？


宗教に関することで非常に大事なのは信頼です。

人々は、十字架に括り付けられて死んでいるのが誰で、その理由は何かなど、宗教の表面的な形にはあまり関心はありません。
もっと高次元のことを信頼しなければならないのです。ここ数年で地球に現れている変化は大きな混乱を招くでしょう。
なぜなら、人々は、何が起ころうとしているのかわからないからです。
この大混乱の最中、人々は高次の知恵、高次の導きを信頼し続ける必要があります。

――キリスト教やイスラム教のような様々な宗教の指導者はこの計画を知っており、受け入れているのですか?

仮に知っているとしても、あえて何も行動は起こさないでしょう。

――この計画は既に黙示録に記載されているのですか?

人々が聖書に書いてあることに従うのであれば、聖書に全てが非常に明確に表されているので、全てはもっと簡単になるでしょう。
私たちは新約聖書を知っていれば十分で、そこには避難の全ての兆候が書かれています。

——これから数年でどんな宗教が出てきますか？

現在使われている言葉の意味での宗教が出てくるわけではありません。それよりも心理学の奥義のようなものになるでしょう。これは神について知ることであり、理解に基づいた宗教です。そしてこれは奥義です。人は、本質的には神であると理解することです。

——神とは何ですか？　自由意志とは何ですか？

これは実際に口にすることはできません。人々は神というと人をイメージします。しかし、もっと大事なのは悟りや、直接体験です。悟り以前のことは全て単なる憶測や考えや、概念に過ぎません。

人は悟りを経験する必要があります。それまでは、信仰や信頼が非常に重要です。計画を信頼し、今地球で起きていることには高次の意味があると信頼し、避難が起こることを信頼し、この大混乱は世界の終わりではなく、単なる大変換であると信頼することです。

実際、大変動は自然の法則と合致した単なる浄化です。

誰もこの惑星で死ぬ必要はないのですが、多くの人は地球に何かを残すよりもむしろ死ぬことを選ぶでしょう。

誰もが自分の自由意志で救われます。宇宙船は全ての人のためにすでにこの惑星上で待機しています。

殺人者でさえ、全ての人には自由意志があります。


——どのくらいの期間、私たちは宇宙船で暮らすのですか？　そしてその後の生活は？


それは、地球がそれ自体どのくらいの期間浄化するかによります。

地球は自分自身を数年で浄化しますが、変容は非常に短期間になるでしょう。

大変動自体は、おそらく数日のことでしょう。個人的には、わずか数秒ではないかとも思います。時間では表現できないほどの一瞬になるでしょう。物事の全体構造は劇的に変わるでしょう。ほんの一瞬で高次元へ急上昇することになるでしょう。

もはや地球の時間では計測できません。

そして、現在の地球時間で計測した場合、浄化には13年ぐらいかかると思いますが、人によっては5年から7年と推測している人もいます。

大変動の直後にアセンデッドマスターが地球にやってきて惑星浄化を開始します。

人々はほとんど戻ってこないでしょうが、地球で暮らしていたように暮らすことのできる別の惑星に行くでしょう。

もう闇の支配者が存在しないので、彼らにとって生活はもっと簡単になります。

現在の意味での飢饉や戦争はありません。現在よりもっと暮らしやすくなります。


——スロベニアでは、避難に関してどのような文献が手に入りますか？


様々な書籍や記事がありますが、数は多くありません。

アメリカでは、ファーストウェーブとセカンドウェーブについて述べられている書籍が出版されています。

情報は様々な情報源や経路でやってきています。


——この計画でのスロベニアの役割は何ですか？


スロベニアは、非常に重要な位置にあります。なぜなら、ボスニアの危険なエリアのすぐ近くにあるからです。

そこにはオーラの裂け目という弱い場所があり、そこから紛争がヨーロッパ中に広がりかねません。

スロベニアはこの紛争の緩衝材となっており、そのために紛争が広がらないのです。スロベニアは高みから保護されており、エネルギー的に非常に強固に保護されており、大変動まで平穏でいられます。

スロベニアでは、避難に関する情報が広まり始めるでしょう。

スロベニアは国土が狭く、人口も少ないため、クリティカルマスに達するのに時間はかからないでしょう。

——スロベニアは意識の量子飛躍において重要な国ですか？

スロベニアにおける意識の量子飛躍はすでに起こっています。

避難についての情報は国中に広まってきています。これは、スロベニアはすでに救われていることを意味し、実際、スロベニアの人々は救われています。

ですから、人々は時が来れば、避難に備えることができるでしょう。

なぜなら、量子飛躍はすでに1993年9月14日に起きているからです。

スロベニアは世界に12ある、現在地球上で最も重要な地点であるニューエイジのボルテックスの一つであり、意識に敬意を払っている地域です。

――スロベニアにおける意識の量子飛躍に影響を与えたのは何ですか？

避難に関する情報は国全体に広まっています。

私たちがこの半年で情報を広め、瞬く間にクリティカルマスに達しました。

スロベニアでは500人程度がニューエイジムーブメントに関わっており、このうち30〜40人が避難やアセンションウェーブについて知る必要があります。

そしてこの500人は何らかの形でこのことを知っており、避難に関する記事を読んだ時には、準備ができていました。

彼らの意識で何かが変わり、500人の人が知れば、すぐに3000人が知ることになります。

そして3000人の人はスロベニアが救われていることを知っています。意識的にもしくは無意識に知っているのです。

時が到来すれば、準備が整っているでしょう。だから、今このメッセージを広める必要があるのです。

そして、スロベニア全体に知れ渡ると、すぐに世界全体に知れ渡るでしょう。

火のように広まっています。実は、スロベニアは引き金のようになっているのです。

付録

ニュー・アトランティス

この計画の目的は、来る文明の理想を物質次元に根付かせるためであり、この理想は古いアトランティス（過去の見方）の良い部分と、創造主の希望や大志とを混ぜ合わせたもので、人類をより良い世界に導くものです。

ニュー・アトランティスは、人類がニューエイジ、水瓶座の時代に移行する間に創造する文明です。

初期の段階では、この計画は以下の三つの計画で構成されています。

1）時空の石版療法

石版療法では、石像や石の彫刻を使って惑星地球のエネルギー体を癒しています。

時空の石版療法は、瞑想で宇宙の記憶を思い出すことで惑星地球が被ってきた時空の異常を癒します。

グレコローマン彫刻やその時代の物には、亜原子構造の中に、古いアトランティスの理想がエネルギー的に刻印されています。

そういった像や物を特殊な場所に設置し、それに宿るエネルギー的記憶を瞑想で活性化すると、その像や物は活動を始め、そのエネルギー場は古いアトランティスの理想に関するメッセージを周囲の空間に発し始めます。

2）惑星のボルテックスの活性化、活発化そして癒し

ニュー・アトランティス文明が物質次元に現れる前に、エネルギー世界、原型世界で惑星のボルテックスが活性化されなければなりません。

惑星のボルテックスは天使で、この惑星で待たれている大変動に向けて、世界中の特別なエネルギースポットで地球の生命体の準備をしています。

特殊な瞑想活動によってこの天使のボルテックスを活性化し、適切なアンカー（アクアマリン・クリスタル）でそのボルテックスと物質次元を繋ぐことができます。

それにより、ニュー・アトランティスの到来に向けて人類の進化を速め、人々の意識を整え始めます。

ある特殊なオパールクリスタルを使って、この惑星のボルテックスと、星空間からこの惑星にやってきているタキオンエネルギー場を繫ぐと、ボルテックスを活性化し、癒すことができます。

以下の次元ポータルで活性化が計画されています。

ツーレ（グリーンランド）
パームデール、ランカスター（カリフォルニア州）
モハーベ（カリフォルニア州）
シャスタ山（カリフォルニア州）
アゾレス諸島（ポルトガル）
アンティグア島（アンティグア・バーブーダ）
アラム・ムル（ペルー）
アルティプラーノ（ボリビア）
イースター島（チリ）
マクマード（南極）
ボストーク湖（南極）
マウピティ島、ボラボラ島、テティアロア島、ランギロア島、ソシエテ諸島（フランス）

クック島（クック諸島）
ウィットサンデー諸島（オーストラリア）
ウルル（オーストラリア）
クーパーペディ（オーストラリア）
ライトニングリッジ（オーストラリア）
エイヴベリー（イギリス）
セドロ島（クロアチア）
モスト ナ ソシ（スロベニア）
チボリ、リュブリャナ（スロベニア）
パエストゥム（イタリア）
ヴェローナ、ヴェニス（イタリア）
サントリーニ、クノッソス、スティムファァイラ（ギリシャ）
アハガル（アルジェリア）
ギザ、ルクソール（エジプト）
カイラス山（チベット）
富士山（日本）
パミール高原（タジキスタン、アフガニスタン、中国）

スカルドゥ、ギルギット（パキスタン）

3）アセンションブック（イシュター・アンタレス著）英語版の出版

この本には、人類の目覚めと、ニューエイジへの移行に備えるために必要な基本的情報が含まれています。

次の段階のプロジェクトでは、惑星の特殊な地点にある寺院のネットワークを確立することが期待されています。

そのネットワークでは、目覚め（正しい秘密情報の発信）、エネルギーの固定（次元的石版療法）、ヒーリング（古いアトランティスのインプラント不活性化）、および統合（銀河のタントラ）が起こるでしょう。

このプロジェクトに必要な知識はすでに入手可能で、必要なのはプロジェクトを物理的に実現することだけです。

アトランティスのネットワークはそのエネルギーでこのプロジェクトをサポートしています。

プロジェクトはスポンサーから獲得した利用可能な金融資源に従って実行されるでしょう。

プロジェクトが現れるスピードは、惑星地球の意識状態を反映したものとなります。

このプロジェクトを生み出した光ネットワークは十分強力であり、アトランティスのネットワークやレジスタンスムーブメントのような光の勢力と接触することが可能で、時間の経過とともに、ポジティブな地球外文明とも接触できるようになるでしょう。

このプロジェクトに関心をお持ちいただけるスポンサーの方は、以下メールアドレスまで著者にご連絡ください。antarion@voila.net

オーロラ・ワークショップ

byイシュター・アンタレス

注：以下は、イシュター・アンタレスが世界中で開催しているライブセミナーの概要です。お住いの地域でのワークショップ開催にご興味をお持ちの方は、antarion@voila.net までご連絡ください。

私たちは、特別な時代に生きています。この世界は完全に新しい次元、新しい現実、線形時間の終わりに入ろうとしています。準備はできていますか？　このワークショップでは、詳細な準備方法をお伝えします。

金曜日　午後7時から午後9時……はじめに

土曜日　午前10時から午後2時……惑星のライトワーク

・宇宙の歴史、銀河戦争とアトランティス
・惑星および惑星外の光の勢力
・新世界秩序―どうやって崩壊するか
・オーロラ：ニューエイジに向けた宇宙の法
・愛の銀河ウェーブとタキオンエネルギー
・惑星の光：グリッドヒーリング

土曜日　午後4時から午後8時……アセンショントレーニング

・あなたのミッション―何をするために生まれてきたか
・イシニエーションと進化の道程
・感情的な振動ヒーリング、クンダリニーとサマディ体験
・意識の洗脳解脱

日曜日　午前10時から午後2時……ライトボディ活性化

・ライトボディ活性化
・一なるハート、一なる目、銀河のコア
・アセンションの柱
・豊かさを生きる：具現化の法則

日曜日　午後4時から午後8時……魂のマンダラ

・グループアセンションのプロセス
・ツインソウル、ソウルメイト、ソウルファミリー
・二元性の関係とワンネスの関係
・光の島

銀河のタントラ

by イシュター・アンタレス

クンダリニーエネルギーを刺激する女性と男性両極の磁力は、宇宙の最大の神秘です。この性的な愛のエネルギーで世界が誕生しました。この神秘の中心へ旅してみましょう……。

金曜日　午後7時から午後9時……はじめに

土曜日　午前10時から午後6時……モジュールⅠ：銀河のタントラ

・魂の根源：スターゲートおよび惑星地球の体験
・魂と人格との不調和の癒し（恐れ、リスク、安全、自由）
・神／女神の原型
・愛とセクシャリティとの不調和の癒し（セクシャリティインプラントの除去、喜びと魂）
・生きた一なるマンダラ

・ツインソウル、ソウルメイト、ソウルファミリー
・惑星のタントラによるライトワーク

日曜日　午前10時から午後6時……モジュールII：女神の再来

・魂が満たされた関係
・女神の神秘
・聖なるセクシャリティの司祭職
・家父長制社会からの洗脳解脱
・クンダリニーの覚醒（宇宙のオーガズムとサマディ体験）
・愛ある性的エネルギーによる癒し
・チベットのヒーリングタントラマッサージ

豊かさの秘密

by イシュター・アンタレス

海の近くのドリーム・ハウス。プライベートジェットでの世界旅行。

完璧な友人と愛に溢れた貴重な時間を過ごす。

自分の喜びに従い、お金のために働くのではなく、内なる聖なる目的を顕現し、惑星を救いながらリッチになる。

見果てぬ夢を超えて自分の領域を拡大する。この全てを手にすることができ、このような人生を送るように計画してきた全てがあなたのものとなる……。

金曜日　午後7時から午後9時……はじめに

土曜日　午前10時から午後2時……具現化の法則

・豊かさの意識
・具現化の秘伝の原理
・決定―インボケーション―行動
・次のステップ、スピリチュアル・テクノロジー

土曜日　午後4時から午後6時　自分の目的を発見する

・あなたのミッション―何をするために生まれてきたか
・自分の流れを表現する
・あなたの望みは神の指令

日曜日　午前10時から午後2時……人生のトレジャー・マップ

・現実形成
・ボルテックス・サポート・フィールド
・フィルターの浄化

日曜日　午後4時から午後6時……お金の流れ

・お金の流れを創り出す
・貧困のブロック除去
・インターネットと豊かさ

精神的成長とアセンションのためのタキオンジュエリー

タキオンは亜原子粒子で光よりも高速で、物質をスピリチュアルな光で満たす粒子です。

タキオン化は、特別なチェンバーによって物質を多量のタキオンで満たす技術的なプロセスであり、その物質を構成している原子核の量子的性質を恒久的に変えます。

タキオンジュエリーは、精神的成長、ライトボディの活性化、アセンションの加速化に非常に強力で、アセンション・プロセスのためにこれまで創り出されたツールの中で最も強力なものの一つです。

プレシャスオパール、ダイアモンド、タンザナイトを、銀、金、プラチナ、もしくはパラジウムにはめ込んだものは最適なエネルギーの組み合わせであり、非常に高次の精神的振動が加速します。

www.jewelinthelotus.info

『ニューパラダイム』および『無限意識の海でお金を惹きつける磁石となる』のボブ・プロクターとの共著者ミシェル・ブラッドは次のように述べています。

「タキオン化された美しい宝石は本当にアメイジンググレイス（驚くほど美しい）です。

初めてペンダントをつけた時に感じたエネルギーは神の流れで、ハートチャクラとクラウンチャクラにまっすぐに入ってきました。

タキオン化された立方体の宝石も私のベッドやコンピューターのそばに置いています。

調和的な振動数を望む人にはこれを強く推薦します」

監修者によるあとがき

始めに、この本を手に取って読んでくださり、ありがとうございます。

原題が「オーロラ２０１２」である点からも分かるとおり、この本は２０１２年に地球の大転換が起きることを予測して書かれたものです。

２０１２年に大きな出来事が起きると予測されていたのですが、闇の勢力が予想以上に強力な兵器を隠し持っていたことによる光の勢力の作戦の遅延や、世界中のスターシードの目覚めの遅れにより、ご存知のとおり、２０１２年を境にして劇的な変化やアセンション・プロセスが始まることはありませんでした。

しかし、この原稿を書いている２０１７年の9月の時点ではレジスタンスムーブメントや銀河連合から成る光の勢力と世界中のスターシードの活動により、闇の勢力はだいぶ追い詰められている状態のようです。

また、この本は２０１２年以前に書かれていたため、２０１２年以降の最新情報は書かれていいません。

僕が書いているブログ「海野いるか堂」ではイシュタ―・アンタレスに関心がある人のために惑星解放のための情報を紹介しています。

この本の翻訳チームのメンバーである小林大展さんのブログ「働かなくてもいい社会を実現するには？」にも多数の関連記事が掲載されています。

関心のある方はこれらのブログをご覧ください。


そして、イシュタ―・アンタレスのニューエネルギータキオン社によってタキオン化された水晶やスターストーン、その他のタキオン化された製品が日本や世界中で広まっています。

機会があれば手に取って、その素晴らしい効果を体感してみてください。

最後に
この本の出版に関わった全ての人と、今も惑星解放の活動に尽力してくれている銀河連合および全ての光の勢力、そして素晴らしい情報を届けてくれたイシュタ―・アンタレスに心から感謝します！

海野いるか

海野いるか
ブログとツイッターで地球の解放に関連する情報を発信している。
イシュター・アンタレスのタキオン製品の輸入代行を行なっている。
ブログ「海野いるか堂」http://ameblo.jp/oishiigohan2014/
ツイッター　@victorylightjp

テリー宮田
会議通訳者

大津美保
EFT ヒプノセラピスト　占い師
多くの人が生きづらい原因となっている「過去の感情」を解放して人生を自分の手に取り戻すセッションや、占いを通して生き方を見つめ直すお手伝いを行っている。
ホームページ　http://mihokokona.com/
ブログ　http://ameblo.jp/la-perchoir
ツイッター　@0211miho

小林大展
ブログ「働かなくてもいい社会を実現するには？」において、地球の解放に関連する英文記事を翻訳し、投稿している。
ブログ「働かなくてもいい社会を実現するには？」
http://paradism.hatenablog.com
ツイッター「働かなくてもいい社会」@52paradism

村上 道
東日本大震災を経験して以降、地球の未来をより良くするためにはどうすべきかについて考えるようになる。
ツイッター　@mirai40899101

Written By Ishtar Antares of Ljubljana Slovenia 1993-2009
Published by Ishtar Antares
E mail antarion@volja.net website www.aurora2012.net

意識の量子飛躍
11：11 アンタリオン転換
宇宙の深みに隠されてきた全て

第一刷 2017年10月31日

著者 イシュター・アンタレス
監修 海野いるか／テリー宮田
訳者 大津美保／小林大展／村上 道
発行人 石井健資
発行所 株式会社ヒカルランド
〒162-0821 東京都新宿区津久戸町3-11 TH1ビル6F
電話 03-6265-0852 ファックス 03-6265-0853
http://www.hikaruland.co.jp info@hikaruland.co.jp
振替 00180-8-496587
本文・カバー・製本 中央精版印刷株式会社
DTP 株式会社キャップス
編集担当 山田よしみ

ISBN978-4-86471-568-3

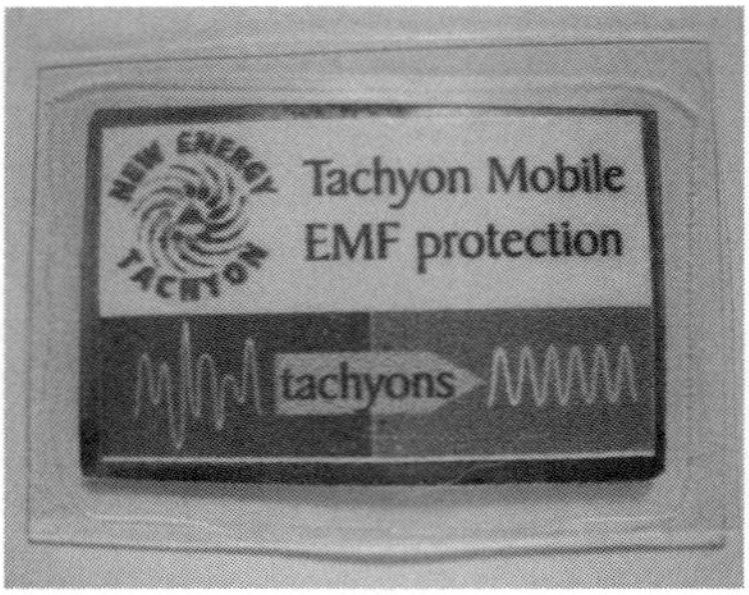

スマホ電磁波保護
タキオン金属プレート
■ 12,000円（税込）
スマホや携帯電話にテープで貼りつけて使います。有害な電磁波を調和させ、その効果は永久に続きます。

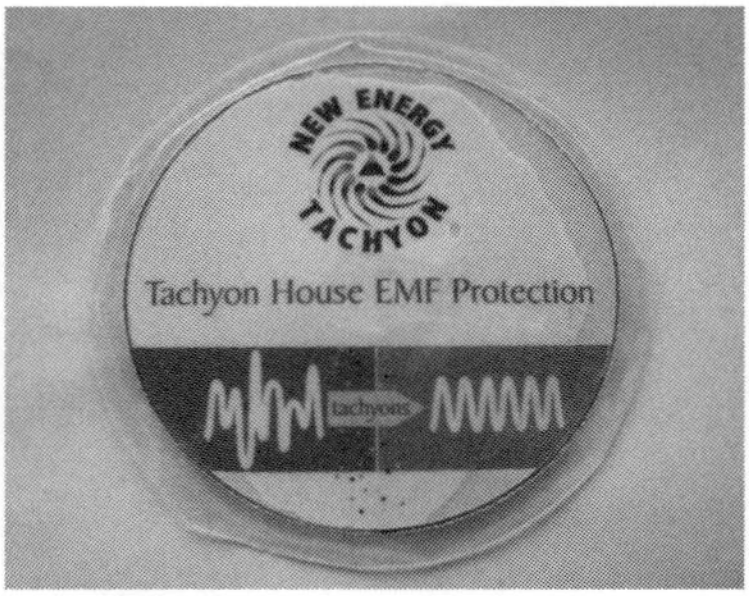

家庭用電磁波保護
タキオン金属プレート
■ 30,000円（税込）
家のブレーカーに両面テープを貼って使います。ブレーカー付近の電磁波の悪影響をタキオンの効果で軽減してくれます。

● アクセサリーとして

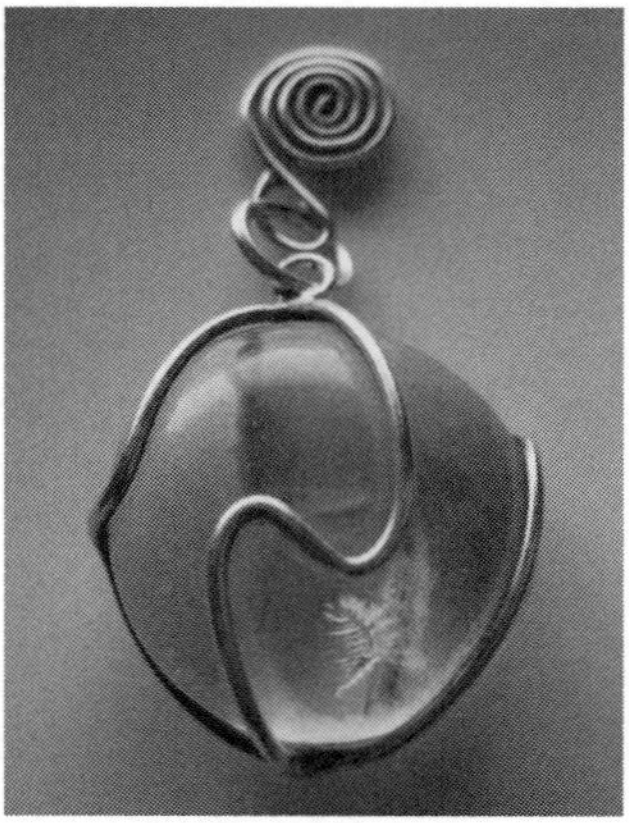

タキオンシルバーペンダント
■ 20,000円（税込）

ガラスをタキオン化したペンダントは、タキオンを発生させる装置でもあり、宇宙からのタキオンを受信するアンテナとして機能します。ペンダントとして着用することでハートチャクラを守り、健康・幸福感・スピリチュアルな成長に劇的な効果をあげます。タキオンは物質のエントロピーを減少させるため、老化速度を遅くしたり免疫系を強化する働きも期待できます。

※タキオングッズはすべて輸入品につき、為替の変動により予告なく販売価格が変更となる場合があります。予めご了承ください。
※在庫切れの場合、お届けまでに1～3か月かかる場合があります。
※商品によっては写真と形状が異なる場合があります。

プレアデス人の叡智が込められたタキオングッズ
使う人の意識の変動を導く究極のスピリチュアルアイテム

タキオングッズはヨーロッパに拠点を置く研究開発会社「ニューエネルギータキオン」によって開発されました。タキオンとは光よりも高速で移動する亜原子粒子で、この粒子は物質にスピリチュアルな光を注入します。プレアデス人から開発者に直接授けられた特殊なタキオン化技術により、物質に多量のタキオンを注入することで、その物質を構成する原子核の量子的特性を永久に変化させます。タキオン化された製品はその永久的かつ不可逆的な性質により、化学組成が変化することはなく、熱、磁場、あらゆる種類の化学反応によってもタキオンは除去されることはありません。いかなる電磁波や放射能も発生させないばかりか、私たちの肉体と高次元のエネルギー体に活力を与え、スピリチュアルな成長を劇的に加速させます。その結果、身体に生じるあらゆる不調の原因を除去し、生活の質の向上に期待ができます。

電磁波対策に、ヒーリングに、瞑想に……。あなたの健康や意識の変動を促していく、様々なタキオングッズを用意しました。

● 電磁波対策に

パソコン電磁波保護
タキオン水晶球（ローズクォーツ）
■ 約２㎝　１個 12,000円（税込）

パソコンの前に置くことで電磁波から保護してくれます。水晶玉の半径90㎝以内の電磁波をカットし、ネガティブなエネルギー攻撃を防ぎ、高次元に繋がりやすくしてくれます。居間や寝室に置くことで室内の浄化ができたり、持ち歩けばお守りにもなります。ローズクォーツは無条件の愛のエネルギーを持ち、女神の鉱物でもあります。

※タキオングッズはすべて輸入品につき、為替の変動により予告なく販売価格が変更となる場合があります。予めご了承ください。
※在庫切れの場合、お届けまでに１～３か月かかる場合があります。
※商品によっては写真と形状が異なる場合があります。

写真左：タキオン・アクアマリン
写真右：タキオン・レッドガーネット

天上と大地

■ タキオン・アクアマリン　小（15～30㎜）1個 12,000円（税込）
■ タキオン・アクアマリン　中（30～50㎜）1個 18,000円（税込）
■ タキオン・レッドガーネット（10～15㎜）1個 12,000円（税込）

天空と大地という正反対の極性を象徴する2つの石、アクアマリンとレッドガーネット。アクアマリンは5次元やそれより上の次元と私たちの意識を繋げてくれる「空の石」。一方、レッドガーネットはとても効果的に私たちをグラウンディングさせ、意識を今ここへと持ってくるように助けてくれる「大地の石」です。これらの石をタキオン化させることでアクアマリンはポジティブなETの母船と繋がるポータルとなり、レッドガーネットは地球の中心と繋がるポータルとなります。これらを一緒に所有して使うことが最良であり、対極性を統合する瞑想の手助けをしてくれます。

● 最強のプロテクションと調和の装置

量子ゆらぎ調整器

■ 360,000円（税込）

究極の量子ゼロポイント技術によって作られた「量子ゆらぎ調整器」は、4～10mの半径内の時空の基本構造を調和させ、その半径内において生活におけるあらゆる側面（身体的・感情的・精神的）を改善させます。

ポジティブな意思決定と自由意志をサポートする、他に類を見ない最高レベルの保護と調和の装置です。

※タキオングッズはすべて輸入品につき、為替の変動により予告なく販売価格が変更となる場合があります。予めご了承ください。
※在庫切れの場合、お届けまでに1～3か月かかる場合があります。
※商品によっては写真と形状が異なる場合があります。

● ヒーリングに最適な石、テクタイトなど

タキオンチャクラセット

■７～８色　30,000円（税込）

全てのヒーラーやスピリチュアルな成長を目指す方に必須の、各チャクラに対応する色のタキオンガラスセルのセットです。チャクラとエーテル体、アストラル体、メンタル体、コーザル体などの高次元の体のオーラを調和させます。タキオンエネルギーセルの効果は永久的なので、ネガティブエネルギーの影響を受けず、浄化する必要もありません。

タキオンモルダバイト

■４～７ｇ　１個 30,000円（税込）

モルダバイトは1480万年前にプレアデスから地球に落ちてきた隕石・テクタイトで、プレアデス人の純粋なエッセンスである聖なる愛が秘められています。非常に高い振動周波数によって私たちが本当の故郷を思い出せるように助けてくれます。モルダバイトがタキオン化されたことにより、６次元以上の魂の故郷との繋がりを回復させる強力なツールとなりました。

タキオンANテクタイト

■ 約４㎝　１個 28,000円（税込）

地球の二元性の実験が始まった87万年前にオリオンの AN スターゲイトから地球に来たテクタイトです。この石は二元性を終了し超越するための鍵となるエネルギーを秘め、二元性から一元性（ワンネス）へと振動数を上げてくれる力を持っています。あなたが内面の恐怖心やネガティブな面に向き合い、それを変容しようとする準備ができている時、この石はあなたを助けてくれるでしょう。

● クリスタル

タキオングッズ

写真左：ピラミッド、写真右：キューブ

タキオン神聖幾何学水晶発振器

■ 約４㎝　１個 24,000円（税込）

●形状は以下より1つお選びいただけます：キューブ（立方体）、ピラミッド、十二面体

このタキオン発振器を手に持ち握りしめることで、微小電圧を発生させ自動的に体に送り、私たちの肉体とエネルギー場を調和してくれます。タキオン化処理をしたことによりタキオンスターゲートとしても機能し、電圧の効果との相互作用により非常に高波動で調和のとれた振動周波数を発生させ、私たちのアセンションプロセスを支援してくれます。また、神聖幾何学の形をしたクリスタルはポジティブなタキオン・スカラー場を作り出し、私たちの意識に対して全面的な影響を与えます。

水晶の形状は３種類を用意。キューブ（立方体）は意識をグラウンディングさせ、今この場所へと意識を集中させます。ピラミッドはハイヤーセルフと繋がり、ひらめきをもたらします。十二面体は私たちのあらゆる側面を調和させ、聖なる元型へと調整します。

特大タキオン水晶柱

■ 約600〜800ｇ　１本 130,000円

とても大きく存在感あふれるタキオン水晶柱です。空間を強力に浄化し、高次元と繋がりやすくなります。重要な目的の際にタキオン水晶の使用をオススメします。

※タキオングッズはすべて輸入品につき、為替の変動により予告なく販売価格が変更となる場合があります。予めご了承ください。
※在庫切れの場合、お届けまでに１〜３か月かかる場合があります。
※商品によっては写真と形状が異なる場合があります。

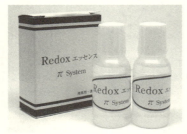

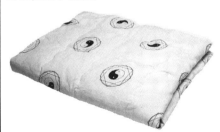

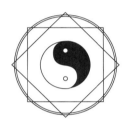

こんな変化が！　愛用者からの反響続出中！

【小便】スムーズ、透明化、勢いが増す
【大便】発酵臭、大便が浮く、お通じがスムーズ
【 肌 】なめらか、きめが細かく、明るく、化粧ノリが良い、クスミが薄く、もち肌に
【 爪 】しっかりする、伸びが早い、新陳代謝の活発化
【 髪 】しなやか、フケ減少、脱毛減少、血流循環向上
【 汗 】サラサラ、体内の水分の改善
【身体】やわらか、かろやか、前屈のちがい
【生理】経血がキレイに、浄化作用

お祓いに！　ヒーリングに！　くま笹の清める力の神髄

くま笹珪素は、くま笹の持つ生命エネルギーをそのまま維持させる発酵製法で作られています。超微粒子・量子レベルでマイナスイオン体のエネルギーに満ちていますから、お祓いやヒーリングにも効果があります。

- ●スプレー容器に500㎖の水とくま笹珪素を耳かき1杯程度入れれば、浄化作用を持つエネルギー水の完成。空間にスプレーすれば滝のようなマイナスイオンの空間に。電磁波の影響も軽減します。
- ●部屋の四隅に置けば結界が張れ、空間エネルギーが上がります。
- ●手の平になじませてハートチャクラにすりこめば波動調整とエネルギーチャージに。
- ●その他まだまだある使い方：植物の水やりに、お肌に直接塗って紫外線予防に、就寝前のうがいで歯周病予防に。

いろいろ試してみましょう！

くま笹珪素

■ 5,000円（税込）

- ●原材料／馬鈴薯澱粉、くま笹、太古のカルシウム「化石サンゴ」（沖縄）、貝化石（北海道）、植物有機珪素類（ドクダミ、イネ若葉、赤紫蘇）、海水
- ●内容量／30g ＋5g（詰め替え用携帯サイズ付き）
- ●ボトル1本で700～800ふり使えます。（20ふりで約1g）

【お問い合わせ先】ヒカルランドパーク

胃も腸も脳もいきいき♪
くま笹のチカラで食と体を瞬間クリーニング！

「おいしく食べる」をコンセプトに、日本の伝統的な食文化の研究とエネルギーヒーリングの知恵によって生まれたパウダー状のスーパーフード「くま笹珪素」。くま笹は体内環境を整える働きを持つ有機化珪素をはじめ、薬緑素やビタミン各種、ミネラル、アミノ酸など栄養の宝庫とも言える万能食品であり、日本古来より天然の防腐剤として笹団子や笹寿司、ちまきを包むのにも使われてきました。また場を清めるものとして神事にも使われてきました。

このくま笹に着目した日本ハーブ研究所代表を務める開発者・川口哲史さんは、刺身のツマ（消化）やワサビ（殺菌）、シソ（解毒）、菊（肝臓の保護）を食べ合わせることで体内環境を整える加薬（かやく）という日本固有の薬膳文化に倣い、ふりかけて（加薬）食事をおいしく楽しみながらお使いいただけるスーパーフードとして「くま笹珪素」を開発。海の幸・山の幸の陰陽バランスの取れた日本の伝統食に倣い、カルシウム豊富で体内のソマチッドがよろこぶ太古の貝化石（海）、解毒作用のあるドクダミやイネ若葉、赤紫蘇（山）なども配合。また、味噌づくりをヒントにした発酵製法を考え出したことで酸化を防ぐことにも成功しました。

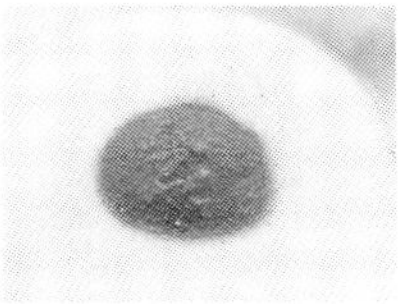

どんな料理もおいしく浄化♪

食べ物や飲み物に直接ふりかけるほか、珪素のチカラが活きる効果的な使い方を紹介します。
●玄米や雑穀米を炊く際に少量加える⇒臭みの除去、風味アップ
●調理で使う水にひとふり⇒素材の味を引き出す
●魚・刺身を冷蔵保存する前にひとふり⇒鮮度の維持、変色を防ぐ
●グラスにひとふりしてからビールを注ぐ⇒まるで生ビール ?!
●ペットの食事にもひとふり⇒ペットは珪素大好き。口臭や毛並み改善に期待

いろいろな料理に
試してみましょう！

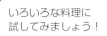

またUFO、科学問題研究家として、テレビでも活躍されている竹本良氏、加藤純一氏のほか、『日本懐かしオカルト大全』の著者の寺井広樹氏、JCETI（日本地球外知的生命体センター）代表のグレゴリーサリバン氏をお招きして、とっておきのUFO、宇宙人情報を語って頂きます。

日時：2018年1月21日（日） 開場 10：00 開演 10：30 終了 16：00
料金：12,000円（ランチ付き）
会場＆申し込み：ヒカルランドパーク

● 高野誠鮮（たかの じょうせん）
1955年、石川県羽咋市生まれ。羽咋市文化財室長、立正大学客員教授、日蓮宗妙法寺住職。NASAから月の石やロケット、旧ソ連「星の街」から宇宙機材などを入手して宇宙科学博物館「コスモアイル羽咋」の設立に尽力。宇宙、UFOを研究するアメリカ、ロシアの科学者とも親交が深い。著書『ローマ法王に米を食べさせた男』（講談社）がベストセラーとなり、スーパー公務員とも呼ばれている。

● 竹本 良（たけもと りょう）
UFO、科学問題研究家。1957年3月5日、東京生まれ。早稲田大学政経学部経済学科卒。「サトルエネルギー学会」理事、「イオンド大学」助教授、「日本サイ科学会」世話人、「宇宙生命研究分科会」世話人、日本空中現象調査委員会「SECTION 44」世話人、「UFO・ET博物館」副館長（1997－1998年）、英国のScientific and Medical Network（SMN）会員。ビートたけしのTVタックル特番超常現象バトルにはUFO／ESP肯定派の常連として出演。UFO関連のTV番組や、ラジオ番組「USO!?ジャパン」「これマジ⁉」等の情報提供ブレインとして活躍。

● 加藤純一（かとう じゅんいち）
日本UFO調査・普及機構代表。Webマーケティング会社の代表取締役として経営者の顔を持ちながらUFOの研究者としてのキャリアも持つ。1989年上京直後から金星人とコンタクトしたジョージ・アダムスキー支持団体「日本GAP」に入会。1990年から久保田八郎会長からの要請で本部役員に異例の早さで昇格し、以来「宇宙哲学」「生命の科学」「テレパシー」からなるアダムスキー哲学やUFOの歴史等、公私ともに直接薫陶を受ける。2000年に「日本UFO調査・普及機構」を創設し、アダムスキーにこだわらない幅広いUFO・異星人研究を開始した。

● 寺井広樹（てらい ひろき）
オカルト研究家。1980年、神戸市生まれ。大学時代に事故物件に住んだ経験から霊感が強くなる。銚子電鉄とコラボして「お化け屋敷電車」をプロデュース。『日本懐かしオカルト大全』『お化け屋敷で本当にあった怖い話』『辛酸なめ子と寺井広樹の「あの世の歩き方」』など著書多数。

● グレゴリー・サリバン
1977年、ニューヨーク生まれ、2003年から日本に在住。2007年にアメリカの隠れた聖地アダムス山で宇宙とのコンタクトのスイッチが起動された体験を持つ。2010年にJCETI（日本地球外知的生命体センター）を設立。日本のこれまでの常識的な「宇宙人・UFO」という概念を書き換える、全く新しい宇宙観を根づかせる市民運動を展開。

神楽坂♥《ハート》散歩
ヒカルランドパーク

年末特別企画「まるごと1日・UFO祭り Vol.1」
映像で見るUFO新時代

講師：竹本 良、加藤純一、寺井広樹、庄司哲郎

UFO専門家によるUFO観測の方法と撮影のコツなど、どれもほかでは絶対聞けない話ばかりで、ラストにはUFOを呼んじゃいま〜〜す。

13：00〜15：00　加藤、竹本、寺井、庄司によるUFO映像ディスカッション　UFOは貴方の近くにやってくる
15：15〜15：45　竹本 良　UFO最新情報
15：45〜16：00　UFO召喚

出演：竹本 良（科学問題研究家）
加藤純一（日本UFO調査・普及機構代表）
寺井広樹（オカルト研究家）
庄司哲郎（俳優・画家）

日時：2017年12月17日（日）　開場 12：30　開演 13：00　終了 16：00
料金：6,000円
会場＆申し込み：ヒカルランドパーク

「まるごと1日・UFO祭り Vol.2」

講師：高野誠鮮、竹本 良、加藤純一、寺井広樹

UFO、宇宙人研究の最前線のプロが大集結しての激論トーク。
地元の米をローマ法王に献上するなど、限界集落を蘇らせたスーパー公務員として著名な高野氏は、UFO研究の第一人者でもあります。UFO出現現場に足を運び、海外の科学者たちからのUFOの証言を集めるなど徹底検証してきました。